国家社会科学基金项目"中国区域经济差异的尺度效应分析"（项目号：11CJL064）

中国区域经济差异的尺度效应分析

周杰文　著

中国社会科学出版社

图书在版编目（CIP）数据

中国区域经济差异的尺度效应分析/周杰文著 . —北京：中国社会科学出版社，2017.12
ISBN 978 - 7 - 5203 - 0946 - 2

Ⅰ.①中…　Ⅱ.①周…　Ⅲ.①区域经济发展—区域差异—研究—中国　Ⅳ.①F127

中国版本图书馆 CIP 数据核字（2017）第 224749 号

出　版　人	赵剑英
责任编辑	周晓慧
责任校对	无　介
责任印制	戴　宽

出　　　版	中国社会科学出版社
社　　　址	北京鼓楼西大街甲 158 号
邮　　　编	100720
网　　　址	http://www.csspw.cn
发　行　部	010 - 84083685
门　市　部	010 - 84029450
经　　　销	新华书店及其他书店

印　　　刷	北京明恒达印务有限公司
装　　　订	廊坊市广阳区广增装订厂
版　　　次	2017 年 12 月第 1 版
印　　　次	2017 年 12 月第 1 次印刷

开　　　本	710 × 1000　1/16
印　　　张	16.75
插　　　页	2
字　　　数	255 千字
定　　　价	76.00 元

凡购买中国社会科学出版社图书，如有质量问题请与本社营销中心联系调换
电话：010 - 84083683

目　　录

第一章 导论

第一节 研究背景

中国经济自改革开放以来，为了加快向市场经济过渡的步伐，在国家宏观政策的指引下，在中央政府推行的非平衡发展战略的引导下，各地区竞先努力，促进经济增长，取得了令世人瞩目的成就，并在2010年反超日本，成为世界上仅次于美国的第二大经济体。这得益于中国卓有成效的改革开放。

改革开放有力地促进了各地区经济的异速发展。不同时期的改革开放在空间布局和演化上相对于各地区而言各有侧重。与此同时，有地区指向性的非均衡发展战略在对我国生产要素投入的空间配置以及生产率的空间分布产生极大影响的同时，也对各地区产生了各有不同甚或截然不同的影响。有地区侧重的改革导致了各有特色的地区发展，而对外开放比对内改革更加明显地塑造了地区差异性。再加上各地区经济增长初始状态不一，区位条件各异，发展过程中刺激经济增长的方式方法不同，不可避免地会出现各地区异速增长的现象，从而可能出现较为严重的区域经济增长差异问题。

区域经济的差异化增长带来人口、资源、环境、工资收入、社会福利等方面的问题，并进一步影响了下一阶段的经济增长。区域发展的不均衡，会产生严重的社会问题，相应地降低高增长所产生的福利，并进一步阻碍未来经济的健康成长（Dupont，2007；Gardiner et al.，2011；Petrakos et al.，2000；Rey et al.，2005）。

区域经济的差异化因此引起了政府部门的高度重视。缩小区域发展差距，促进均衡、协调和可持续的区域经济增长成为政府调控中国区域经济发展的重要目标。

与此同时，区域经济差异问题早已引起学者的重视。各位学者采用不同的方法和指标，从不同的视角研究区域经济差异问题，取得了丰硕的成果（文献综述中有介绍，此不赘述）。这对深入认识、了解、解决区域经济差异问题提供了很好的参考。

但其中的一些结论各异，甚或互相冲突。其中的原因，有指标和研究时段选取的不同，而研究尺度不一是导致研究结果不同的重要原因。从不同尺度来研究区域经济差异，可以丰富对区域经济差异的认识，并为寻找区域经济差异的主要来源提供参考。

第二节 研究意义

从多个角度分析不同空间尺度上的区域经济差异，以期找到对区域收入分配的历史演变的更好理解。这里所采用的研究思路希望能简化复杂的现实以获得一般的理论。总的来说，希望可以在以下方面取得一定的进步。

第一，试着整合各种探索方法对具有多层面特征的区域经济差异进行综合分析。用区域差异系数法、收敛性检验、分布形态、空间集聚、系数分解和尺度方差等各种不同的方法分析区域经济差异。各种方法从不同侧面反映了中国区域经济差异的特征，这样可以较为全面地研究中国的区域经济差异。

第二，考虑空间依赖在区域经济差异中的影响，与现实更接近。这一分析回应并延伸了 Rey 和 Janikas 的观点，即应理解区域经济差异和空间依赖之间的潜在关系。关于样本独立分布的假设在现实中遭遇困难，因为空间中的经济单元很可能因为彼此之间的靠近而相互影响。通过加入空间依赖因素，在一定程度上反映了空间依赖性在区域经济差异分析上的影响。

第三，在考虑县尺度的空间依赖时是基于交通相邻的关系来分析的，这能更好地反映区域间的空间依赖性，也为以后基于县尺度有关空间依赖性的研究提供一个参考。在省、市尺度上使用边界相邻关系来定义省、市间的空间依赖性应该没错。但是在县尺度上则可能出现问题。一个显然的事实是，如果县之间，特别是经济和交通都不发达的较为偏远的县之间，如有没有交通相连，则很难说这些县之间存在空间的相互依赖。故而使用交通相邻关系来定义县之间的空间依赖可能更好。

第四，对于尺度效应的明确关注在一定程度上揭示了最近二十多年区域经济差异中跨尺度动力的系统模式。通过系数分解和尺度方差的方法分析最近二十多年各个尺度在区域经济差异中的贡献，能较好地研究各个尺度对区域经济差异贡献的变化过程，为调控区域经济差异时的尺度选择提供参考，也为预测各个尺度在未来一段时间里的影响提供了依据。

第五，这项研究试图做出一个尺度效应分解的实证方面的探索。期望能识别出在地区、省、市和县级四个尺度上中国各年代区域差异表征在本质上的不同，为各级政府调控其区域经济差异提供决策依据和参考。

第三节　研究内容与特色

一　研究内容

区域经济差异的尺度效应的分析主要是识别各尺度在整个区域经济差异中的贡献或影响，这主要包括以下几个部分的内容。

（一）区域经济差异尺度效应分析的理论研究

研究区域经济差异的尺度效应分析中的一般指标选择和时空尺度选择，并确定区域经济差异分析中的尺度效应指标。明确研究中需要使用的区域差异指标、收敛性检验、分布形态、空间集聚、系数分解和尺度方差等指标、方法和模型。

（二）同一方法在多尺度上重复使用的区域经济差异的尺度效应分析

确定区域差异指标，并基于全国数据和这些指标来分析区域经济差异及其收敛性；分析区域经济差异曲线形态变化；分析区域经济级变和秩变；分析区域经济空间自相关性。

（三）区域经济差异的尺度效应分解

首先，使用基尼系数、锡尔系数分解方法分解区域经济差异的尺度效应。以初步了解各尺度在整个区域经济差异中的影响。然后运用尺度方差方法分析尺度效应，识别各尺度在区域经济差异上的效应情况。基于大区域（如基于中国区划的二分法、三分法、四分法和六分法得到的大区域）、省尺度分析各尺度的尺度方差情况，研究各大区域和各省的尺度方差及其变化情况。

二　研究特色

本书的研究在继承现有的卓有成效的研究基础上，试图在以下几个方面获得一些特色：

1. 充分认识到区域经济差异研究中存在尺度效应。通过区域差异指标在不同尺度上的使用，从不同侧面较为全面地反映了区域经济差异分析中所存在的尺度效应，得出了研究所选取尺度的不同会带来各异甚或相反的结论。

2. 分解出了区域经济差异中的尺度效应。使用基尼系数分解方法分解出组内和组间及重叠效应，使用锡尔系数的多阶分解方法初步分解了尺度效应。使用尺度方差的方法分解了大区域、省、市、县四个尺度的贡献。尺度方差分解不仅基于较为常见的基于数量的分解，而且提出了基于人口加权的分解方法并得出了比基于数量的分解方法更为合理的结论。

3. 基于较长的连续年份、较全面的数据在地带、省、市和县四个不同尺度上使用相同的指标分析了区域经济差异的尺度效应。使用1990—2012年共23年的2272个县级单位、34个地级单位和31个省级单位的数据对区域经济差异尺度效应进行较为全面的分析。

第四节　研究方法与研究思路

一　研究方法

本书研究以科学发展观为指导，坚持理论联系实际，广泛搜集国内外文献资料，充分利用课题研究的前期成果，在广泛收集相关资料和数据及实际调研基础上研究中国区域经济差异的尺度效应问题。具体研究方法主要有：

1. 文献、资料收集。借助学校拥有的 10 个数据库和学院、家庭的网络设备，进一步搜集国内外相关学术成果和数据资料，借鉴已有的研究成果，了解有关区域经济差异问题研究的总体情况，明晰区域经济差异的尺度问题的历史和现状，得到基于现实资料的比较资料。

2. 召开咨询会议。邀请省内外有关专家和相关的政府主管人员，对本书研究的成果提出意见和建议，弥补项目组成员在认识和工作方面可能存在的缺陷。

3. 比较分析方法。对中国区域经济差异的尺度效应作横向、纵向及多尺度的比较分析。

4. 实证研究法。主要在于使用 α 收敛模型、β 收敛模型、加入空间变量的 β 收敛模型、分位数回归模型等区域经济差异的尺度效应。

5. 定量分析法。利用收集和整理及计算得到的 1990—2012 年的 2272 个县级单位的 GDP 和人口数据及由此产生的人均 GDP 数据、344 个市级单位的 GDP 和人口数据及由此产生的人均 GDP 数据、31 个省级单位的 GDP 和人口数据及由此产生的人均 GDP 数据，运用各种统计方法、模型和系数分解等分析中国区域经济差异的尺度效应。

6. 定性分析法。对区域经济差异的尺度效应进行"质"的方面的分析。运用归纳和演绎、分析与综合以及抽象与概括等方法，对分析得到的各种数据等进行思维加工，从而去粗取精、去伪存真、由此及彼、由表及里，达到认识区域经济差异的尺度效应的本质，揭示其内在规律。

二　研究思路

总体的研究思路是：首先，梳理区域经济差异的尺度效应分析所涉及的主要系数。其次，基于各系数在不同尺度上重复使用来分析区域经济差异尺度效应。即在不同尺度上使用区域差异系数来分析区域经济差异，从中得出不同尺度上各不相同的结论。再次，运用基尼系数分解和锡尔系数分解方法初步分解尺度效应。最后，基于尺度变异分析区域经济差异中的尺度效应。

第二章　国内外研究综述

第一节　国外研究综述

国外对区域经济差异的研究很早就已经开始，在各个不同时期，研究的侧重点各有不同。但注意考虑尺度效应的影响则出现在较近时段的研究中。总体而言，可以划分为以下三个阶段。

一　20 世纪 50—90 年代，绝对 β 收敛广受关注

区域经济差异会缩小或是扩大引起众多学者从理论模型和实证研究上的关注。众多的研究者采用新古典增长理论和新增长理论，主要关注的是各经济体在两个时点间增长速度不同的 β 收敛。

二　20 世纪 90 年代到 21 世纪初，σ 收敛、条件 β 收敛和俱乐部收敛更具吸引力

为更好地应对收敛研究中所出现的问题，新古典增长理论的拥护者将经济收敛的情况细化为绝对 β 收敛、条件 β 收敛、俱乐部收敛、σ 收敛等多种类型。σ 收敛和 β 收敛之间既存在内在关系，也存在根本区别。Sala-i-Martin（1996）认为，β 收敛是 σ 收敛的必要而非充分条件，即在一定研究时期内，若存在 σ 收敛则一定存在 β 收敛，若存在 β 收敛却不一定存在 σ 收敛；其根本区别体现在 σ 收敛分析描述的是地区经济差异在每个时点上的状态和既有的变动轨迹，β 收敛分析则能够描述一个经济体内部差异的长期变动规律。

三　21 世纪初到现在，分尺度效应终获重视

Overman（2004）对此的观点是："在寻找通用规则或倾向的过程中，重要的是要记得，在某一特定的空间尺度上适用的规则在另一个空间尺度上可能是不适用的。"同时，地理学研究也认为，经济进程并不独立于多尺度（Sheppard & McMaster，2004）。相应地，使用差异分解技术的研究通过对区域内部或区域之间不平衡原因的区别与这一观点相联系（Martin，2001；Rey，2004a；Shorrocks and Wan，2005）。而实际上，研究多尺度空间现象主要有两种方法（Wu et al.，2000）：（1）将同一方法重复运用于多种尺度上；（2）使用尺度方差、半方差和差异系数分解等多尺度方法来研究社会经济现象在不同尺度上的相对重要性。Daisaku Yamamoto（2008）使用尺度方差方法（Moellering & Tobler，1972）分析了美国 1955—2003 年四个尺度和五个尺度的区域经济差异的尺度效应，发现州以下的尺度已变为研究美国区域经济差异的重要尺度。

第二节　国内研究综述

中国对区域经济差异的研究起步相对较晚（从 1992 年开始）。从尺度的角度来看，对中国区域经济差异的研究主要基于省尺度、地市尺度、县尺度和多尺度等（见表 2 - 1、表 2 - 2、表 2 - 3、表 2 - 4）。

表 2 - 1　　　　基于省尺度的中国区域经济差异研究主要文献

序号	研究者及时间	分析时段	分析方法	分析结论
1	魏后凯（1992）	1952—1990	加权变异系数	各省间呈倒 U 形轨迹；东中西部呈 S 形轨迹
2	杨伟民（1992）	1978—1989	变异系数	各省间呈缩小趋势

续表

序号	研究者及时间	分析时段	分析方法	分析结论
3	杨伟民（1992）	1978—1989	基尼系数	最先采用基尼系数对中国区域经济发展差距及其变动进行了考察，发现1978—1989年全国整体上经济差距呈现出缩小的趋势
4	杨开忠（1994）	1952—1990	变差系数、加权变差系数	1978年以前缩小，1978年以后则呈扩大趋势
5	张落成、吴楚材（1995）	1980—1992	绝对差异和相对差异	三大地带差异、省际差异、省内差异均在扩大
6	魏后凯（1996）	1985—1995	加权变异系数	各省间呈扩大趋势
			锡尔系数	各省间及东中西部间呈扩大趋势
7	白雪梅（1998）	1978—1995	基尼系数	各省间缩小
			变异系数	东、中、西部间扩大
8	黄义珏（1998）	1952—1995	基尼系数	各省间呈下降趋势
			变异系数	东、中、西部间呈扩大趋势
9	林毅夫（1998）	1978—1995	基尼系数	各省间扩大
10	覃成林（1998）	1990—1995	绝对差异和相对差异	绝对差异不断扩大，相对差异从1990年开始扩大，1995年又趋于缩小
11	宋德勇（1998）	1978—1995	Theil系数	1978—1989年，总差异逐步下降，1990年后逐步上升
12	张耀辉（1999）	1953—1995	变异系数	自1978年以来各省间缩小
13	蔡昉、都阳（2000）	1978—1998	泰尔系数	各省间不存在趋同趋势；东中西内部呈趋同趋势
			β收敛	东部与中部存在内部趋同趋势；各省间不存在绝对β趋同趋势，但存在条件β趋同
14	王梦奎、李善同（2000）	1952—1997	加权变异系数	自1978年以来各省间呈下降趋势；1990年以后呈上升趋势；东、中、西部间呈扩大趋势

续表

序号	研究者及时间	分析时段	分析方法	分析结论
15	Zhang, Z. Y. et al. (2001)	1952—1997	ADF test；基尼系数；变异系数	各省间收敛
16	章奇 (2001)	1978—1996	基尼系数	改革以来，地区发展水平差异的扩大只是90年代以后的现象，之前，地区之间发展水平的差异甚至有所缩小
17	金相郁 (2002)	1952—2000	变异系数	自1978年以来各省间呈下降趋势；1990年以后呈上升趋势；东、中、西部间呈扩大趋势
			HHI；MLD；锡尔系数	1978—1989年各省间呈下降趋势；1990年初以后呈上升趋势；自1978年以来东、中、西部间呈上升趋势
18	魏后凯 (2002)	1985—1999	绝对差距和相对差距	绝对差距和相对差距都一直趋于扩大
19	卢艳、徐建华 (2002)	1978—1999	基尼系数和区位商	无论从绝对差距还是从相对差距上看，中国三大地带之间或省区之间的经济发展差距都在扩大
20	周玉翠等 (2002)	1990—2000	绝对差距和相对差距	省际差异明显增大；沿海与内陆的差异扩大，而沿海各省市之间的差异有缩小的趋势
21	吴玉鸣、徐建华 (2004)	1998—2002	Moran's I	中国省域经济增长具有明显的空间依赖性
22	徐建华 (2005)	1952—2000	泰尔系数	1952—1978年基本上呈扩大趋势；1979—1990年呈缓慢的缩小趋势；1991—2000年呈缓慢的扩大趋势
23	姚波 (2005)	1978—2003	标准差和加权变异系数、绝对收敛和条件收敛	省际发散，基于标准差的结果是，各地区间经济发展差异的确呈现出比较明显的σ发散现象；基于加权变异系数的结果是，1978—1990年为一个回落阶段，1990—2003年则改变了原有的方向而转变为持续的上升阶段
24	姚波 (2005)	1952—2003	加权变异系数	省际呈U形
			ADF检验；协整检验	东部内部长期呈收敛趋势；中部不存在收敛趋势；西部存在收敛趋势；东中西部间不存在收敛趋势

序号	研究者及时间	分析时段	分析方法	分析结论
25	许月卿、贾秀丽（2005）	1978—2002	相对差异	计算其变异系数、加权变异系数、威廉森系数、最大与最小系数，发现1990年以前中国经济区域差异程度减小，1990年以后经济区域差异程度扩大
26	管卫华、林振山、顾朝林（2006）	1953—2002	加权变异系数；经验模态分解	从1960年尺度上看，60—90年代区域间经济发展水平差距呈缩小的趋势，而90年代以后则逐渐扩大
27	郝寿义、金相郁（2006）	1952—2004	变异系数	三个倒U形：1952—1967年、1968—1990年、1991—2004年。1991年以来各省间区域发展差距呈现继续扩大趋势，一直到2003年以后呈现出下降趋势
			HHI系数	改革开放以来，区域发展差距逐年下降，其系数1990年最低，后来呈小幅上升趋势，只有1996年出现小幅下降趋势，但其变化对总体变化影响不大，2003年HHCI达到顶峰，2004年有所下降
			锡尔系数	与赫平塔尔—赫施曼系数的趋势基本上一致
			MLD	平均对数偏差系数的变化与赫平塔尔—赫施曼系数和泰尔系数的变化基本上是一致的，但是，其变化幅度很明显
28	徐晓虹（2006）	1991—2003	绝对差距、相对差距	绝对差距逐年扩大，相对差距波动起伏，四大区域间的非均衡大于全国31个省际的经济发展非均衡
29	傅晓霞等（2006）	1990—2004	随机前沿生产函数	1990年以来中国地区全要素生产率呈现出绝对发散趋势
30	俞路、蒋元涛（2007）	1952—2004	Theil系数	在新中国成立之初缩小，改革开放之后，尤其是1990年之后重新开始拉大，内地与沿海地区的差距非常明显
31	贾俊雪、郭庆旺（2007）	1978—2004	基尼系数；β收敛、俱乐部收敛；收入分布	全国人均GDP水平差异主要源于地区间差异，20世纪90年代以来全国地区间差异呈上升趋势，但2001年以后明显趋缓，且于2003年出现反转迹象；全国并不存在增长趋同，三个地区中只有中部地区存在增长趋同，但东部地区和西部地区分别存在以上海和新疆为中心的趋同子俱乐部；中国区域经济的增长主体上为"单峰"分布，但自20世纪90年代以来，"双峰"分布迹象似乎逐步趋强

序号	研究者及时间	分析时段	分析方法	分析结论
32	余军华（2007）	1978—2004	相对差异和绝对差异	在1978年之后，中国的绝对差异一直呈扩大趋势，而相对差异在90年代以前一直在缩小，90年代之后迅速扩大，进入21世纪后扩大速度有所减缓
33	魏后凯（2008）	1980—2006	相对差异	省际差距大体上以1990年为拐点呈U形变化
34	汪彩玲（2008）	1978—2004	相对差异、绝对差异	极值比率先稍微下降后持续上升，最低点出现在1990年前后。变异系数在1978—1990年逐渐缩小，1991年后逐渐上升，2002年后又稍微下降
35	刘生龙（2009）	1985—2007	绝对收敛；条件收敛	存在着绝对收敛，但短期内不存在绝对收敛；不论长期还是短期，中国区域经济增长均存在条件收敛
36	覃成林、张伟丽（2009）	1978—2005	俱乐部收敛	改革开放以来，中国的区域经济增长发生了明显的俱乐部趋同
37	陈洪安、李国平（2009）	1978—2007	绝对差异、相对差异、绝对趋同	相对差异在20世纪90年代之前表现为组间缩小，90年代后开始逐渐扩大，2002年之后又有所缩小；1978—1994年发生了绝对趋同，1999—2002年出现了绝对差异的态势，改革开放以来并未长期表现出绝对的趋同或趋异
38	于成学（2009）	1997—2007	Theil系数	区域差异有缩小的趋势；从区域内部差异来看，东部大于中部、西部，东北地区内部差异最小
39	任建军、阳国梁（2010）	1978—2008	相对差异	四大区域间经济发展差异呈现出不断扩大的趋势
40	袁晓玲等（2010）	1997—2007	TOPSIS、变异系数	主要体现在全国省际差异、东部与中、西部地带间差异以及东部地带内差异上。中部与西部地带间差异及中部地带内差异呈现出不断缩小的趋势；东部与中部地带间差异及西部地带内差异有不断扩大的趋势。中国区域经济发展水平的结构正由金字塔形向橄榄形转变

续表

序号	研究者及时间	分析时段	分析方法	分析结论
41	钞小静、任保平（2011）	1978—2007	变异系数、基尼系数、σ收敛	1978—2000年，中国地区经济增长质量差距呈现出剧烈的波动，没有出现明显的收敛趋势。2001年开始用变异系数和基尼系数表示的各地区经济增长质量差异呈现缩小的趋势，σ系数则显示这一时期各地区经济增长质量的差异是略微扩大的
42	龙美林、向南平（2011）	1978—2008	相对差异	改革开放初期至1990年，地区差距呈现出缩小趋势；1990—1999年，地区差距呈现出扩大趋势；2000—2008年，地区差距趋稳，升幅放缓
43	刘长平、李前兵（2012）	1978—2008	绝对差异、相对差异	绝对差异一直呈扩大趋势，相对差异则呈先缩小再扩大的趋势；相对差异在20世纪80年代缓慢缩小，20世纪90年代开始加速扩大；进入21世纪，则又呈现缩小趋势
44	芦惠等（2013）	2000—2010	差异系数、极化系数	中国区域经济差异和极化演变趋势基本一致，总体呈现波动上升的态势；东部地区的经济差异和极化现象较为显著，西部地区经济差异与极化扩大现象增加较快，东北地区呈现出不断下降趋势，而中部地区较小，呈现出逐步扩大趋势
45	孙久文、姚鹏（2014）	1978—2012	变异系数、基尼系数	中国省区人均GDP变异系数和基尼系数呈现出平缓的V形，总趋势是缩小的

表2-2　　　　　基于市尺度中国区域经济差异研究的主要文献

序号	研究者及时间	分析对象与时段	分析方法	分析结论
1	曾光（2006）	"长三角"16个城市，1978—2004年	绝对差异；相对差异；σ收敛	绝对差异呈现出明显加速扩大的趋势，并且有比较明显的阶段性特征；相对差异逐年减小；存在着σ收敛和较为明显的绝对β收敛现象
2	张馨之、何江（2006）	341个地区，1990—2004年	空间相关	1990—2004年，中国各地区人均GDP增长速度不仅在整个考察期，而且在各个子时段都表现出显著的空间相关性；人均GDP增长速度的聚集区以高增长和低增长聚集区为主

续表

序号	研究者及时间	分析对象与时段	分析方法	分析结论
3	俞路、蒋元涛（2007）	全国与三大都市圈，1978—2004年	Theil系数、Moran's I	三大都市圈内部各区域之间的总差异一直在减小。组间差距自1990年以来一直持续下降，并下降为总差异中的次要部分，组内差异逐渐成为主要差异
4	赵永、王劲峰（2007）	338个地区，1990年、1995年、2000年、2004年	相对差异、绝对差异	东西部城市经济发展的差距有继续扩大的趋势，而差距扩大的速度有继续加大的趋势
5	李培（2007）	216个地级市，1990—2004年	差异系数	整体上呈扩大趋势

表2-3　　　　基于县尺度中国区域经济差异研究的主要文献

序号	研究者及时间	研究对象与时段	分析方法	分析结论
1	李小建、乔家君（2001）	2470个县，1990年、1998年	标准差变异系数	1990—1998年，中国县域经济发展相对差异明显变小，但沿海地区与内陆地区的差异则出现扩大；经济增长较快的县域自一些增长中心向外扩延，逐步形成沿海岸带、京广线和长江沿岸三大经济增长轴；但沿海发达地区内存在着十分不发达的县域；经济不发达县域主要位于西部地区
2	张毅（2010）	2070个县级单位，1980—2008年	基尼系数泰尔指数变异系数	利用县域农民人均纯收入，分别计算基尼系数、泰尔指数以及变异系数三个指标。结果显示：改革开放以来，中国县域经济差异呈现出一种螺旋式上升的趋势。1980—1985年快速缩小；1985—1990年呈低水平波动；1990—1998年出现高水平波动；1998—2008年为缓慢收敛阶段
3	谢磊等（2014）	长江中游经济区114个县，2001—2010年	差异系数Moran's I	以人均GDP为测度指标，采用传统统计学和ESDA相结合的方法分析2001—2010年长江中游经济区县域经济差异的时空特征，相对差异呈M形变化，县域经济空间相关性呈波动式减弱

表 2－4　　　　　　基于多尺度的中国区域经济差异研究的主要文献

序号	研究者及时间	分析时段	分析方法	分析尺度	分析结论
1	宋德勇（1998）	1978—1995	锡尔系数分解	地带、省	三大地带内部差距缩小，东部缩小快；地带间差距在 1990 年以前变动不明显，1990 年后变动明显扩大
2	徐建华（2005）	1952—2000	多阶段锡尔系数嵌套分解	地带、省、地市	1952—1978 年呈扩大趋势；1979—1990 年缓慢缩小；1991—2000 年缓慢扩大。从地级行政区域单元来看，省内差异对全国整体差异的贡献比三大地带之间差异和省际差异的贡献显著得多。而东部各省份的省内差异对全国整体差异的影响远比中、西部显著，西部最不明显。
3	鲁凤、徐建华（2005）	1995 1997 1999 2000	锡尔系数分解	地带、省、地区	将中国地区差异分解为东、中、西三大地带间的差异和三大地带内的省间差异以及各省区的省内差异，发现省内差异对于中国整体区域差异的影响比三大地带间差异和三大地带内省间差异要显著得多
4	鲁凤、徐建华（2006）	1978—2001	锡尔系数分解	地带、省、地市、县	1978—2001 年，三大地带省间经济差异趋于缩小。地带间差异在 20 世纪 80 年代缓慢上升，90 年代快速上升。全国差异呈 U 形，1990 年为谷底。2001 年二阶段嵌套分解的结果是，省内差异的贡献率很高，其后为地带间差异和省间差异。省间差异以东部最高，其后为中部、西部。基于县域单元的省内差异较地级单元更为突出，而地带间差异程度相对削弱
5	欧向军等（2006）	1978—2003	锡尔系数分解	地带、省	三大地带逐渐发散，南北两个区域逐渐收敛趋同
6	余军华（2007）	1978—2004	基尼系数、锡尔系数分解	地带、省	从对基尼系数和锡尔系数的三大地带分析结果来看，自改革开放以来东中西三大地带间经济差异一直在逐渐拉大，地带内差距一直在缩小。地带间差异对全国总体区域经济差异的影响较地带内差异更为显著，其中，东部省际经济差异表现突出

序号	研究者及时间	分析时段	分析方法	分析尺度	分析结论
7	李培（2007）	1990—2004	锡尔系数分解	地带、市	地带内差距对总体差距的贡献最大
8	卢晓旭等（2009）	1998—2007	锡尔系数分解	地带、省	1998—2007年，历年三大地带间差异均大于各地带内省际差异，东部地带省际差异大于中部，中部地带省际差异略大于西部
9	潘文卿（2010）	1978—2007	锡尔系数分解	地带、省	锡尔指数的分解表明，σ收敛指数的增大与波动主要是由区域间差异的增大与波动主导的，东、中、西内部省区的差异在缩小。
10	严汉平、李冀、王欣亮（2010）	1952—2008	锡尔系数分解	地带、省	区域经济差异呈现出"扩大—缩小—扩大—缩小"的非线性复杂变动趋势；区际差异在改革开放后超越区内差异成为区域经济总体差异的主要构成；相较于传统三大地带区划方式，如果采用更加细致合理的区划方式，以锡尔指数衡量的区内差异更小，而区际差异更大
11	周杰文、张璐（2011）	中部地区，1990—2007	尺度方差分解	省、市、县	市、县尺度上结果较为一致，并在1997年达到低值后均有明显扩大趋势，这与省尺度上的趋势相异。2003年后区域经济差异在省尺度上呈缩小趋势。市际和县际差异是造成中部地区经济差异的主要因素，省际差异的影响很小
12	刘涛（2012）	1978—2010	锡尔系数分解	地带、省	区域差异呈先缩小后扩大再缩小的特征，整体上呈缩小趋势。差异演化以板块内差异为主转向以板块间差异为主；东部的内部差异呈缩小趋势；西部呈扩大趋势，东北和中部内部差异变化小，但有扩大趋势
13	陈培阳、朱喜钢（2012）	1998—2009	尺度方差分解	地带、省、市、县	尺度方差及其构成大小排列依次为县级、地级、省级、地带，即尺度越小，尺度方差越大，对区域经济差异的贡献份额也越大

序号	研究者及时间	分析时段	分析方法	分析尺度	分析结论
14	孙久文、姚鹏（2014）	1978—2012	锡尔系数分解	地带、省	以地带内差异为主向地带间差异转变，区间差异持续上升；东部区域内部差异下降较快，中部、东北部内部差异下降较缓慢，西南、西北区域内部差异呈扩大态势
15	赵桂婷（2014）	1978—2011	锡尔系数分解	地带、省	1978—1990 年，东部、中部地区内部人均 GDP 的省际差异均呈下降趋势，1990 年以后相对稳定；1978—2011 年，东北地区内部差异呈波浪状变动；西部地区内部差异 1978—2000 年相对平稳，2000 年以后出现小幅上升。四大地区间差异 1990—2002 年快速上升，2002 年以后开始下降。各个区域内部特别是东部内部区域差异的缩小带动了 1978—1990 年中国区域经济总体差异水平的下降，1990 年后总体差异上升的根本原因在于四大地区差异的迅速扩大
16	冯长春等（2015）	2000—2012	Theil 指数二阶分解和 ESDA 空间统计方法	地带、省、市	基于经济区、省（直辖市、自治区）、地区（市、区、盟、自治州）三级空间单元，以 2000—2012 年人均 GDP 为指标，采用 Theil 指数二阶分解和 ESDA 空间统计方法，探索中国区域经济差异的时空演变

此外，还有很多学者从不同方面对中国区域经济差异研究进行了翔实的整理（见表 2-5），并给出了相应的评价或（和）研究趋势判断（见表 2-6）。

表 2-5　　　　　中国区域经济差异研究综述的主要文献

序号	研究者及时间	综述内容
1	赵建新（1998）	从区域经济差距衡量指标的选取、测度方法的确定、区划系统与测度结果的关系等方面进行了综述

序号	研究者及时间	综述内容
2	高志刚（2002）	从区域划分、指标的选取、时点选择、采用的测算方法、差异形成原因等方面进行综述
3	刘夏明等（2004）	中国的研究所采用的地区差距理论学说主要有强调需求因素的扩散效应理论、累积性因果循环理论和强调供给因素的经济增长理论。有关中国地区差距演变趋势的结论不统一，甚至相互矛盾的主要原因是：数据的可获得性和质量以及地区差距测算指标的选取；采用了不同的样本时期；使用了不同的方法。形成地区差距的可能原因是：地区发展战略和政策、全球化和经济自由化、要素市场的扭曲、地区特定因素和累积性因果循环。未来的发展战略是：内陆地区的全球化与经济自由化，东、西部协调发展和劳动力的流动与城市化
4	卢丽春、李延国（2006）	中国区域经济发展差异的研究理论基础主要是投入产出理论、扩散效应理论、循环累积因果理论和经济增长理论；从时空演变、研究方法、影响因素和相应对策等方面对中国区域经济发展差距的研究文献进行了综述
5	刘慧（2006）	分析了变异系数、基尼系数、综合熵指数、塞尔指数和艾克森指数等不同区域差异测度方法在构造上的差异，并发现它们对较长时段不平衡性变动的描述是比较一致的，但对较短时段的描述存在差别；对不同测度指数的进一步分解，从理论和实际应用两方面探讨了不同测度方法的适用范围及其在区域差异分析中的优势和局限
6	张国强、沈茹（2006）	相关文献主要从经验出发，利用横截面数据和时间序列数据或面板数据等计量方法进行实证研究，但结论并不完全相同。原因有三：分解与测度的指标不同；样本选择的区间和时段不同以及测度误差；回归办法不同
7	张碧星等（2006）	回顾了区域差异的研究历程；评述了常用区域差异研究方法；从全面小康社会和地域结构角度探讨全面区域差异的研究方法和调控，将经济、社会、环境三方面指标实现指数综合起来从地域结构出发考虑区域差异
8	陈晓玲、李国平（2007）	比较分析了研究经济收敛的横截面回归分析法、时间序列分析法、分布动态法及统计指标法四种实证研究方法，介绍相关实证研究方法的最新进展
9	胡艳君、莫桂青（2008）	在分析三种区域经济差异概念的基础上，给出较为一致的界定，介绍了"极端的"平衡增长理论、"温和的"平衡增长理论和"完善的"平衡增长理论三种区域均衡发展理论，佩鲁的发展极理论、缪尔达尔的循环累积因果、赫希曼的不平衡增长理论、弗里德曼的中心—外围论、区域经济梯度推移理论和威廉姆逊的倒U形理论六种区域非均衡发展理论

序号	研究者及时间	综述内容
10	刘胜强、周兵（2008）	对中国区域经济发展差距现状考察的研究主要有区域经济发展差距收敛论、区域经济差异发散论和区域经济发展差距倒"U"论。对中国区域经济发展差距产生原因的研究主要有：区域经济发展差距形成的总体原因，东西部地区经济发展差异的原因，沿海与内地经济差异的原因，从产业结构的角度分析，从人口迁移、城市化进程和受教育程度角度的分析，从资本流动角度的分析和从经济政策角度的分析等
11	张芮等（2008）	介绍了区域经济差异测量中基尼系数、泰尔指数、广义熵指数三种区域经济不均衡测量方法和 ER 指数、Wolfson 指数、TW 指数、ZK 指数区域经济极化测量方法，给出了指标所包括的社会福利含义及其适用范围，并对各种指标进行比较
12	杨智斌、曾先峰（2010）	从空间集聚、技术进步、外商直接投资、产业结构调整、人力资本、贸易开放度、比较优势与自生能力、地区发展战略八个视角梳理了国内外学者解析中国区域经济差异的相关文献
13	邓冬林、张伟丽（2010）	从选取指标、时空尺度、研究方法、主要结论、原因探讨、扩展方向等方面进行了综述
14	吴爱芝等（2011）	介绍了区域经济差异的测度，重点梳理了不同区划体系下差异形成的缘由和缩小差异的对策思路。造成区域经济差异的原因，有自然条件、地理位置、基础设施等客观原因，也有重工业化优先的赶超战略、对外开放政策、金融政策、价格政策、投资政策以及税收政策等主观原因。缩小区域经济差异的对策思路主要有要素投入论、政策调控论、基本公共服务均等化和空间一体化等
15	王坤（2011）	由于研究区空间尺度不同、分析的时期不同、选择的统计指标不同、研究的计量方法不同，导致现有的关于趋势的研究没有形成一致的结论；大多数研究认为，90 年代后中国的区域经济发展总体趋势是趋同的
16	李广东、方创琳（2013）	近年来，国外研究在多学科融合框架下更为关注地理的作用，从而导致空间计量分析和空间统计分析成为热点方法，地理信息技术逐步受到重视，研究尺度逐步降低并向实用化发展

表 2-6　　　　中国区域经济差异文献综述中的评价或（和）

研究趋势判断情况

序号	研究者及时间	评价或（和）研究趋势判断
1	刘慧 （2006）	对于空间模型模拟分析的理论方法还有待于进一步研究。结合 GIS 进行空间分析也是今后区域差异机制分析的一个重要方向
2	张国强、沈茹 （2006）	要建立适合中国国情的增长模型，重视对制度因素的研究
3	胡艳君、莫桂青 （2008）	对于比较难量化的制度因素和历史文化因素对区域经济差异影响的研究以及相关的理论不多
4	罗浩 （2008）	未来的可能方向是二元经济与经济收敛、要素流动性与经济收敛、经济收敛的政治经济学以及西部大开发政策的收敛绩效等
5	杨智斌、曾先峰 （2010）	缺乏基于从中观产业视角以及微观企业视角的研究；缺乏综合性的全面考察
6	邓冬林、张伟丽 （2010）	衡量区域经济差异指标的完善、理论架构的扩展、研究分支的细化、研究方法的扩展
7	吴爱芝等 （2011）	在制度和历史文化等难以量化因素上的定量化分析和研究还相当匮乏；提出要使用新的研究方法对区域经济差异的构成和缘由进行分解，或在不完全竞争和规模报酬递增的框架下进行研究的建议
8	琚晓星等 （2011）	完全借鉴国外已有的研究方法。未来研究方向主要表现在研究方法的创新、研究范围的确定和影响因素的确定上
9	王坤 （2011）	对 90 年代兴起的新经济地理理论与区域经济发展差异的研究关注不够，特别是产业集群的经济效应分析、与区域经济增长的作用机制研究以及基于产业集群的经济政策等
10	李广东、方创琳 （2013）	国内研究多是国外经验在中国的验证，本土化创新不足；研究尺度以省域层面为主，城市和县域研究明显缺乏；空间效应逐步受到关注，对区域差异的基本问题仍存在较大争议。未来研究应在数据选取上更为细化和全面，尝试追踪和监测区域经济差异的动态变化格局，构建经济增长差异定量测度方法体系和技术平台，加强区域间的关联以及经济溢出、空间溢出效应测度研究，关注差异机制和机理解析

一方面，从所整理的研究中国区域经济差异的文献来看：（1）中

国区域经济差异的研究比较多的是基于省尺度数据进行的，其次是基于多尺度的研究；（2）基于多尺度的研究主要使用的尺度是地带和省，使用地市数据的不多，使用县尺度数据的更少，只有陈培阳、朱喜钢（2012）的研究使用连续多年县尺度的数据；（3）1990年是研究中需要处理的重要节点，也是中国区域经济差异变化趋势出现转变的重要年份；（4）多种方法的对比研究不是很多，缺乏对中国区域经济差异较为综合的研究；（5）空间权重矩阵主要采用位置邻接，较少使用交通邻接。

另一方面，有关中国地区差距演变趋势的结论不统一，甚至相互矛盾。其中的主要原因是：（1）数据的可获得性和质量以及地区差距测算指标选取的差异；（2）不同的研究采用了不同的样本时期；（3）不同的研究使用了不同的方法（刘夏明，2004）。除了采用的分析方法、统计指标和考察问题的角度有所不同以外，更为重要的是研究的时空尺度不同。而且以下两点事实是不可否认的：（1）基于不同的空间基本单元，即使采用同一测度指标来衡量相同年份的收入差异，得到的结果肯定也是不同的。（2）即使基于相同的空间单元，采用相同的测度指标，在不同的时间段内考察区域收入差异的收敛性，得到的结果肯定也不同（徐建华等，2005）。

因此，综合国内外研究，特别是针对中国区域经济差异研究所存在的可以进一步延伸的地方，这里主要从区域经济差异系数、系数分解、尺度方差分析等方面对中国区域经济差异的尺度效应展开研究。

其中，区域经济差异系数方法在多个尺度上使用，中国区域经济差异还存在尺度效应，即相同的方法在不同的尺度上会得出不同的结论。分解这种尺度效应的方法主要有系数分解和尺度方差分析方法。系数分解主要是对尺度效应进行初步分解，而尺度方差分析方法是较为实用的分解尺度效应的方法。

第三章　数据与方法

第一节　指标与经济区划

一　指标

通常反映经济发展的指标有以下几项：（1）人均工农业生产总值；（2）人均工业产值；（3）人均国民收入；（4）人均 GDP 或 GNP；（5）人均 GDP 或 GNP 增长率；（6）人均居民收入或户均收入，比如人均（或户均）生活费收入、实际收入、全部收入、可支配收入等；（7）各种居民人均收入增长率等。其中前五项主要用于比较地区间经济发展的差别，后两项则是比较不同地区间居民收入分配的差别。中国以往的研究者实际上比较多地使用人均 GDP、人均国民收入指标来研究地区发展水平的差别，早期也有使用工农业生产总值指标的。使用较为广泛的是人均 GDP。

二　中国的经济区划

对中国经济区域的地域划分，主要有以下几种方法：

（1）两分法，即划分为沿海和内陆地区。沿海地区包括辽宁、北京、天津、河北、山东、江苏、上海、浙江、福建、广东、海南、广西，其他为内陆地区。

（2）三大地带划分法，主要按照"七五"计划以来所确定的东部、中部和西部三大地带。东部地带包括北京、天津、河北、辽宁、山东、上海、江苏、浙江、福建、广东、广西、海南；中部地带包括黑龙江、吉林、内蒙古、山西、河南、安徽、湖北、湖南、江西；西部地带包括陕西、宁夏、新疆、西藏、青海、甘肃、四川、重庆、贵州、云南。三大地带的划分实际上是将两分法的沿海地区划分为东部地带，两分法的内陆地区划分为中部地带和西部地带。

（3）四分法，即在国家提出"振兴东北老工业基地"的基础上将全国划分为东部、中部、西部和东北部四大区域。东部地区包括北京、天津、河北、山东、上海、江苏、浙江、福建、广东、海南；中部地区包括山西、河南、湖北、湖南、江西、安徽；西部地区包括内蒙古、陕西、宁夏、新疆、西藏、青海、甘肃、四川、重庆、贵州、云南、广西；东北地区包括黑龙江、吉林、辽宁。

（4）五大区域：东部、中部、西南、西北和东北五个部分。东部区域包括北京、天津、河北、山东、江苏、上海、浙江、福建、广东、海南；中部区域包括山西、河南、安徽、江西、湖北、湖南；西北区域包括陕西、甘肃、青海、宁夏、新疆、内蒙古；西南区域包括四川、重庆、贵州、云南、西藏、广西；东北区域包括辽宁、吉林、黑龙江（孙久文、姚鹏，2014）。

（5）六分法，把全国划分为六个区：华北地区、东北地区、华东地区、中南地区、西南地区、西北地区。华北地区包括北京、天津、河北、山西、内蒙古；东北地区包括辽宁、吉林、黑龙江；华东地区包括上海、江苏、浙江、安徽、福建、江西、山东、台湾；中南地区包括河南、湖北、湖南、广东、广西、海南、香港、澳门；西南地区包括重庆、四川、贵州、云南、西藏；西北地区包括陕西、甘肃、青海、宁厦、新疆。本文采用这种划分方法。

还有一种划分法是：六大综合经济区包括东北地区、黄河中下游地区、长江中下游地区、东南沿海、西南地区、西北地区。

（6）七分法，国家的"九五"计划把中国划分为七个跨省区市的经济区：长江三角洲和沿江地区、东南沿海地区、环渤海地区、东北地区、中部五省地区、西南和广西地区、西北地区。长江三角洲和沿江地区包括江苏、浙江、上海三省市和长江三峡以下沿江地区；东南沿海地区，包括广东、福建和海南三省；环渤海地区，包括北京、天津、河北、山东、山西、辽宁六省市和内蒙古自治区中部；东北地区，包括辽宁、吉林、黑龙江三省和内蒙古自治区东部；中部五省地区，包括河南、湖北、湖南、安徽和江西；西南和广西地区，包括四川、重庆、贵州、云南、广西和西藏六省、市、自治区；西北地区，包括陕西、甘肃、青海、宁夏、新疆五省、自治区和内蒙古自治区西部。

还有一种划分法是，将中国划分为华东、华南、华北、华中、西南、西北和东北。华东包括江苏、浙江、安徽、福建、江西、山东和上海、台湾；华南包括广东、广西、海南（包括南海诸岛）、香港和澳门；华北包括河北、山西、北京、天津和内蒙古的部分地区；华中包括湖北、湖南、河南；东北包括辽宁、吉林、黑龙江，或说东北四省区（包括内蒙古东部）；西南包括四川、云南、贵州、重庆、西藏以及陕西南部（陕南地区）；西北包括宁夏、新疆及青海、陕西、甘肃三省之地。

（7）八分法，南部沿海地区（广东、福建、海南）、东部沿海地区（上海、江苏、浙江）、北部沿海地区（山东、河北、北京、天津）、东北地区（辽宁、吉林、黑龙江）、长江中游地区（湖南、湖北、江西、安徽）、黄河中游地区（陕西、河南、山西、内蒙古）、西南地区（广西、云南、贵州、四川、重庆）、西北地区（甘肃、青海、宁夏、西藏、新疆）（汤学兵、陈秀山，2007）。

（8）九大经济区。这里有两种划分方法。第一种划分法包括东北地区、环渤海地区、黄河中游流域、长江三角洲地区、长江中游地区、东南沿海地区、西北地区和西南地区等。第二种划分法包括东北地区、北部沿海、北部内陆、东部沿海、东部内陆、中部内陆、南部沿海、西部内陆和西南内陆等。

（9）以省级行政单元（包括省、直辖市和自治区）为基本区域单元的划分法。

（10）以县级行政单元（包括县、县级市、县级区、县级镇）为基本区域单元的划分法。

总的来看，目前中国区域的划分方法不是很统一。但是，由于多方面的原因，比较接受的还是"三大地带"划分方法。为便于对照，在此采用（1）、（2）、（3）和（5）四种区划方法。

三　行政区划相关情况处理

中国的行政区划处于不断的变化中。从中国1990—2012年县级以上行政区划数量变化情况（见图3-1）来看，总体上变化不是很大，但局部还是有些变化的。省级和地级行政单位的数目变化不大，省级行政区划的变化主要在：1997 年设立的重庆直辖市和香港特别行政区，1999 年设立的澳门特别行政区。而县级单位数目的绝对值变化相对而言要大一些，但相对值变化不是很大。尽管如此，这给我们的研究带来了一个各指标计算口径如何统一的问题，特别是要求各年有相同计算对象的指标（如 β 收敛、级变和秩变的指标等）。

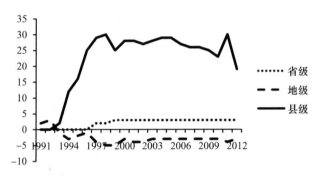

图 3 - 1　中国 1990—2010 年县级以上行政区划数目与
1990 年相比的变化

资料来源：1990—1999 年数据来自《中华人民共和国行政区划沿革地图集（1949—1999）》（陈潮、陈洪玲主编，中国地图出版社 2003 年版）；2000—2012 年的数据来自 1991—2013 年各年《中华人民共和国行政区划简册》（中华人民共和国民政部编，中国地图出版社相应各年版）。

　　虽然从整体来看，县级和地级行政区划单位的变化不是很大，但从县级和地级行政区划单位的组成部分来看可能会不一样。从地级单位的各组成部分数目（见图 3 - 2）来看，1990—2012 年，自治州的数目没变，盟的数目从 8 个变为 3 个，而地级市的数目从 185 个变为 283 个，与此同时，地区的数目从 113 个变为 17 个。

　　县级单位的各组成部分数目（见图 3 - 3）1990—2012 年也有一定的变化，自治旗的数目一直是 3 个，特区的数目从 3 个变为 2 个，林区的数目从 2 个变为 1 个，旗的数目从 51 个变为 49 个，自治县的数目从 121 个变为 117 个，市辖区的数目从 651 个变为 853 个，县的数目从 1723 个变为 1461 个，县级市的数目从 279 个变为 390 个。

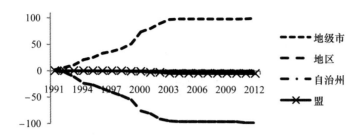

图 3 - 2　地级行政区划比 1990 年的增减情况（1991—2012）

资料来源：同图 3 - 1。

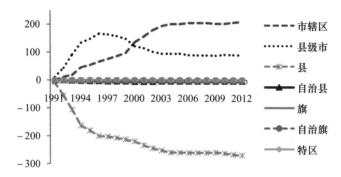

图 3 - 3　县级行政区划比 1990 年的增减情况（1991—2012）

资料来源：同图 3 - 1。

从县级和地级行政区划组成部分的单位数 1990—2010 年的变化来看，有些组成部分的变化还是比较大的。为统一计算对象，需要对这些行政区划单位对象进行处理。从数目有增有减的情况来看，各行政单位有的被拆分，有的被合并，有的还可能被重新组合。对此，按如下方式处理：（1）被拆分的行政单位的处理。原有的行政单位被拆分后会出现新的行政单位，则新出现的行政单位在未被拆分出来时的人均 GDP 等于拆分出它的原来的行政单位的人均 GDP。亦即如果行政单位 X 在年份 j 被拆分为 X_1，X_2，…，X_n 个行政单位，设在年份 j－1，X 的人均 GDP 为 X_g，则 X_1，X_2，…，X_n 个行政单位在年份 j 应有相应的人均 GDP 值，但它们在前一年，即年份 j－1 的人均

GDP 值却没有，在此，将它们皆计为 X_g。（2）被合并的行政单位的处理：相应的人口与 GDP 进行合并。

第二节　数据的处理

课题研究中涉及的数据较多。这主要体现在以下几个方面：（1）涉及 31 个省际单位，344 个市级单位和 2272 个县级单位；（2）时间段为 1990—2012 年，这期间各级行政单位有可能发生了一些变化，包括合并、重组、分解等；（3）数据的统计口径可能不完全统一。

基于上述情况，需要对数据进行一些处理。其中，既包括对数据较为共性的处理，也包括对部分数据更为具体和细节性的处理。前者主要涉及人口、人均 GDP、数据统一性、数据缺失、数据连续性、数据合理性和市区数据等的处理，后者主要是指各县级数据、时间段和图例的处理。

一　数据的一般处理

数据的一般处理主要是有关数据较为通用的一些处理。这涉及人口、人均 GDP、数据统一性、数据缺失、数据连续性、数据合理性和市区数据等的处理。

（一）人口

有些区域的人口有年末人口（或年末户籍人口）和年平均人口两种口径，在此统一采用年末人口（或年末户籍人口）。凡有"年末人口"和"年末平均人口"数据的，采用"年末人口"数据。

（二）人均 GDP

统计年鉴中一般会有 GDP、人口、人均 GDP 等指标，但用 GDP 与人口数据计算得到的值与人均 GDP 的值不一致。还有些统计年鉴并没有给出各县的人均 GDP 值。为此，本书统一用 GDP 与人口数之比得到人均 GDP 值。

（三）数据统一性

各区域的数据由其内各次级区域数据加总得到。统计年鉴中各区域的数据不一定等于其内各组成区域相应数据的总和。各省级行政单位内各地级行政单位的相应数据之和与该省级行政单位的相应数据不吻合，很多统计年鉴中各地级行政单位之内的各县级行政单位的相应数据之和与该地级行政单位的相应数据不吻合。考虑到此种情况，各区域的数据尽量用其内各次级区域数据的加总来表示。各省级行政单位的数据统一用地级行政单位数据的加总得到，各地级行政单位的数据统一用县级行政单位数据的加总得到。各省级单位的数据加总是对应的地带级单位的相应数据。特殊地，若区域内各次级区域的数据有缺失而需使用其数据来计算出各次级区域数据的，则该区域次级区域的数据加总与该区域的数据一致。

尽量使用各省统计年鉴中给出的人口和 GDP 数据。为便于统一统计口径，尽量采用各省统计年鉴中给出的人口和 GDP 数据；若没有，则相应的人口数据来自相应年份《中华人民共和国全国分县市人口统计资料》。GDP 数据尽量使用发表的实际数据。若没有相应的GDP 数据，则使用其他出版物中的数据。

为便于统一统计口径，GDP 尽量使用以"万元"为单位的数据，人口尽量使用以"万人"为单位的数据。

(四) 数据缺失的处理

若地级行政单位有数据，而其内有一个县级行政单位缺数据，则此时仍用给出的地级行政单位的数据作为其本身的数据，而缺数据的县级行政单位的数据则由地级行政单位的数据减去其他县级行政单位的数据而得到。特别是，给出了地级行政单位数据和其内各县级行政单位数据，但市辖区的数据缺失，都按此方法获得相应的数据。

为研究 1990—2012 年这 23 年的相关情况，在所获得的各种出版物中都没有相应 GDP 数据的情况下，对缺失的数据作如下处理：
(1) 若某县在年份 $i+1$ 的 GDP 为 g_{i+1} 及相对于前一年的增长率为 r，该县在年份 i 的 GDP 值分别为 g_i，则 $g_i = \dfrac{g_{i+1}}{1+r}$；(2) 设某县在年份 i 的 GDP 为 g_i，且没有相应的增长率数据，该县在前一年和之后一年的 GDP 值分别为 g_{i-1} 和 g_{i+1}，则 $g_i = \sqrt{g_{i-1} \times g_{i+1}}$；(3) 如没有前一

年的数据，而只有后续年份的数据，则该年的数据为后一年数据的平方值与以后两年数据的商；（4）其他缺失年份依此类推。

（五）数据的连续性

为保持县级单位的连续性，做如下处理：（1）把以前不在一个地市的县按照 2012 年的县目录对齐；（2）对新设和由其他行政单位分出的县级单位（新设的县级单位数为两个，由其他行政单位分出的县级单位数为 29 个）分别做如下处理：分出的县级单位依照当前年份的人口比重分解原分出单位以前年份的人口和 GDP，原分出单位以前年份的人口和 GDP 据此改变。

（六）数据的合理性

尽量使数据合理。如河南省济源市的 GDP 数据在"各市生产总值构成项目"（2005）中为 144.33 亿元，但在 2005 年"各市生产总值"表中为 114.67 亿元。在表"各市生产总值"（2006）和表"各市支出法生产总值"（2006）中皆为 181.03 亿元，在表"各市生产总值"（2004）和表"各市生产总值构成项目"（2004）中皆为 120.5496 亿元。据此认为，济源市 2005 年的 GDP 应为 144.33 亿元。其他类似情况皆依此操作。

（七）市区数据的处理

市级行政单位所有市辖区数据加总被统称为"市区"，并视"市区"为一个县级单位。主要原因是：（1）全国各市的市辖区人口或 GDP 数据不全，甚或缺失较多；（2）有时给出市区相应数据时，只给出了部分市辖区的数据；（3）各市辖区之间的一体化程度一般很高。故应被视为一个整体。

（八）数据数量

344 个市级行政区划，比统计年鉴中 333 个多 11 个的原因是加上四个直辖市、海南、新疆的三个师市合一的市、湖北的三个省直辖市，去掉新疆的伊犁州。伊犁哈萨克自治州（伊犁州）是全国唯一的副省级自治州，是全国唯一的既辖地级行政区又辖县级行政区的自治州。截至 2013 年，伊犁管辖塔城地区和阿勒泰地区，直辖两个县级市、7 个县、1 个自治县：伊宁市、奎屯市、伊宁县、察布查尔锡伯自治县、霍城县、巩留县、新源县、昭苏县、特克斯县、尼勒克

县。境内驻有新疆生产建设兵团第四、七、八、九、十师 5 个师 60
个团场和新疆矿冶局、天西林业局、阿山林业局等单位。为便于计
算，将伊犁州分为塔城地区、阿勒泰地区和伊犁州本部（即伊犁州直
辖的两个县级市、7 个县、1 个自治县）三个地级区域，即在计算中
未出现伊犁州而是出现三个地级区域。

（九）其他说明

为使得基于空间相关性的分析更为合理，在基于县级行政单位进
行分析时，亦将只有市辖区而无下属县级单位的市级行政单元作为县
级单位处理。

在 20 世纪 90 年代前期很多地方无 GDP 数据，只有 GNP 数据，
以 GNP 数据代替 GDP 数据。

若省级统计年鉴中的数据与其他年鉴（如《中国城市统计年鉴》
《中华人民共和国分县市人口统计资料》等）中的统计数据相异，则
采用省级统计年鉴中的数据。

在不同年份的统计年鉴中都有的数据，采用距该年最近年份的数
据，如 2001 年的数据采用 2002 年年鉴中的数据，而不采用后来其他
年份年鉴（如 2009 年、2012 年）中也出现的数据（有些省、直辖市
和自治区 60 年的统计资料汇编中会做出修正，但并非所有的省级单
位都做修正，故做此选择）。特别地，若该年的数据不全甚或缺失，
若后面年份的年鉴中出现了该年的数据，但与该年前后年份的数据有
矛盾，认为后面年份的数据不足采信而舍弃之。

若无其他说明，各县区数据来自各省的统计年鉴。

所有 GDP 数据皆取"现价"值。

二　县级单位数据的具体处理

关于各省各县级单位相关数据的具体处理见附录一。

三　时间段的选取

主要选取 1990—2012 年的数据。以 1990 年为起点年份的原
因是：

1. 在 1990 年之前，中国的经济发展受政治因素的影响较大，并

不是完全市场经济所体现的规律。只有在 1990 年之后，中国废除了价格双轨制和统包统销制度，中国才从真正意义上走向市场经济。因此，1990 年之后的数据才能体现出市场经济下区域经济发展的正常规律。

2.1989 年可以作为划分中国区域经济增长趋同区间的一个分界点。因为 1989 年以前，中国的计划机制在经济运行中仍占主导地位，但正逐步走向衰落，体制改革主要在农村领域内展开，市场机制对经济运行只起辅助性的调节作用。而 1989 年以后计划机制的职能和范围逐步萎缩和减小，市场机制在资源配置中逐步起着基础性的作用（刘强，2001）。因此，选择 1990 年为起始年份可以客观地反映改革开放深化以来中国区域经济增长及趋同的变化趋势。

3. 从前述文献综述的情况来看，1990 年是很多研究的重要时间节点。选取 1990 年为起点便于与以前的研究进行对照。

四 图例的约定

在没有给出图例的情况下，各类图例约定如下。

1. 县、市、省、区域尺度的图例如下：

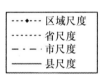

2. 系数可能会被分解为组内效应、组间效应和重叠效应。相应的图例如下：

第三节　方法

一　差异系数法

度量区域经济差异的系数主要有份额比例测度法、普通离散系数测度法、收入集中度测度法。

份额比例测度法可以分为绝对份额比例测度指数和分位点比例测度指数。绝对份额比例测度指数比较典型的有 4 分位比例、5 分位比例和 10 分位比例。分位点比例测度指数最常用的就是以第 90 个百分位点人的收入除以第 10 个百分位点人的收入，从而得到的一个比值，该测度指数可以表示为 90th/10th，类似的还有 90th/20th，90th/50th，80th/20th。

用以测度区域经济差异的普通离散系数主要有绝对系数和相对系数。绝对系数因其固有的特性而不适合用以衡量区域经济差异。一般使用相对系数测量区域经济差异。相对系数主要有极差系数、极值差率、极均差率和变异系数及加权变异系数等。

收入集中度测度方法主要有基尼系数法、阿特金森系数法和广义熵指数法及 HHI 系数法。

二　系数分解

分解系数来探究区域经济差异的来源、构成。可以进行分解的系数主要有基尼系数、锡尔系数等。这有助于我们了解区域差异变动实质，解释地区经济差异现象及其形成的来源与构成。

三　尺度方差

用于研究区域经济差异尺度效应的方法主要有两种：（1）同一方法在不同尺度上的重复使用，如分别计算县、市、省尺度上的 α 收敛系数并进行比较分析；（2）使用尺度分解方法将区域经济差异分解为不同尺度上的贡献，以此得出区域经济差异在不同尺度上的来源。其中，早期使用的是系数分解方法，如基尼系数的分解和锡尔系数的分解，最近使用的是尺度方差方法。

尺度方差方法最初由 H. Moellering and W. Tobler（1972）提出，Daisaku Yamamoto（2008）用它来分析美国区域经济差异的尺度效应。

设：$X_{ijk} = \mu + \alpha_i + \beta_{ij} + \gamma_{ijk}$ （3-1）

X_{ijk} 是区域 i 的次一级区域 j 的再次一级区域 k 的值（如人均 GDP）。这个值表示整个数据集的总平均值（μ）和 α_i，β_{ij}，γ_{ijk} 三个尺度分效应的总和。其中，

$$\mu = \bar{X}_{\cdots} \tag{3-2}$$

$$\alpha_i = \bar{X}_{i\cdot\cdot} - \bar{X}_{\cdots} \tag{3-3}$$

$$\beta_{ij} = \bar{X}_{ij\cdot} - \bar{X}_{i\cdot\cdot} \tag{3-4}$$

$$\gamma_{ijk} = X_{ijk} - \bar{X}_{ij\cdot} \tag{3-5}$$

定义：

$$\bar{X}_{\cdots} = \frac{\sum_i \sum_j \sum_k X_{ijk}}{N} \tag{3-6}$$

$$\bar{X}_{i\cdot\cdot} = \frac{\sum_j \sum_k X_{ijk}}{n_i} \tag{3-7}$$

$$\bar{X}_{ij\cdot} = \frac{\sum_k X_{ijk}}{n_{ij}} \tag{3-8}$$

N 是全国所包含的最低尺度的单位数，n_i 为次一级区域所包含的最低尺度的单位数，n_{ij} 为次二级区域所包含的最低尺度的单位数。这样，公式（3-1）可以表示为：

$$X_{ijk} - \bar{X}_{\cdots} = (\bar{X}_{i\cdot\cdot} - \bar{X}_{\cdots}) + (\bar{X}_{ij\cdot} - \bar{X}_{i\cdot\cdot}) + (X_{ijk} - \bar{X}_{ij\cdot}) \tag{3-9}$$

等式两边取平方，消除协方差项，得到：

$$\sum_{i=1}^{I} \sum_{j=1}^{J_i} \sum_{k=1}^{K_{ij}} (X_{ijk} - \bar{X}_{\cdots})^2 = \sum_{i=1}^{I} \sum_{j=1}^{J_i} \sum_{k=1}^{K_{ij}} (\bar{X}_{i\cdot\cdot} - \bar{X}_{\cdots})^2 +$$

$$\sum_{i=1}^{I} \sum_{j=1}^{J_i} \sum_{k=1}^{K_{ij}} (\bar{X}_{ij\cdot} - \bar{X}_{i\cdot\cdot})^2 + \sum_{i=1}^{I} \sum_{j=1}^{J_i} \sum_{k=1}^{K_{ij}} (X_{ijk} - \bar{X}_{ij\cdot})^2$$

$$\tag{3-10}$$

其中，I 为全国所含的次一级区域数，J_i 是次一级区域所含有的次二级区域数，K_{ij} 是次二级区域所含有的次三级区域数。这个公式表示，总的方差和被分解为三个部分，每一部分可归因于一个尺度。

$$SS_{总} = SS_\alpha + SS_\beta + SS_\gamma \qquad (3-11)$$

通过这种方法，将尺度方差分析法的各个尺度等级用不同的自由度进行划分，可以产生相应的均方估计（表3－1）。各个尺度的方差分量也可以从方差中得到。

表3－1　　　　　　　　　　**不同尺度等级的自由度划分**

尺度	自由度	均方估计	尺度方差组成
α	$I-1$	$\dfrac{SS_\alpha}{I-1}$	$\dfrac{\displaystyle\sum_{i=1}^{I}(\overline{X}_{i\cdot\cdot} - \overline{X}_{\cdots})^2}{I-1}$
β	$\displaystyle\sum_{i=1}^{I}(J_i-1)$	$\dfrac{SS_\beta}{\displaystyle\sum_{i=1}^{I}(J_i-1)}$	$\dfrac{\displaystyle\sum_{i=1}^{I}\sum_{j=1}^{J_i}(\overline{X}_{ij\cdot} - \overline{X}_{i\cdot\cdot})^2}{\displaystyle\sum_{i=1}^{I}(J_i-1)}$
γ	$\displaystyle\sum_{i=1}^{I}\sum_{j=1}^{J_i}(K_{ij}-1)$	$\dfrac{SS_\gamma}{\displaystyle\sum_{i=1}^{I}\sum_{j=1}^{J_i}(K_{ij}-1)}$	$\dfrac{\displaystyle\sum_{i=1}^{I}\sum_{j=1}^{J_i}\sum_{k=1}^{K_{ij}}(X_{ijk} - \overline{X}_{ij\cdot})^2}{\displaystyle\sum_{i=1}^{I}\sum_{j=1}^{J_i}(K_{ij}-1)}$

资料来源：H. Moellering and W. Tobler（1972），Daisaku Yamamoto（2008）.

上述方差分解实际上是按数量进行分解的。其中的均值是基于数量得到的。在现实中，某区域的均值不是其下一级区域 GDP 的简单均值，而是取加权平均得到的。而且，在计算方差时，也应考虑人口基数的影响。显然，如果某区域内有三个次一级的区域，这三个次一级区域的方差分别为 $2a$、$2a$ 和 $3a$，则整个区域的方差为 $7a$，这三个次一级区域的方差份额分别为 0.2857、0.2857 和 0.4286，由此应调控第三个次一级区域的经济以调控该区域的经济差异。如果这三个次一级区域的人口份额分别为 $3p$、$2p$ 和 $1p$，则在人口加权的情况下，其总的方差应为 2.17a，这三个次一级区域的方差份额分别为 0.4615、0.3077 和 0.2077，则由此应调控第一个次一级区域的经济以调控整个区域的经济差异。很显然，人口加权时得到的调控结论更为合理，而且，在与其他尺度份额的比较分析中，其方差份额也会发生变化。

显然，基于人口加权和简单的数量方差分析可能会存在很大的不同。而基于人口加权的方差分析更接近现实。

定义：

$$\bar{X}_{\cdots} = \sum_i \sum_j \sum_k X_{ijk} \times P_{ijk} \qquad (3-12)$$

$$\bar{X}_{i\cdot\cdot} = \sum_j \sum_k X_{ijk} \times P_{ijk} \qquad (3-13)$$

$$\bar{X}_{ij\cdot} = \sum_k X_{ijk} \times P_{ijk} \qquad (3-14)$$

$$1 = \sum_i \sum_j \sum_k P_{ijk} \qquad (3-15)$$

$$P_i = \sum_j \sum_k P_{ijk} \qquad (3-16)$$

$$P_{ij} = \sum_k P_{ijk} \qquad (3-17)$$

式中，$\bar{X}$，$\bar{X}_{i\cdot\cdot}$ 和 $\bar{X}_{ij\cdot}$ 分别为全国、各区域、各次一级区域的人口加权均值，P_i，P_{ij} 和 P_{ijk} 分别为各区域、各次一级区域和各次二级区域的人口份额。这样，公式（3-1）可以表示为：

$$X_{ijk} - \bar{X}_{\cdots} = (\bar{X}_{i\cdot\cdot} - \bar{X}_{\cdots}) + (\bar{X}_{ij\cdot} - \bar{X}_{i\cdot\cdot}) + (X_{ijk} - \bar{X}_{ij\cdot})$$

$$(3-18)$$

等式两边取平方，再乘以相应的 P_{ijk}，消除协方差项，使用定义替代，得到：

$$\sum_i \sum_j \sum_k (X_{ijk} - \bar{X}_{\cdots})^2 \times P_{ijk} = \sum_i (\bar{X}_{i\cdot\cdot} - \bar{X}_{\cdots})^2 \times P_i +$$

$$\sum_i \sum_j (\bar{X}_{ij\cdot} - \bar{X}_{i\cdot\cdot})^2 \times P_{ij} + \sum_i \sum_j \sum_k (X_{ijk} - \bar{X}_{ij\cdot})^2 \times P_{ijk}$$

$$(3-19)$$

其中，$i \in I$，$j \in J_i$，$k \in K_{ij}$。I 为全国所含的次一级区域数，J_i 是次一级区域所含有的次二级区域数，K_{ij} 是次二级区域所含有的次三级区域数。这个公式表示，总的方差和被分解为三个部分，每一部分可归因于一个尺度。

$$SS_{总} = SS_{\alpha} + SS_{\beta} + SS_{\gamma} \qquad (3-20)$$

若存在四级尺度，则定义：

$$\bar{X}_{\cdots} = \sum_i \sum_j \sum_k \sum_l X_{ijkl} \times P_{ijkl} \qquad (3-21)$$

$$\bar{X}_{i\cdots} = \sum_j \sum_k \sum_l X_{ijkl} \times P_{ijkl} \qquad (3-22)$$

$$\bar{X}_{ij\cdot} = \sum_k \sum_l X_{ijkl} \times P_{ijkl} \qquad (3-23)$$

$$\bar{X}_{ijk} = \sum_l X_{ijkl} \times P_{ijkl} \qquad (3-24)$$

$$1 = \sum_i \sum_j \sum_k \sum_l P_{ijkl} \qquad (3-25)$$

$$P_i = \sum_j \sum_k \sum_l P_{ijkl} \qquad (3-26)$$

$$P_{ij} = \sum_k \sum_l P_{ijkl} \qquad (3-27)$$

$$P_{ijk} = \sum_l P_{ijkl} \qquad (3-28)$$

$$\delta_{ijk} = X_{ijkl} - \bar{X}_{ijk} \qquad (3-29)$$

相应地分解为：

$$\sum_i \sum_j \sum_k (X_{ijkl} - \bar{X}_{\cdots})^2 \times P_{ijkl} =$$

$$\sum_i (\bar{X}_{i\cdots} - \bar{X}_{\cdots})^2 \times P_i + \sum_i \sum_j (\bar{X}_{ij\cdot} - \bar{X}_{i\cdots})^2 \times P_{ij} +$$

$$\sum_i \sum_j \sum_k (\bar{X}_{ijk} - \bar{X}_{ij\cdot})^2 \times P_{ijk} + \sum_i \sum_j \sum_k \sum_l (X_{ijkl} - \bar{X}_{ijk})^2 \times P_{ijkl}$$

$$(3-30)$$

式中，$i \in I$，$j \in J_i$，$k \in K_{ij}$，$l \in L_{ijk}$。I，J_i 和 K_{ij} 的含义与前式相同，L_{ijk} 为次三级区域所含有的次四级区域数。在此，主要指市级单位所包含的县级单位。

相应地，总的方差和被分解为四个部分，每一部分可归因于一个尺度。

$$SS_{总} = SS_{\alpha} + SS_{\beta} + SS_{\gamma} + SS_{\delta} \qquad (3-31)$$

总体而言，区域经济差异的尺度效应分析中所涉及的方法可以用

表 3-2 来总结。

表 3-2　　　　　　区域经济差异尺度效应度量所涉及的指标

测度方法	测度指标
差异系数	份额比例测度法 普通离散系数测度法 收入集中度测度法
系数分解	基尼系数分解、锡尔系数分解
尺度方差	尺度方差分解

第四章 基于差异系数的区域经济差异的尺度效应

用以测度区域经济差异的系数有很多种方法，大致可以将其分成三大类：份额比例测度法、普通离散系数测度法和集中度测度法。

第一节 基于份额比例测度法的尺度效应

份额比例测度法是先将经济数据从低到高进行排序或分组，然后根据具体方法利用不同分组数据的不同部分进行计算的方法。这种份额比例测度法可以分为绝对份额比例和分位点比率测度指数。

一 各尺度的绝对份额比例

绝对份额比例测度指数比较典型的有 5 分位比例和 10 分位比例。把人口按照经济从低向高排序之后，再将人口 5 等分或 10 等分，以某个 5 等分或 10 等分人口所占有的经济份额×%作为经济差异程度测度指数。如果×%人口份额比例低于（或高丁）经济比例，就认为存在经济差距。例如，把经济最低的 10% 的人口所占有的经济份额称为第一个 10 分位绝对比例数（简称为 1 分位份额，其他依次简称为两分位份额、3 分位份额……10 分位份额），如果低于 10%，则认为经济存在差距。

（一）各尺度基于人口的绝对份额比例

1. 各分位点份额比例的绝对值

从县、市、省三个尺度上基于人口测算的各分位份额情况（见图 4 - 1）来看：

（1）按变化的态势进行分类，三个尺度上 10 个分位数的分类较为一致，且各类的走势相同。1 分位到 7 分位为一类，8 分位到 10 分位为一类。1 分位到 7 分位大致经历了一个 U 形走势，而 8 分位到 10 分位则大致呈倒 U 形走势。

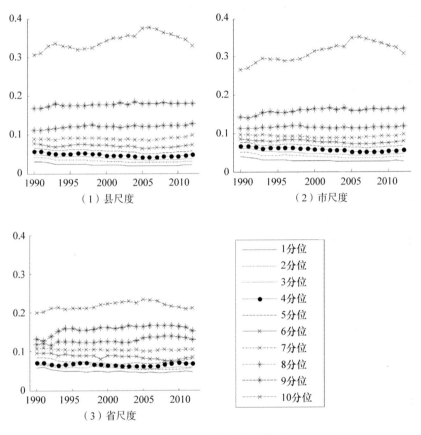

（1）县尺度　（2）市尺度　（3）省尺度

图 4-1　各尺度基于人口的各分位份额（1990—2012）

（2）两类分位数在不同尺度上的绝对值相差较大。在县尺度上，1 分位到 7 分位比较密集，差距较小，整体趋势十分平缓，并且低于 10%。1 分位份额大致在 1.9%—3.1%，2 分位大致在 2.7%—4.2%，3 分位份额大致在 3.4%—5%，4 分位份额大致在 4.2%—5.7%，5 分位份额大致在 5.2%—6.7%，6 分位份额大致在 6.5%—

7.7%，1分位到6分位份额1990—2012年总体上保持不变，但2006年以后维持上升趋势。7分位份额大致在8.5%—9.8%，并开始上升。从8分位开始，份额开始扩大。8分位份额大致在11.3%—12.7%，并有扩大趋势。9分位份额上升趋势加快，份额大致在16.7%—18.3%，并略有扩大趋势。10分位的比重更大，1990年份额就高达30.6%，之后整体上呈波动上升状态，2006年高达37.6%，不过之后出现下降，2012年降为32.8%。

在市尺度上，1分位到7分位也是比较密集的，差距较小，整体上趋势十分平缓，但是比县尺度上的比重约高1%。但是8分位到10分位的值比县尺度上低。8分位份额略高于10%，基本上保持不变。9分位份额大致在14.4%—16.6%，并略呈上升态势。10分位份额大致在26.6%—35.1%，而且从2006年后呈下降态势。

在省尺度上，明显可以看出该尺度上测算的各分位点份额差距比县尺度和市尺度上要小很多。1分位到8分位份额略高于县尺度和市尺度，1分位的份额大致在4.5%—5.9%，8分位的份额大致在11.7%—14.0%。9分位份额比县尺度和市尺度稍低，大致在12.8%—16.6%。而10分位份额明显比县尺度和市尺度上低，在20.0%—23.4%上波动，并从2005年开始下降。

2. 各分位点份额比例的绝对值变化

从县、市、省三个尺度上测算的各分位份额变化情况（见图4-2）来看：

（1）就变化趋势而言，县、市、省尺度上各分位份额变化情况大致相同，其中县和市尺度上趋势的相似度更高。在县、市尺度上，从1分位到7分位各自的份额先不断下降，然后上升，这说明在县、市尺度上中低经济水平县市的份额总的来说是下降的（在2006年后有所回升）。从8分位到10分位的变化比例不断上升，高于1。这样就导致县、市尺度上表现出越来越大的差异。在省尺度上，从1分位到7分位的变化较为平缓，比县、市尺度高。以8分位到10分位的变化总体上也呈现出上升趋势，但变化不太大，不同于县、市尺度的是，其中10分位自1993年后基本上维持稳中略有上升的态势，直到2007年开始下降，才打破这种格局。这样就导致省尺度上所表现出的差异

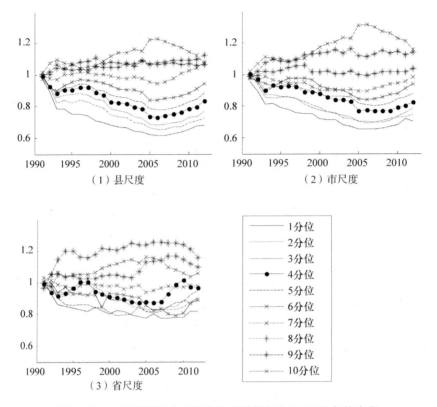

图4-2 各尺度基于人口的各分位份额相比于1990年的变化
（1991—2012）

变化不是很大。

（2）就转折点而言，县、市、省尺度上各有两个较为明显的转折点，但具体时间不一。县尺度上的转折点分别在1993年和2006年。市尺度上的第一个转折点在1993年，第二个转折点在2006—2007年。省尺度上的第一个转折点在1993年，第二个转折点在2006—2007年。

从图4-1和图4-2可以看出：（1）基于县尺度测算的区域差异表现得最为明显，其次是市尺度，省尺度最弱。（2）三个尺度中低水平的1分位到7分位大致经历了一个U形走势，而高水平的8分位到10分位则大致呈倒U形走势。（3）从变化趋势上可以看出，县尺度上的差异变化最大，其次是市尺度和省尺度。

（二）各尺度基于数量的绝对份额比例

各分位点的份额比例的绝对值。从 1990—2012 年县、市、省三个尺度上基于区域数量测算的 10 分位点份额及其变化情况（见图 4 - 3）来看：（1）基于县尺度测算的区域差异表现得最为明显，其次是市尺度，省尺度最弱。（2）三个尺度上低水平的 1 分位到 8 分位大致经历了一个 U 形走势，而高水平的 9 分位到 10 分位则大致呈倒 U 形走势。（3）从变化趋势上可以看出，市尺度上的差异变化最大，其次是县尺度和省尺度。

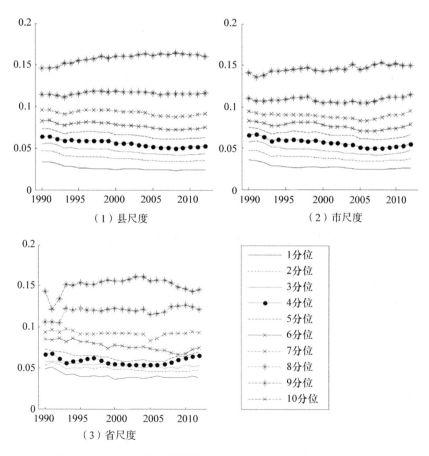

（1）县尺度　　（2）市尺度　　（3）省尺度

图 4 - 3　各尺度基于数量的各 10 分位点份额（1990—2012）

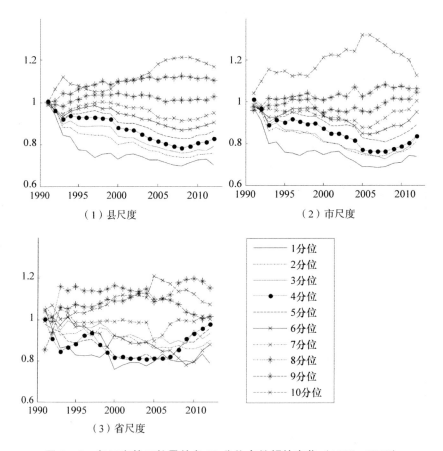

图 4 - 4　各尺度基于数量的各 10 分位点份额的变化（1990—2012）

（三）两种不同方法得到的各尺度绝对份额比例的比较

各尺度基于数量计算的结果与基于人口计算的结果的比例（见图 4 - 5）各不相同。在县尺度上，低端的分位点基于数量的时候更多，而在市、省尺度上除 10 分位点外，其他分位点的值都是基于人口时更大。即在县尺度上，低经济水平的县级单位的人口较多，中经济水平的县级单位的人口也较多，而高经济水平的县级单位的人口较少；在市尺度上，除了最高等级的市级单位外，其他水平的市级单位的人口稍少；在省尺度上，低水平的省级单位的人口稍少。

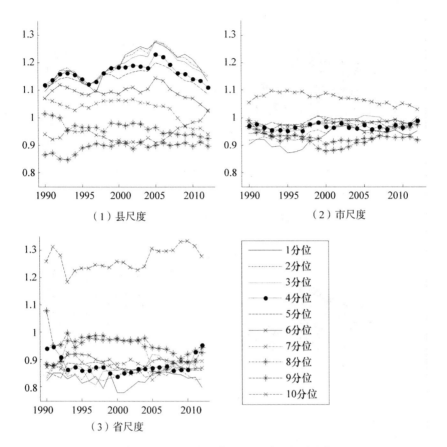

图4-5 各尺度基于数量的结果与基于人口的结果的比较（1990—2012）

基于上述分析，需要分析初期人口与增速的关系。设：

$$r_{t,t+s} = a + blog(POP_t) \qquad (4-1)$$

式中，$r_{t,t+s}$ 为 t 到 $t+s$ 期间的增长率；POP_t 为基期 t 的人口。

回归结果（见图4-6、4-7、4-8）显示，县尺度上，1990—1994年到其他各年的回归系数小于零且检验显著，2000—2004年到其他各年的回归系数大于零且检验显著。市尺度上，1990—1994年到其他各年的回归系数小于零且大多检验显著，2000—2004年到其他各年的回归系数大于零且大多检验显著。省尺度上，除1990—1994年到2001年这样的结论成立外，其他时间段这样的结论大多不成立。

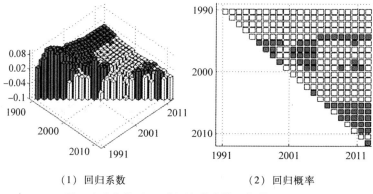

（1）回归系数　　　　　　　　　（2）回归概率

表4-6　县尺度上初期人口对经济增速的回归结果（1990—2012）

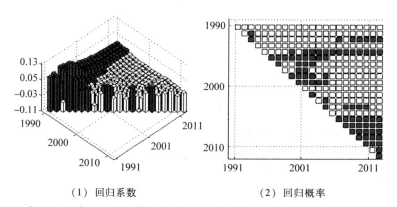

（1）回归系数　　　　　　　　　（2）回归概率

表4-7　市尺度上初期人口对经济增速的回归结果（1990—2012）

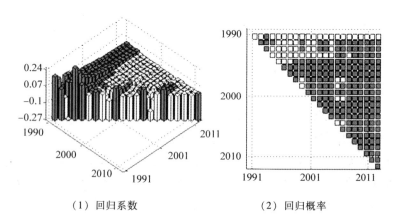

（1）回归系数　　　　　　　　　（2）回归概率

表4-8　省尺度上初期人口对经济增速的回归结果（1990—2012）

也就是说，1990—1994 年的县、市级单位的人口大，有利于获得高的增长率。而 2000—2004 年县、市级单位的人口大，则不利于获得高的增长率，从而当人口大县或大市的领导想获得同样的增长率时，就需要更高的领导水平和更多的精力投入。

二　各尺度的分位点比率

分位点比率测度指数也是将经济从低到高加以排序后，以某高分位点所对应的经济绝对数除以某低分位点的经济绝对数所得出的一个比率测度指数。最常用的就是以第 90 个百分位点区域的经济除以第 10 个百分位点区域的经济所得到的一个比值，该测度指数可以表示为 90th/10th，类似的还有 90th/20th，90th/50th，80th/20th。但在此使用各十分位之比（简称为分位比率）进行计算，即 9 分位/1 分位表示十等分的第九分与第一分之比，其他 9 分位/2 分位、9 分位/5 分位和 8 分位/2 分位依次类推。

从 1990—2012 年县、市、省三个尺度上测算的主要分位比率（见图 4-9）来看：

1. 就变化趋势而言，县尺度、市尺度和省尺度上的变化趋势大致相同，都是先上升，后下降，再上升，然后下降，第一个峰点都在 1993 年，第二个峰点则略有不同。县尺度上的第二个峰点在 2006 年，市尺度上的第二个峰点在 2008 年，而省尺度上的第二个峰点不太一致，大约在 2007 年。总体形状似乎呈倒 U 形。

2. 就绝对值而言，县尺度上各分位点之比明显高于市尺度和省尺度，市尺度上各分位点之比明显高于省尺度。

3. 就相对关系而言，这四种测度指数在县、市尺度上由大到小的排序都是 9 分位/1 分位、9 分位/2 分位、8 分位/2 分位和 9 分位/5 分位。而在省尺度上，其不同点在 9 分位/5 分位的变化情况上。9 分位/5 分位 1990 年为 1.5，之后一度上升反超了 8 分位/2 分位，但在 2003 年开始下滑至低于 8 分位/2 分位，之后一直维持这种状态。

四种分位比率测度的差距在三种尺度上总的情况是在波动中扩大，2006—2008 年达到阶段性高值区域，之后出现缩小的迹象。其中差距最大的是县尺度，其次是市尺度，在省尺度上表现得较小一些。

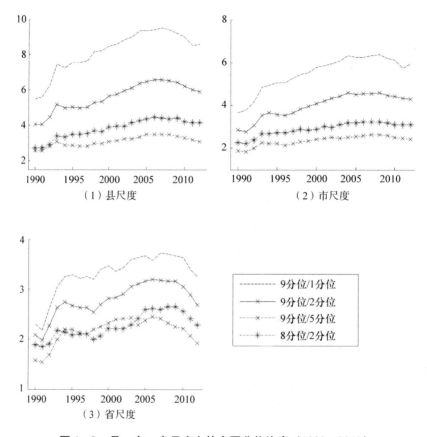

图4-9　县、市、省尺度上的主要分位比率（1990—2012）

第二节　基于普通离散系数测度法的 尺度效应分析

用以测度区域经济差异的普通离散系数主要有绝对系数和相对系数。绝对系数主要有平均差、标准差、极差和极均差等。但绝对系数受到数据绝对值的影响，随着经济的增长，很有可能是增大的，故不适合用以衡量区域经济差异。一般使用相对系数测量区域经济差异。相对系数主要有极差系数、极值差率、极均差率和变异系数及加权变异系数等。

一　各尺度上的极差系数、极值差率、极均值差率

（一）各尺度上的极差系数

极差系数是极差占平均值的百分数。从 1990—2012 年县、市、省三个尺度上的极差系数情况（见图 4 - 10）来看：

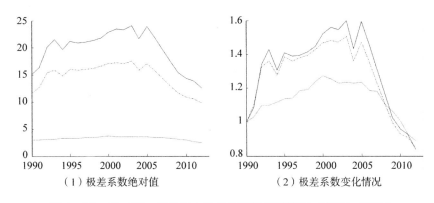

（1）极差系数绝对值　　　　　　　（2）极差系数变化情况

图 4 - 10　县、市、省尺度上的极差系数及其变化（1990—2012）

1. 县尺度上的极差系数绝对值最大，次为市尺度，省尺度上最小。在县尺度上，极差系数先升后降，幅度较大。1990 年的极差系数就达到 15，最高时接近 24，2005 年开始下降，至 2012 年降至 12.56。市尺度上的极差系数波动幅度稍小，1990 年极差系数是 11.6，之后一直缓慢上升，至 2003 年达到 17.5，2005 之后下降至 9.8，并且一直比县尺度上低。不同于县尺度和市尺度，省尺度上的极差系数无明显变化，一直在 2.6 和 3.7 之间徘徊。这说明在县尺度上存在着严重的经济两极分化情况。市尺度上的两极分化程度虽弱于县尺度，但也非常高，并且显著地高于省尺度。

2. 县尺度上的极差系数变化最大，次为市尺度，省尺度上最小。在县尺度上，极差系数变化最大达到了 1.6 左右，2005 年后下降至 0.85，增减幅度很大。在市尺度上，极差系数变化在 2003 年达到了最高的 1.5，之后下降至 0.85，且与县尺度上的变化非常接近。相比于县尺度和市尺度，省尺度上的极差系数变化较为平缓，在 2000 年达到 1.27，之后降至 0.89。

3. 就整个走势而言，大致呈倒 U 形，只是其中的转折点不同。县、市尺度上有两个转折点，分别是 1993 年和 2005 年。而省尺度上只有一个转折点，即 2000 年。

可以看出，县尺度上的极差系数的绝对值及其波动要高于市尺度，更显著地高于省尺度。县尺度和市尺度上的极差系数及其变化更为接近。1990—2005 年，县、市尺度上测算的经济两极化现象恶化得更为严重，而省尺度上则较为缓和。但是从 2010 年之后，三个尺度上的经济差异程度开始得到缓解，市尺度上表现得尤为明显。

（二）各尺度上的极值差率

极值差率是指极大值与极小值的比率。从 1990—2012 年县、市、省三个尺度上测算的极值差率系数情况（见图 4 - 11）来看：

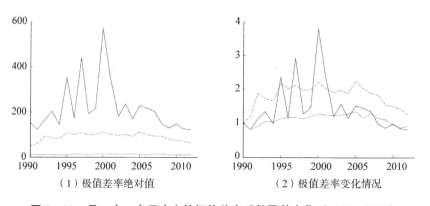

（1）极值差率绝对值　　　　　（2）极值差率变化情况

图 4 - 11　县、市、省尺度上的极值差率系数及其变化（1990—2012）

1. 县尺度上的极值差率系数及其波动最大，市尺度上次之，省尺度上最小。在县尺度上，极值差率在 120—568，并在 2000 年达到峰值 568，之后陡然降至 179，随后下降至 120。市尺度上的极值差率波动不明显，1990 年的极值差率为 50 左右，之后一直在 50—111。省尺度上的极值差率则在 7.6—12.8。

2. 就系数的变化而言，县尺度上的波动最大，市尺度上次之，省尺度上最小。就系数的变化值而言，县尺度上的极值差率系数变化值，除个别年份外，要小于市尺度，但大部分时间要高于省尺度。市尺度显著地高于省尺度。在县尺度上，在 1995 年、1997 年和 2000 年这三个年份的系数变化值猛增，在2000年达到峰值3.8，之后骤然下降，2012年仅为0.8。在市尺度上，系数变化值大多比县尺度和省尺度上高，在2005年达到2.23之后开始下降，到2012年降至1.25。在省尺度上，系数变化值的波动较为平坦，在1上下浮动。

可以看出，县尺度上的经济两极化现象要显著高于市尺度和省尺度，2000年经济差异程度最为严重，之后急速下降，情况有所好转，但两极化程度依然很高。市尺度上的经济两极化现象虽然比县尺度低，但依然较高，并在2005年后处于持续改善中。省尺度上经济两极化现象相对较为合理，在2005年后也处于持续改善中。三个尺度上的经济两极化现象虽在近年里得到部分改善，但仍有很多工作要做，县尺度上的工作尤为艰巨。

3. 各尺度上的极均值差率。极均值差率（$\tilde{R}_A$）指极值与均值的比率（$\tilde{R}_{A1} = Y_{max}/\bar{y}$ 或 $\tilde{R}_{A2} = Y_{min}/\bar{y}$），用以分析极大值和极小值相对于均值的情况。

三个尺度上的极均值差率 $\tilde{R}_{A1}$ 系数及其变化情况（见图4–12）与极差系数的情况相似。因县、市尺度上的极大值比极小值大很多，故与极差系数的情况非常相似。而省尺度上两个极值相差相对小一些，故而稍有不同。

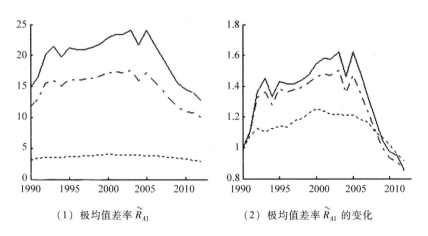

（1）极均值差率 $\tilde{R}_{A1}$ （2）极均值差率 $\tilde{R}_{A1}$ 的变化

图4–12　县、市、省尺度上极均值差率 $\tilde{R}_{A1}$ 的系数情况（1990—2012）

三个尺度上的极均值差率 $\widetilde{R}_{A2}$ 系数的绝对值情况（见图 4－13 (1)）与 $\widetilde{R}_{A1}$ 系数不同。县尺度上的绝对值最小（0.04—0.14），市尺度上次之（0.14—0.24），省尺度上最大（0.30—0.45）。这显示，省尺度上的最小值接近均值的程度最大，县尺度上最小，市尺度上居中。而且，县尺度和市尺度上的值较为接近。

而在极均值差率 $\widetilde{R}_{A2}$ 系数的变化（见图 4－13 (2)）上，县尺度上波动最大，市尺度上次之，省尺度上最小。市尺度和省尺度上的走势较为接近。总体上，县尺度和省尺度上略有上升，而市尺度上则有下降。

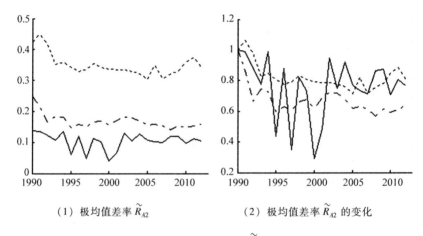

（1）极均值差率 $\widetilde{R}_{A2}$　　　　（2）极均值差率 $\widetilde{R}_{A2}$ 的变化

图 4－13　县、市、省尺度的极均值差率 $\widetilde{R}_{A2}$ 系数情况（1990—2012）

就 $\widetilde{R}_{A1}$ 和 $\widetilde{R}_{A2}$ 系数的绝对值及其相互间的相对距离而言，县尺度和市尺度上非常接近。就系数的变化情况而言，县尺度和市尺度在 $\widetilde{R}_{A1}$ 系数上非常接近。

二　各尺度上的变异系数和加权变异系数

（一）各尺度上的变异系数

变异系数为各区域人均 GDP 的标准差与均值之比，即所有地区对于这个标准的加权偏差的平均程度，它反映了各区域间人均 GDP 偏离全国人均 GDP 水平的相对差距。

从 1990—2012 年县、市、省三个尺度上测算的变异系数情况

（见图 4 - 14）来看：

1. 就绝对值而言，县尺度与市尺度上较为接近，并且高于省尺度。市尺度上的变异系数值在 2009 年之前比县尺度上高，2009 年开始陡然下降并低于县尺度。这表明市尺度和县尺度上所表现出的差异较省尺度上更加偏离全国人均 GDP 水平。在 2009 年之前，市尺度上所反映的差异比县尺度上更加偏离全国人均 GDP 水平，之后县尺度上所反映的各区域人均 GDP 更加偏离市尺度上全国人均 GDP 水平。

2. 三个尺度大致呈倒 U 形，只是转折点不同。市尺度和省尺度上呈现出较为明显的倒 U 形，而县尺度上的倒 U 形态势不是很明显。县尺度和市尺度上的第一个转折点都在 1993 年。县尺度上的第二个转折点在 2006 年。市尺度上的第二个转折点在 2005 年。省尺度上的转折点在 2005 年。

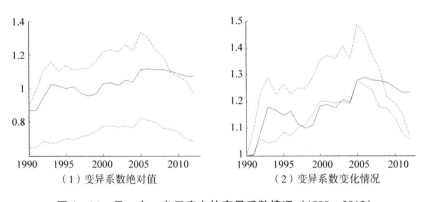

（1）变异系数绝对值　　　　　（2）变异系数变化情况

图 4 - 14　县、市、省尺度上的变异系数情况（1990—2012）

1990—2012 年县、市、省三个尺度上测算的变异系数变化情况（见图 4 - 14（2））大致印证了上述两点。并且三个尺度上的变异系数变化值都大于 1，这表明三个尺度上的差异程度扩大了。

（二）各尺度上的加权变异系数

变异系数常受到各地区人口规模不同的影响，有的地区人口规模较大，有的地区人口规模较小。为了反映这一人口规模的影响，有时使用加权变异系数。从 1990—2012 年县、市、省三个尺度上测算的加权变异系数情况（见图 4 - 15）来看：

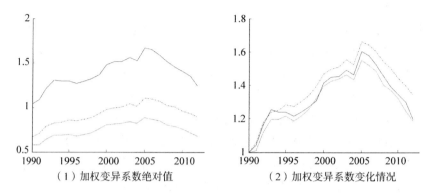

（1）加权变异系数绝对值　　　　（2）加权变异系数变化情况

图 4 - 15　县、市、省尺度上的加权变异系数情况（1990—2012）

1. 就绝对值而言，县尺度上最高，市尺度上次之，省尺度上最低，市尺度和省尺度上的值较为接近。县尺度上从 1990 年的 1.04 上升至 2005 年的 1.67，然后降为 1.24；市尺度上从 1990 年的 0.67 上升至 2005 年的 1.11，然后降为 0.89；省尺度上从 1990 年的 0.57 上升至 2005 年的 0.89，然后降为 0.68。这表明用加权变异系数衡量的区域经济差异在县尺度上的表现更为明显，市尺度上次之，而在省尺度上最低。

2. 绝对值及其变化的走势都呈倒 U 形，而且 1993 年和 2005 年是关键年份，自 2005 年后进入下降趋势。

3. 三个尺度上的加权变异系数变化非常接近。但总的来说，市尺度上变化量稍大。

4. 虽然 2012 年较 1990 年是扩大的，但 1992—2012 年，在总体上经历了扩大—缩小的过程后，基本实现了回归。

第三节　基于集中度测度法的尺度效应

集中度测度法通过实际经济分布与某一分布基准（例如绝对平均分配标准）进行比较，对两者之间的差距利用不同方法进行表示的一种测度方法。集中度测度的系数主要有基尼系数、阿特金森系数和广义熵系数及 HHI 系数。

一　各尺度上的基尼系数

基尼系数是测度不均等程度应用最广泛与最简便的一个系数，基尼系数为洛伦兹曲线与 45°对角线围成的面积和 45°对角线以下的三角形面积之比。基尼系数的取值从 0 到 1，当完全均等时，基尼系数就等于 0；当完全不均等时，基尼系数就等于 1。国际公认的评判标准是：基尼系数在 0.2—0.3 时为相对平均；在 0.3—0.4 时为比较合理；0.4 为差距的警戒线。

从 1990—2012 年县、市、省三个尺度上测算的基尼系数情况（见图 4-16（1））来看：

1. 县尺度上的基尼系数最高，市尺度上次之，而省尺度上的值最低，所有年份都如此。

2. 三个尺度上的基尼系数大致呈倒 U 形。县、市、省三个尺度上的值都是先升后降再升再降，1993 年是阶段性高点，1996 年是两个高点之间的低点，县尺度上的最高点在 2006 年，而市、省尺度上的最高点都在 2005 年，总体呈上升趋势。

3. 县尺度上的值除 1990 年和 1991 年外都大于 0.4，并在 2005—2007 年非常接近 0.5，其差异非常显著。而市尺度上自 2001 年后也都大于 0.4，差异显著。省尺度上除 2005—2007 年略高于 0.3 外，其他年份都小于 0.3，差异程度不高。到 2012 年，县尺度上仍然高于 0.45，市尺度上略低于 0.4，省尺度上降为 0.27。县尺度上的形势最为严峻，市尺度上也很严峻，省尺度上相对缓和一些。

从 1990—2012 年县、市、省三个尺度上测算的基尼系数变化情况（见图 4-16（2））来看：

1. 就变化的趋势而言，县尺度和市尺度上较为一致，就变化的值而言，市尺度和省尺度上的变化较为接近，且在 1993 年后都比县尺度上大。

2. 2005 年后，省尺度上的下降速度最快。

3. 1990—2012 年，基尼系数总体上扩大了，2002—2012 年，基尼系数经历了先上升后下降的过程，总体上没有扩大，而是略有下降。

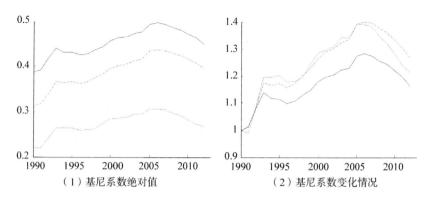

（1）基尼系数绝对值　　　　　（2）基尼系数变化情况

图4-16　县、市、省尺度上的基尼系数情况（1990—2012）

二　各尺度上的阿特金森系数

1970年，Atkinson就收入分配差距的度量问题发表了独到的见解，提出了由社会福利函数推导出来的测度收入分配差距中带有社会福利规范特征的Atkinson系数。

将其引入区域经济差异的分析中，Atkinson系数按组计算的公式为：

$$A = 1 - \left[\sum_{t=1}^{n} \left(\left(\frac{Y_t}{\bar{Y}} \right)^{1-\xi} \times P_t \right) \right]^{\frac{1}{1-\xi}} \qquad (4-2)$$

式中，Atkinson系数（A）的取值范围为［0，1］，0表示绝对的公平，1表示绝对的不公平。Y_t为t组的人均收入；P_t为t组的人口份额；$\bar{Y}$为全国平均收入；ξ为社会对差距的厌恶程度，ξ的取值范围是（0，∞），随着ξ的增加，社会给予收入相对较低的人群更大的权重。ξ越大，表示越不能容忍差距过大的情况；ξ越小，表示社会越能容忍过大的差距。根据学者对不平等的研究，当$\xi=1$时，不平衡性的显示度较低；当$\xi=2$时，Atkinson指数可以中度显示不平衡性。比较典型的ξ权重有0.5和2。在此，使用ξ的权重为2（刘慧，2006，使用的权重为1.5和2）。

从1990—2012年县、市、省三个尺度上测算的阿特金森系数情况（见图4-17（1））来看：

1. 县尺度上的阿特金森系数最高，市尺度上次之，而省尺度上最低，县尺度与省尺度上较为接近，所有年份都如此。

2. 三个尺度上的阿特金森系数变化趋势大体一致，都呈倒 U 形，有两个转折点。县、市、省三个尺度上的值都是在波动中呈先升后降再升再降的态势。三个尺度上的第一个转折点在 1993 年。县、市尺度上的第二个转折点（最高点）在 2006 年，而省尺度上的第二个转折点（最高点）在 2005 年，总体呈上升趋势。

3. 县尺度上的值除 1990 年和 1991 年外都大于 0.4，并在 2005—2009 年大于 0.5，体现出县尺度上的差异非常显著。而市尺度上表现出的差异也很显著。省尺度上显示出的差异程度不高。

从县、市、省三个尺度上测算的阿特金森系数变化情况（见图 4 - 17（2））来看：

1. 三个尺度上的阿特金森系数变化的趋势大体一致。

2. 县尺度和市尺度上的变化趋势较为一致。市尺度和省尺度上变化的绝对值较为接近，且在 1993 年后都比县尺度上的值要高。

3. 2005 年后，省尺度上的缩小速度不断加快，2009 年后，市尺度上的值最大，省尺度上的值次之，而县尺度上的值最小，但都大于 1，即市尺度上的差异在 1990—2012 年变化最大，省尺度上的值次之，县尺度上的值最小，但相比于 1990 年都扩大了。

4. 2002—2012 年，阿特金森系数经历了先上升后下降的过程，总体上没有扩大，而是略有下降。

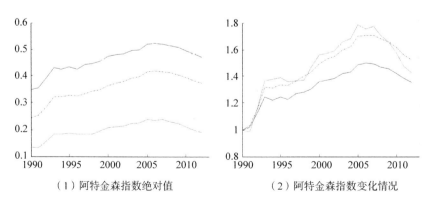

（1）阿特金森指数绝对值　　　　（2）阿特金森指数变化情况

图 4 - 17　县、市、省尺度上的阿特金森系数情况（1990—2012）

三 各尺度上的广义熵系数

广义熵（Generalized Entropy Index）一般公式为：

$$GE(\alpha) = \frac{1}{\alpha^2 - \alpha}\left[\frac{1}{n}\sum_{i=1}^{n}\left(\frac{X_i}{\mu}\right)^{\alpha} - 1\right] \qquad (4-3)$$

其中 n 为样本中个体的数量，X_i 为个体 i 的水平指标，μ 为全国均值（$\mu = \frac{1}{n}\sum_{i=1}^{n}X_i$），参数 α 代表给予收入分配不同组之间收入差距的权重，$\alpha \geq 0$，α 越大，该系数对于分布顶端的差异敏感性越大；α 越小，则对于分布底端的差异敏感性越大，最常用的取值为 0，1。当 $\alpha = 0$ 时，指标为均值对数偏差系数（MLD），其给予低水平部分的差距以较大的权重；当 $\alpha = 1$ 时，指标为锡尔系数，它给予不同发展水平相同的权重。

$$GE = \begin{cases} \sum_{i=1}^{n} P_i\left[\left(\frac{X_i}{\mu}\right)^{\alpha} - 1\right] & \alpha \neq 0,1 \\ \sum_{i=1}^{n} P_i\left(\frac{X_i}{\mu}\right)\lg\left(\frac{X_i}{\mu}\right) & \alpha = 1 \\ \sum_{i=1}^{n} P_i\lg\left(\frac{X_i}{\mu}\right) & \alpha = 0 \end{cases} \qquad (4-4)$$

（一）MLD 系数

指均值对数偏差系数（the Mean Logarithmic Deviation），简称 MLD。从 1990—2012 年县、市、省三个尺度上测算的 MLD 系数情况（见图 4-18（1））来看：

1. 县尺度上的 MLD 系数要高于市尺度和省尺度，省尺度上的数值最低。

2. 三尺度上的 MLD 系数都呈现出先增后降的趋势。

3. 县、市尺度上在 2005 年达到最大值，而省尺度上则在 2004 年达到最大值。

从 MLD 系数的波动情况（见图 4-18（2））来看：

1. 就变化的趋势而言，县尺度和市尺度上较为一致；就变化的值而言，市尺度和省尺度上的变化较为接近，且在 1993 年后都比县尺度上大。

2. 2005 年后，省尺度上的下降速度最快。

3. 1990—2012 年，MLD 系数总体上是扩大的。但 2002—2012 年，基尼系数经历了先上升后下降的过程，总体上没有扩大，而是略有下降。

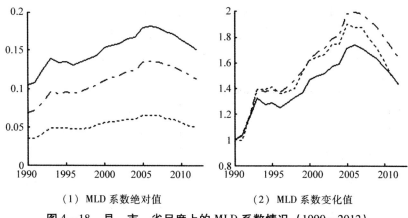

（1）MLD 系数绝对值　　　（2）MLD 系数变化值

图 4 - 18　县、市、省尺度上的 MLD 系数情况（1990—2012）

（二）锡尔系数

从 1990—2012 年县、市、省三个尺度上测算的锡尔系数情况（见图 4 - 19）来看：

1. 县尺度上的锡尔系数最高，市尺度上次之，而省尺度上的值最低，且县、市尺度上的值较为接近，所有年份都如此。

2. 三个尺度上的趋势大致呈倒 U 形。县、市、省三个尺度上的值都是先升后降再升再降，1993 年是阶段性高点，1996 年是两个高点之间的低点。县、市尺度上的最高点在 2006 年，而省尺度上的最高点在 2005 年，总体上呈上升趋势。

3. 县尺度上的值除 1990 年和 1991 年外都大于 0.3，体现出县尺度上的差异非常显著。市尺度上的值除 1990 年和 1991 年外都大于 0.2，差异显著。而省尺度上的差异程度不高。

从 1990—2012 年县、市、省三个尺度上测算的锡尔系数变化情况（见图 4 - 19（2））来看：

1. 县尺度和市尺度上的变化趋势较为接近。市尺度和省尺度上的绝对值较为接近，且在 1993—2011 年比县尺度上的值高。省尺度上的值自 2005 年后下降更快，2012 年，其值比县尺度上低。

2. 三个尺度上的锡尔系数的变化趋势大体一致，都是先升后降再升再降。

3. 2002—2012 年，锡尔系数经历了先上升后下降的过程，并总体上呈现下降趋势，且下降趋势明显，下降速度很快。

4. 三个尺度上的变化值都大于 1，即相对于 1990 年而言，差异程度都有所上升。

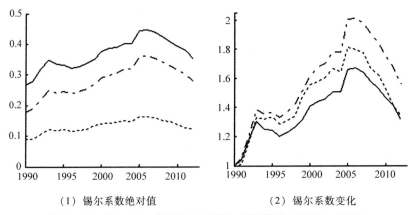

（1）锡尔系数绝对值　　　　　（2）锡尔系数变化

图 4 - 19　县、市、省尺度上的锡尔系数情况（1990—2012）

四　各尺度上的 HHI 系数

从 1990—2012 年县、市、省三个尺度上测算的 HHI 系数情况（见图 4 - 20（1））来看：

1. 省尺度上的 HHI 系数要显著高于市尺度和县尺度，县尺度上的值最低。

2. 三尺度上的 HHI 系数呈现出较为平缓的波动态势，但总体而言，县尺度与市尺度上的值非常接近。

从 1990—2012 年县、市、省三个尺度上测算的 HHI 系数变化情况（见图 4 - 20（2））来看：

1. 县尺度上变化的波动最为剧烈，其次是市尺度，省尺度上 HHI 系数的变化波动最小。相对而言，县尺度和市尺度上变化的波动更为接近。县尺度上 HHI 系数变化的绝对值与市尺度上更为接近。

2. 县尺度和市尺度上都呈现出先上升后下降再上升再下降的态势，1993 年是阶段性高点，2005 年是最高点，1996 年是阶段性低点，而省尺度上的高点在 2006 年。

3. 与此前的情况稍有差别的是，县、市、省三个尺度上的变化没有出现非常显著的统一尺度排序，即在 2000 年前，各尺度上的变化值比较紊乱，之后的变化值总体上是按照县尺度、市尺度、省尺度进行排序的。

4. 2002—2012 年的差异总体上是下降的。县、市、省尺度在 1990—2012 年的差异总体上是上升的，只是县、市尺度上幅度上升较大，而省尺度上较小。

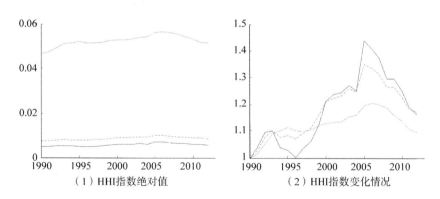

（1）HHI指数绝对值　　　　　（2）HHI指数变化情况

图 4-20　县、市、省尺度上的 HHI 系数情况（1990—2012）

五　各系数间的相似性

在县、市、省尺度上，基尼系数（Gini）、阿特金森系数（Ae）、均值对数偏差系数（MLD）、锡尔系数（Theil）和 HHI 所提供的结论具有一定的相似性（见表 4-1、表 4-2 和表 4-3）。

表 4 - 1 　　　　县尺度上集中度测度系数间的相关性

	Ae	MLD	Theil	HHI
Gini	0.9849	0.9987	0.9935	0.9277
Ae		0.9870	0.9645	0.8701
MLD			0.9921	0.9308
Theil				0.9516

表 4 - 2 　　　　市尺度上集中度测度系数间的相关性

	Ae	MLD	Theil	HHI
Gini	0.9967	0.9985	0.9917	0.9616
Ae		0.9931	0.9807	0.9437
MLD			0.9959	0.9707
Theil				0.9847

表 4 - 3 　　　　省尺度上集中度测度系数间的相关性

	Ae	MLD	Theil	HHI
Gini	0.9982	0.9965	0.9898	0.9795
Ae		0.9969	0.9878	0.9832
MLD			0.9967	0.9832
Theil				0.9766

在县尺度上，基尼系数、阿特金森系数、均值对数偏差系数和锡尔系数间的相似性很大，都在 0.98 以上。HHI 系数与其他四个系数的相似性相对较弱。市尺度和省尺度上的结论与县尺度上相似。

以上五个集中度测度系数的相关性结论表明，HHI 系数的结论与其他系数的结论的可比性要比其他四个系数间的可比性低。

第四节　小结

一　各尺度基于份额比例法测度的中国区域经济差异的主要结论

1. 县、市、省尺度上 1—7 分位中低水平区域在 1990—2012 年大致呈 U 形走势，而 8—10 分位高水平区域则大致呈倒 U 形走势。

2. 县、市、省尺度上的第一个转折点大致在 1993 年。县尺度上走势的第二个转折点在 2006 年，市尺度上的第二个转折点大致在 2007 年。而省尺度上走势的第二个转折点不是很统一，大致在 2007 年。

3. 县尺度上显示的区域经济差异程度和中低水平区域的份额降低的程度都最为强烈，市尺度上次之，省尺度上稍弱。

二 各尺度基于普通离散系数测度的中国区域经济差异的主要结论

1. 县、市、省尺度上的走势大致呈倒 U 形，且高值点大致在 2005 年，第二个重要的转折点大致在 1993 年。

2. 县尺度上显示的区域经济差异及其变化的程度最为强烈，市尺度上次之，省尺度上稍弱。

3. 加权变异系数比变异系数更能反映区域经济差异的现实。相比于变异系数，加权变异系数所提供的结论与其他方法所提供的结论更为吻合。

三 各尺度基于集中度系数测度的中国区域经济差异的主要结论

1. 除 HHI 系数外，县、市、省尺度上的其他系数的走势呈 M 形。县、市、省尺度上的第一个高值点在 1993 年。省尺度上的第二个高值点大致在 2005 年，而县、市尺度上的第二个高值点大致在 2006 年。两个高值点间的低值点都在 1996 年。

2. 县尺度上显示的区域经济差异程度最为强烈，市尺度上次之，省尺度上稍弱。市、省尺度上的变化幅度较大，县尺度上的变化幅度稍小。

3. HHI 系数提供的结果的不同点是，省尺度上的第二个高值点大致在 2006 年，而县、市尺度上的第二个高值点大致在 2005 年。

总体上说，各系数提供的数据显示，中国的区域经济差异在 1990—2012 年先扩大后缩小，但在各尺度上的表现不同。具体而言：（1）县尺度上表现出的差异程度更为强烈，市尺度上次之，省尺度上最低。（2）各尺度上重要转折点的年份不同。

　　这些系数提供了各年的区域经济差异的绝对值，但无法有效地反映各年的变化情况。这个问题的解决需要使用区域经济增长收敛性检验的方法。

第五章 基于区域经济差异系数
分解的尺度效应分解

上述这些测算区域经济差异的常用方法，虽然能够对差异程度作出估算，但这些计算方法是有局限性的，突出表现在分析所得出的结论只能告诉我们差异的程度和趋势上，而不能告诉我们差异的来源、构成。为了克服这些局限，学术界采用大量新的研究方法，这些方法有助于揭示区域差异及其变化的一些主要因素。通过方法的改进，很多系数都可以进行分解。其中，基尼系数和锡尔系数的分解较为常用。这些测算方法上的改进，有助于我们了解区域差异变动的实质，解释地区经济差异现象及其形成的来源与构成。

第一节 基尼系数分解

经济学家 Sundrum（1990）在其《欠发达国家的收入分配》中介绍了一种对一国或地区基尼系数进行分解的方法，其数学公式为：

$$G = p_1^2 \frac{u_1}{u_2} C_1 + p_2^2 \frac{u_2}{u} G_2 + p_1 p_2 \left| \frac{u_1 - u_2}{u} \right| \qquad (5-1)$$

式中，G 表示总体基尼系数，G_1，G_2 分别表示农村和城镇的内部收入基尼系数，P_1，P_2 分别表示农村人口和城镇人口占总人口的比重，u_1，u_2，u 分别表示农村、城镇和总体的人均收入。

这种方法可能会在两个环节产生误差：一是用其他方法估计城乡各自的基尼系数 G_1 和 G_2 时，可能会产生误差；二是城乡收入分布一般会在不同程度上重叠。

基尼系数以往被认为不能分解，直到 1997 年，Dagum 提出了一种新方法，基尼系数的分解问题才得以解决。Dagum（1997）把地区差距分解为三部分：区域内差距的贡献，区域间超变净值差距的贡献和超变密度的贡献。

可将样本分组，用 G 代表整个样本的基尼系数，则 G 可以分解为三个部分，即组内差异部分、组间差异部分和组间重叠部分：

$$G = G_A + G_B + G_O \qquad (5-2)$$

其中，G_A（the intra-class component）表示组内差异部分，G_B（the inter-class component）表示组间差异部分，G_O（the overlapped component）表示组间重叠部分。

若各分组内经济完全相同，则组内差异 $G_A = 0$；若所有分组经济完全相等，则组间差异 $G_B = 0$；若低收入组中最高经济水平低于较高水平组内最低经济水平，则组间重叠部分 $G_O = 0$。同理，还可以在每个分组内再分小组进行基尼系数的计算，这样基尼系数就进行了两层分解。

S 为分组数，p_I 和 w_I 分别表示第 I 组的人口比重和经济比重（$I = 1，2，\cdots，S$），用 m_I 表示各组的平均经济水平，且 m_I 按由小到大的顺序排列。G_A、G_B、G_O 的计算公式如下：

$$G_B = 1 - \sum_{I=1}^{S} 2 B_I$$
$$= 1 - \sum_{I=1}^{S} p_I (2 Q_I - w_I) \qquad (5-3)$$

其中，Q_I 为 1 到 I 的累积经济比重：

$$Q_I = \sum_{K=1}^{I} w_K \qquad (5-4)$$

$$G_A = \sum_{I=1}^{S} w_I p_I G_I \qquad (5-5)$$

式中，p_I 和 w_I 的含义同上，G_I 为第 I 个分组的基尼系数，其计算公式与公式（5-2）一致，这里只对某个特定的分组计算。共有 S 个分组的基尼系数。

$$G_O = G - G_A - G_B \qquad (5-6)$$

对样本数据进行按分组的基尼系数计算，可以考察分组之间和组内人均经济差异状况，还可以考察组与组之间人均经济交叉重叠的程度。

尺度的不同会产生不同的分组及对应的不同的组间差异、组内差异和组间重叠差异。可以按市、省、大区域（如两分法、三分法、四分法和六分法等）等尺度进行分组来计算相应的组间差异。也可基于不同尺度计算各组的组内差异：市可以基于县尺度计算组内差异，省可以基于县和市尺度计算组内差异，大区域可依县、市、省尺度计算组内差异。

这样，通过不同组合，就可以得到六类不同的系数分解结果（见表 5－1）。而地区的分类又有很多种，在此采用了二分法、三分法、四分法和六分法四种区划方法，因而，在以地区分组的情况下有 12 种分解。故共有 15 种分解结果。

表 5－1　　　　　基于不同尺度的组间与组内差异基尼系数分解组合

		分组的尺度		
		市尺度	省尺度	地区尺度
组内的尺度	县尺度	√	√	√
	市尺度	○	√	√
	省尺度	○	○	√

说明："√"表示存在；"○"表示不存在。

一　以市为组的基尼系数的分解

从 1990—2012 年县为组内市为组间测算的基尼系数分解情况（见图 5－1）来看：（1）组内效应所占份额非常少，即各市内部各县的经济发展差异相对而言非常小。（2）组间效应是最主要的，份额在 80% 以上，且处于不断上升过程中。（3）重叠效应不是主要的组成部分，份额在 20% 以下，且不断下降。这表明不同水平的市间重叠的县在减少，即高水平的市中有低于低水平市的高水平的县，或是低水平的市中有高于高水平市的低水平的县，其数目在减少。这与（1）有着密切关系。

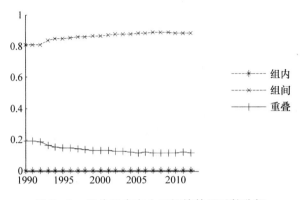

图 5 - 1 县为组内市为组间的基尼系数分解

二 以省为组的基尼系数的分解

从 1990—2012 年县为组内省为组间测算的基尼系数分解情况（见图 5 - 2）来看：（1）组内效应所占份额非常少。即各省内部各县的经济发展差异相对而言较小。（2）组间效应是主要的，份额在 60% 左右，且大致经过了一个倒 U 形走势。（3）重叠效应所占份额较大，份额在 30%—40%，且大致经过了一个 U 形走势。这表明不同水平的省间发展水平重叠的县较多，即高水平的省中有较多低于低水平市的高水平的县，或是低水平的省中有较多高于高水平市的低水平的县。

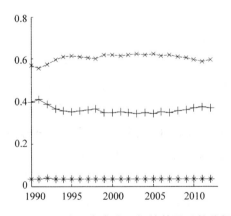

图 5 - 2 县为组内省为组间的基尼系数分解

从 1990—2012 年市为组内省为组间测算的基尼系数分解情况（见图 5 - 3）来看：（1）组内效应所占份额较少，即各省内部各市的经济发展差异相对而言较小。（2）组间效应是最主要的，份额在 70% 左右，且处于不断下降过程中。（3）重叠效应所占份额也较大，份额在 30% 以下，且在不断上升。这表明不同水平的省间重叠的市在增加，即高水平的省中有低于低水平省的高水平的市，或是低水平的省中有高于高水平省的低水平的市，而且其数量在增加。这与（1）有着密切关系。

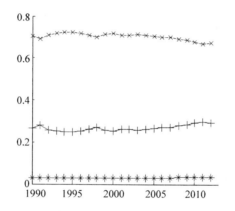

图 5 - 3 市为组内省为组间的基尼系数分解

从以上三种情况来看，（1）组内效应所占份额比较小，组间效应占主要部分，重叠效应次之。（2）组间效应和重叠效应所占份额因分组及相应的组成单位的不同而不同。在基于市进行分组的情况下，组间效应所占份额最大，其次是基于省进行分组、以市为组份情况下的组间效应所占份额次之，最后是基于省进行分组、以县为组份情况下的组间效应所占份额最小。但重叠效应并非与组间效应的情况相反。基于省进行分组、以县为组份情况下的重叠效应所占份额相对较大，而基于省进行分组、以市为组份情况下的重叠效应所占份额次之，基于市进行分组的重叠效应所占份额相对最小。

三 以大区域为组的基尼系数的分解

从 1990—2012 年县、市、省三个尺度为组内二分地区为组间测算的基尼系数分解情况（见图5－4）来看：（1）就各分解效应在各分解中的相对份额情况来看，重叠效应所占份额相对最小，县为组内的组内效应份额要大于组间效应，市为组内的组间效应总体上说要大于组内效应，而省为组内的组间效应明显大于组内效应。（2）不同分解效应的份额在不同分解中各有不同。组内效应在县为组内的情况下份额最大，市为组内的低于县为组内的份额，而省为组内的组内效应相比于前两者要小。组间效应的份额情况则与组内效应相反。而重叠效应在县为组内和市为组内的分解中的份额略有不同，但在省为组内的分解中的份额一直很小。

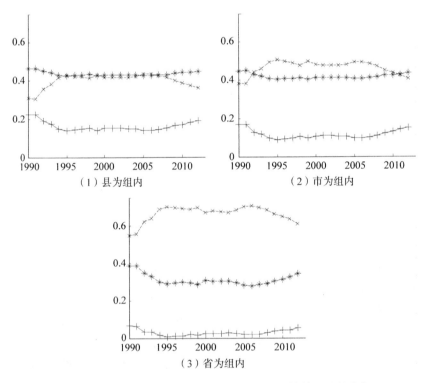

图5－4　县、市、省为组内二分地区为组间的基尼系数分解
（1990—2012）

从1990—2012年县、市、省三个尺度为组内三分地区为组间测算的基尼系数分解情况（见图5－5）来看：（1）就各分解效应在各

分解中的相对份额情况来看，组间效应的份额最大，组内效应的份额次之，而重叠效应所占份额最小。（2）不同分解效应的份额在不同分解中各有不同。组内效应和重叠效应在县为组内的情况下份额最大，在市为组内的低于县为组内的份额，而省为组内的组内效应相比于前两者要小。组间效应的份额情况则与组内效应相反。

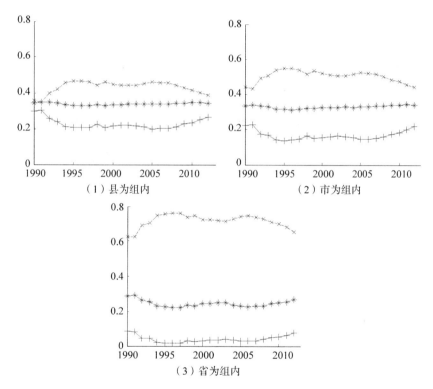

图 5 - 5　县、市、省为组内三分地区为组间的基尼系数分解
（1990—2012）

从 1990—2012 年县、市、省三个尺度为组内四分地区为组间测算的基尼系数分解情况（见图 5 - 6）来看：（1）就各分解效应在各分解中的相对份额情况来看，组间效应的份额最大，重叠效应所占份额在市为组内和省为组内的情况下最小，重叠效应和组内效应在县为组内的情况下互有交叉。（2）不同分解效应的份额在不同分解中各有不同。组间效应的份额在县为组内的情况下相对最低，在市为组内的情况下略高，省为组内的情况下最高。组内效应和重叠效应则与组间效应相反。

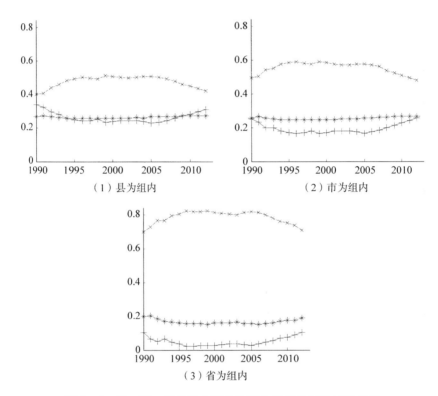

（1）县为组内　　　　　　（2）市为组内

（3）省为组内

图5-6　县、市、省为组内四分地区为组间的基尼系数分解
（1990—2012）

从1990—2012年县、市、省三个尺度为组内六分地区为组间测算的基尼系数分解情况（见图5-7）来看：（1）就各分解效应在各分解中的相对份额情况来看，组内效应的份额最小，重叠效应所占份额在县为组内的情况下最大，组间效应在省为组内的情况下最大。（2）不同分解效应的份额在不同分解中各有不同。组间效应的份额在县为组内的情况下相对最低，在市为组内的情况下略高，在省为组内的情况下最高。组内效应和重叠效应则与组间效应相反。

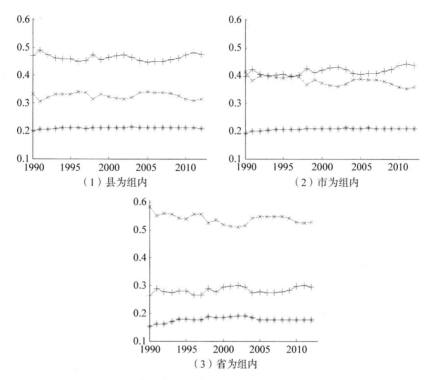

图5-7　县、市、省为组内六分地区为组间的基尼系数分解
(1990—2012)

第二节　锡尔系数一阶分解

锡尔系数不仅能判断整体差异水平，而且由于其良好的可分解性，可以区分组内差距和组间差距，并分析二者对整体差距的贡献。区域经济差异的空间分解很多时候使用锡尔系数。在将全国分成东、中、西部三大地带的基础上，将锡尔系数分解为组间和组内差异。将全国划分成全国—地带—省三个尺度，而实际上是将全国划分成全国—次一级区域—次二级区域三个尺度。省级区域的 GDP 与人口分别为 Y_{ij} 和 P_{ij}，地带的 GDP 与人口分别为 Y_i 和 P_i，全国的总 GDP 与总人口分别为 Y 和 P。基于省级区域计算的各地带的锡尔系数为 T_i，基于地带计算的全国的锡尔系数为 T_n，则基于省级区域计算的全国的锡尔系数为：

$$T = \sum_i \sum_j \left(\frac{Y_{ij}}{Y}\right) \log \left(\frac{Y_{ij}/Y}{P_{ij}/P}\right) \qquad (5-7)$$

定义：

$$T_i = \sum_j \left(\frac{Y_{ij}}{Y_i}\right) \log \left(\frac{Y_{ij}/Y_i}{P_{ij}/P_i}\right) \qquad (5-8)$$

$$T_n = \sum_i \left(\frac{Y_i}{Y}\right) \log \left(\frac{Y_i/P}{P_i/P}\right) \qquad (5-9)$$

则可以将基于次三级区域计算的全国的锡尔系数进行二阶分解，可以分解为：

$$T = T_n + \sum_i \frac{Y_i}{Y} T_i \qquad (5-10)$$

次一级区域和次二级区域可以取不同的尺度，从而可以有不同的分解方式（见表5-2、表5-3）。

表5-2　　　　　基于不同最低尺度的锡尔系数一阶分解方式

最低尺度	一阶分解方式
省尺度	（1）全国区际差异、区内省际差异
市尺度	（1）全国区际差异、区内市际差异 （2）全国省际差异、省内市际差异
县尺度	（1）全国区际差异、区内县际差异 （2）全国省际差异、省内县际差异 （3）全国市际差异、市内县际差异

表5-3　　　　　基于不同最高尺度的锡尔系数一阶分解方式

最高尺度	一阶分解方式
市尺度	（1）全国市际差异、市内县际差异
省尺度	（1）全国省际差异、省内县际差异 （2）全国省际差异、省内市际差异
区域尺度	（1）全国区际差异、区内县际差异 （2）全国区际差异、区内市际差异 （3）全国区际差异、区内省际差异

一　以市为最高分组尺度的分解

从 1990—2012 年县为组内市为组间测算的锡尔系数分解情况（见图 5 - 8）来看：（1）就绝对值而言，组内效应所占份额相对较少。即各市内部各县的经济发展差异相对而言较小。组间效应是最主要的，份额在 60% 以上。（2）在变化趋势上，组内效应处于不断下降的过程中，而组间效应则不断上升。这表明市间差异在不断拉大，而市内差异在不断缩小。

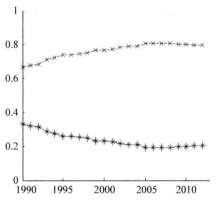

图 5 - 8　县为组内市为组间的锡尔系数分解

二　以省为最高分组尺度的分解

从 1990—2012 年市为组内省为组间测算的锡尔系数分解情况（见图 5 - 9）来看：（1）就绝对值而言，组内效应所占份额稍大，份额在 50%—60%。组间效应所占份额相对较小。（2）在变化趋势上，组内效应总体而言一直缓慢上升，但 2011 年开始又有所下降。组间效应的变化过程与组内效应相反，变化幅度则相似。这表明省内差异份额虽有变化，但一直较为稳定，占有较大比重。

从 1990—2012 年县为组内省为组间测算的锡尔系数分解情况（见图 5 - 10）来看：（1）就绝对值而言，组内效应所占份额相对较大，份额在 60% 以上。即各省内部各县的经济发展差异相对而言较大。组内效应份额相对较小。（2）在变化趋势上，组内效应经历了先下降再上升的过程，但总体变化不是很大，但 2011 年开始又有所

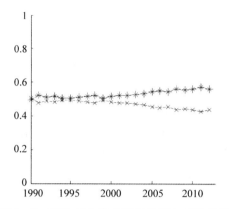

图 5 - 9　市为组内省为组间的锡尔系数分解

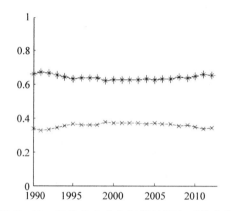

图 5 - 10　县为组内省为组间的锡尔系数分解

下降。组间效应的变化过程与组内效应相反，变化幅度则相似。这表明基于县尺度计算的省内差异份额虽有变化，但一直较为稳定地占有较大比重。

三　以大区域为最高分组尺度的分解

从 1990—2012 年县、市、省三个尺度为组内二分地区为组间测算的锡尔系数分解情况（见图 5 - 11）来看：（1）就各分解效应在各分解中的相对份额情况来看，组内效应所占份额在县为组内和市为组内的情况下都非常大，在省为组内的情况下，组内效应的份额在1994—2009 年比组间效应小，其他时候则比组间效应大。（2）各分解方法的各组成效应的走势有相同之处。组内效应的走势大致呈 U 形，1994 年、2007 年是两地低值点，而组间效应的走势则大致呈倒 U 形，1994 年、2007 年是两地高值点。（3）不同分解效应的份额在不同分解下各有不同。组内效应在县为组内的情况下份额最大，在市为组内情况下的份额低于县为组内的份额，而省为组内的组内效应相比于前两者要小。组间效应的份额情况则与组内效应相反。（4）不同分解效应的份额变化幅度在不同分解中各有不同。组内效应在县为组内的情况下变化较小，在市为组内的情况下变化也不大，但在省为组内的情况下变化很大。

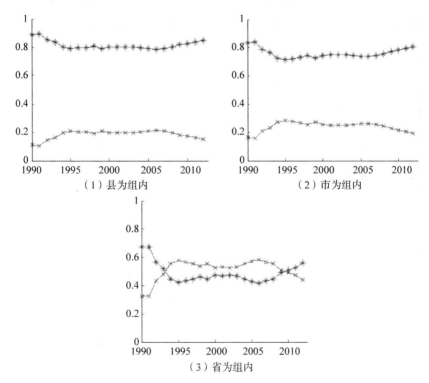

图 5 - 11　县、市、省为组内二分地区为组间的锡尔系数分解
（1990—2012）

从 1990—2012 年县、市、省三个尺度为组内三分地区为组间测算的锡尔系数分解情况（见图 5 - 12）来看：（1）就各分解效应在各分

解中的相对份额情况来看，组内效应所占份额在县为组内和市为组内的情况下都非常大，在省为组内的情况下，组内效应的份额在1993—2010年比组间效应小，在其他时候则比组间效应大。（2）各分解方法的各组成效应的走势有相同之处。组内效应的走势大致呈U形，1994年、2007年是两地低值点，而组间效应的走势则大致呈倒U形，1994年、2007年是两地高值点。（3）不同分解效应的份额在不同分解中各有不同。组内效应在县为组内的情况下份额最大，在市为组内的情况下份额低于县为组内的份额，而省为组内的组内效应相比于前两者要小。组间效应的份额情况则与组内效应相反。（4）不同分解效应的份额变化幅度在不同分解中各有不同。组内效应在县为组内时变化较小，在市为组内时变化也不大，但在省为组内时变化很大。

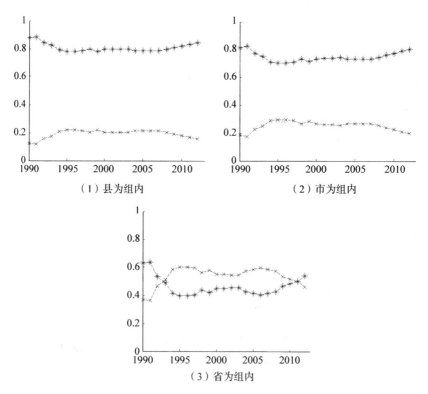

图5-12　县、市、省为组内三分地区为组间的锡尔系数分解
（1990—2012）

从 1990—2012 年县、市、省三个尺度为组内四分地区为组间测算的锡尔系数分解情况（见图 5-13）来看：（1）就各分解效应在各分解中的相对份额情况来看，组内效应所占份额在县为组内和市为组内的情况下都非常大，在省为组内的情况下，组内效应的份额在1992—2012 年比组间效应小，在其他时候则比组间效应大。（2）各分解方法的各组成效应的走势有相同之处。组内效应的走势大致呈 U形，1994 年、2007 年是两地低值点，而组间效应的走势则大致呈倒U 形，1994 年、2007 年是两地高值点。（3）不同分解效应的份额在不同分解中各有不同。组内效应在县为组内情况下的份额最大，在市为组内情况下的份额低于县为组内的份额，而省为组内的组内效应相比前两者要小。组间效应的份额情况则与组内效应相反。（4）不同

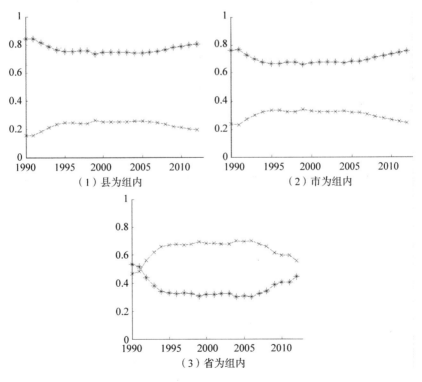

图 5-13　县、市、省为组内四分地区为组间的锡尔系数分解
（1990—2012）

分解效应份额的变化幅度在不同分解中各有不同。组内效应在县为组内的情况下变化较小，在市为组内的情况下变化也不大，但在省为组内的情况下变化很大。

从1990—2012年县、市、省三个尺度为组内六分地区为组间测算的锡尔系数分解情况（见图5-14）来看：（1）就各分解效应在各分解中的相对份额情况来看，组内效应所占份额非常大，组内效应的份额则较小。（2）各分解方法的各组成效应的走势有相同之处。组内效应的份额虽略有上升，但幅度很小。组间效应的份额虽有下降，但幅度很小。（3）不同分解效应的份额在不同分解中各有不同。组内效应在县为组内的情况下份额最大，市为组内的份额低于县为组内的份额，而省为组内的组内效应相比于前两者要小。组间效应的份额情况则与组内效应相反。（4）不同分解效应的份额变化幅度在不同

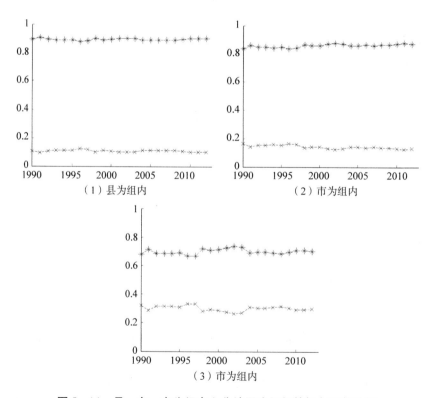

图5-14　县、市、省为组内六分地区为组间的锡尔系数分解

分解中各有不同。组内效应在县为组内的情况下变化较小，在市为组内的情况下变化也不大，但在省为组内的情况下变化很大。

第三节　锡尔系数二阶分解

将锡尔系数进行二阶分解，就可以将全国总体差异分解为三大地带内各省之间的差异和东、中、西三大地带间的差异（鲁凤、徐建华，2004、2006）。可以进一步推广，若将全国分为全国—次一级区域—次二级区域—次三级区域四个尺度。次三级区域的 GDP 与人口分别为 Y_{ijk} 和 P_{ijk}，次二级区域的 GDP 与人口分别为 Y_{ij} 和 P_{ij}，次一级区域的 GDP 与人口分别为 Y_i 和 P_i，全国的总 GDP 与总人口分别为 Y 和 P。基于次三级区域计算的各次二级区域的锡尔系数为 T_{ij}，基于次二级区域计算的各次一级区域的锡尔系数为 T_i，基于次一级区域计算的全国锡尔系数为 T_n，则基于次三级区域计算的全国锡尔系数为：

$$T = \sum_i \sum_j \sum_k \left(\frac{Y_{ijk}}{Y}\right) \log \left(\frac{Y_{ijk}/Y}{P_{ijk}/P}\right) \qquad (5-11)$$

定义：

$$T_{ij} = \sum_j \left(\frac{Y_{ijk}}{Y_{ij}}\right) \log \left(\frac{Y_{ijk}/Y_{ij}}{Y_{ijk}/P_{ij}}\right) \qquad (5-12)$$

$$T_i = \sum_j \left(\frac{Y_{ij}}{Y_i}\right) \log \left(\frac{Y_{ij}/Y_i}{P_{ij}/P_i}\right) \qquad (5-13)$$

$$T_n = \sum_i \left(\frac{Y_i}{Y}\right) \log \left(\frac{Y_i/P}{P_i/P}\right) \qquad (5-14)$$

则可以将基于次三级区域计算的全国锡尔系数进行二阶分解，可以分解为：

$$T = T_n + \sum_i \frac{Y_i}{Y} T_i + \sum_i \sum_j \frac{Y_{ij}}{Y} T_{ij} \qquad (5-15)$$

要进行二阶分解，最小尺度必须低于省尺度，即最小尺度只能是市尺度或县尺度。而最高尺度必须高于省尺度，即只能是省尺度和区域尺度。并由此产生不同的分解方法（见表 5-4、表 5-5）。

表5-4　　　　基于不同最低尺度的锡尔系数二阶分解方式

最低尺度	二阶分解方式
市尺度	（1）全国区际差异、区内省际差异、省内市际差异
县尺度	（1）全国区际差异、区内省际差异、省内县际差异 （2）全国区际差异、区内市际差异、市内县际差异 （3）全国省际差异、省内市际差异、市内县际差异

表5-5　　　　基于不同尺度的锡尔系数二阶分解方式

最高尺度	二阶分解方式
省尺度	（1）全国省际差异、省内市际差异、市内县际差异
区域尺度	（1）全国区际差异、区内市际差异、市内县际差异 （2）全国区际差异、区内省际差异、省内县际差异 （3）全国区际差异、区内省际差异、省内市际差异

一　以省为最高分组尺度的分解

以省为最高分组尺度将锡尔系数分解为全国省际差异、省内市际差异和市内县际差异。从全国省际差异、省内市际差异和市内县际差异的份额情况（见图5-15）来看：（1）就各类差异的份额绝对值而言，1990 年，三者的份额相差不大。但之后发生了很大改变。省内市际差异的份额一直占主导地位，而市内县际差异的份额则最小，全国省际差异的份额居中。（2）在变化态势上，省内市际差异份额一

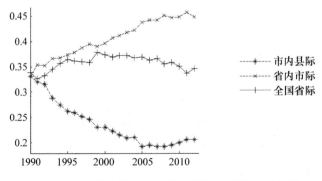

图5-15　以省为最高分组尺度的锡尔系数二阶分解

直不断上升，到2011年后有下降的趋势。市内县际差异份额则不断下降，到2007年后开始有所回升。全国省际差异份额大致经过了一个倒U形的走势，但从2011年开始呈现上升趋势。

二　以大区域为最高分组尺度的分解

以区域为最高尺度进行的锡尔系数的二阶分解受到最低尺度的影响。基于锡尔系数二阶分解的最低尺度，可将其分为两类。一类是以市尺度为最低尺度的分解，可分解为全国区际差异、区内省际差异、省内市际差异。另一类是以县尺度为最低尺度的分解，这又有两种不同的分解方法。一种方法是分解为全国区际差异、区内市际差异、市内县际差异，另一种方法是分解为全国区际差异、区内省际差异、省内县际差异。

（一）二分法

以县为最低尺度的锡尔系数的第一种二阶分解方法，得到全国区际差异、区内市际差异和市内县际差异三类差异（见图5-16）。区内市际差异份额一直居主要地位且不断上升。市内县际差异的份额开始时较高，之后到2005年一直下降，然后略有上升。全国区际差异的份额一开始非常低，之后大致经历了一个倒U形走势，并在2005—2008年大于市内县际差异的份额。在这种分解情况下，最应关注的是区内市际差异。

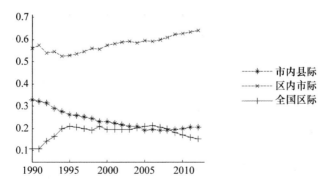

图5-16　锡尔系数二阶分解为全国区际差异、区内市际差异、市内县际差异（二分法）

以县为最低尺度的锡尔系数的第二种二阶分解方法，得到全国区际差异、区内省际差异、省内县际差异三类差异（见图5－17）。省内县际差异的份额虽略有波动，但一直居主要地位。区内省际差异的份额开始时较高，之后大致经历了一个U形走势。全国区际差异的份额开始时非常低，之后大致经历了一个倒U形走势，并在1994—2009年大于区内省际差异的份额。在这种分解情况下，最应关注的是省内县际差异。

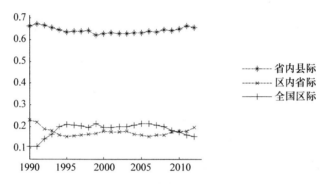

图5－17　锡尔系数二阶分解为全国区际差异、区内省际差异、省内县际差异（二分法）

以市为最低尺度的锡尔系数的二阶分解方法，得到全国区际差异、区内省际差异、省内市际差异三类差异（见图5－18）。省内市际差异

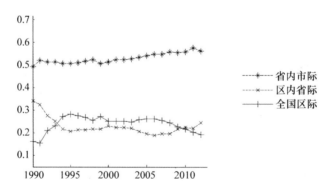

图5－18　锡尔系数二阶分解为全国区际差异、区内省际差异、省内市际差异（二分法）

的份额一直居主要地位且不断上升。区内省际差异的份额开始时较高，之后大致经历了一个 U 形走势。全国区际差异的份额开始时非常低，之后大致经历了一个倒 U 形走势，并在 1994—2009 年大于区内省际差异的份额。在这种分解情况下，最应关注的是省内市际差异。

（二）三分法

以县为最低尺度的锡尔系数的第一种二阶分解方法，得到全国区际差异、区内市际差异和市内县际差异三类差异（见图 5 - 19）。区内市际差异份额一直居主要地位且不断上升。市内县际差异的份额开始时较高，之后到 2005 年一直下降，然后略有上升。全国区际差异的份额开始时非常低，之后大致经历了一个倒 U 形走势，并在 2005—2008 年大于市内县际差异的份额。在这种分解情况下，最应关注的是区内市际差异。

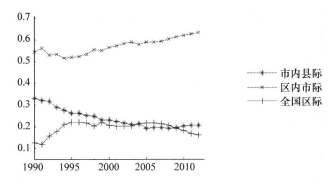

图 5 - 19　锡尔系数二阶分解为全国区际差异、区内市际差异、
　　　　　　市内县际差异（三分法）

以县为最低尺度的锡尔系数的第二种二阶分解方法，得到全国区际差异、区内省际差异、省内县际差异三类差异（见图 5 - 20）。省内县际差异的份额虽略有波动，但一直居主要地位。区内省际差异的份额开始时较高，之后大致经历了一个 U 形走势。全国区际差异的份额开始时非常低，之后大致经历了一个倒 U 形走势，并在 1993—2010 年大于区内省际差异的份额。在这种分解情况下，最应关注的是省内县际差异。

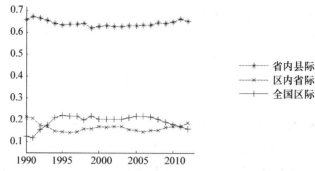

图 5－20　锡尔系数二阶分解为全国区际差异、区内省际差异、
省内县际差异（三分法）

　　以市为最低尺度的锡尔系数的二阶分解方法，得到全国区际差异、区内省际差异、省内市际差异三类差异（见图 5－21）。省内市际差异的份额一直居主要地位且不断上升。区内省际差异的份额开始时较高，之后大致经历了一个 U 形走势。全国区际差异的份额开始时非常低，之后大致经历了一个倒 U 形走势，并在 1993—2010 年大于区内省际差异的份额。在这种分解情况下，最应关注的是省内市际差异。

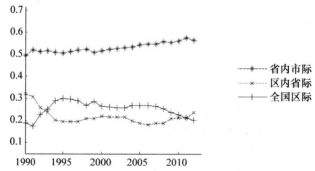

图 5－21　锡尔系数二阶分解为全国区际差异、区内省际差异、
省内市际差异（三分法）

　　（三）四分法

　　以县为最低尺度的锡尔系数的第一种二阶分解方法，得到全国区际差异、区内市际差异和市内县际差异三类差异（见图 5－22）。区内市际差异份额一直居主要地位且不断上升。市内县际差异的份额开始时较高，之后到 2005 年一直下降，然后略有上升。全国区际差异的份额开始时非常低，之后大致经历了一个倒 U 形走势，并在1999—2010 年大于市内县际差异的份额。在这种分解情况下，最应关注的是区内市际差异。

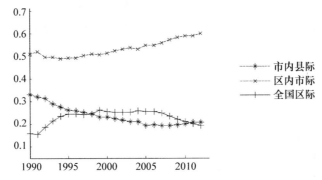

图 5-22 锡尔系数二阶分解为全国区际差异、区内市际差异、市内县际差异（四分法）

以县为最低尺度的锡尔系数的第二种二阶分解方法，得到全国区际差异、区内省际差异、省内县际差异三类差异（见图 5-23）。省内县际差异的份额虽略有波动，但一直居主要地位。区内省际差异的份额开始时较高，之后大致经历了一个 U 形走势。全国区际差异的份额开始时稍低，之后大致经历了一个倒 U 形走势，并在 1992 年后大于区内省际差异的份额。在这种分解情况下，最应关注的是省内县际差异。

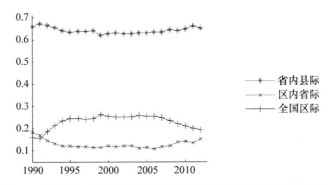

图 5-23 锡尔系数二阶分解为全国区际差异、区内省际差异、省内县际差异（四分法）

以市为最低尺度的锡尔系数的二阶分解方法，得到全国区际差异、区内省际差异、省内市际差异三类差异（见图 5 - 24）。省内市际差异的份额一直居主要地位且不断上升。区内省际差异的份额开始时较高，之后大致经历了一个 U 形走势。全国区际差异的份额开始时非常低，之后大致经历了一个倒 U 形走势，并在 1992 年后大于区内省际差异的份额。在这种分解情况下，最应关注的是省内市际差异。

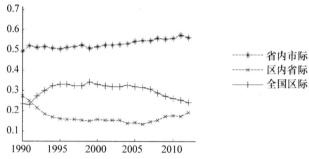

图 5 - 24　锡尔系数二阶分解为全国区际差异、区内省际差异、
省内市际差异（四分法）

（四）六分法

以县为最低尺度的锡尔系数的第一种二阶分解方法，得到全国区际差异、区内市际差异和市内县际差异三类差异（见图 5 - 25）。区内市际差异份额一直居主要地位且不断上升。市内县际差异的份额开始时较高，之后到 2005 年一直下降，然后略有上升。全国区际差异的份额一

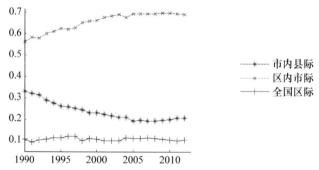

图 5 - 25　锡尔系数二阶分解为全国区际差异、区内市际差异、
市内县际差异（六分法）

直非常低。在这种分解情况下，最应关注的是区内市际差异。

以县为最低尺度的锡尔系数的第二种二阶分解方法，得到全国区际差异、区内省际差异、省内县际差异三类差异（见图 5 - 26）。省内县际差异的份额虽略有波动，但一直居主要地位。区内省际差异的份额一直居于较高地位，而全国区际差异的份额一直较低。在这种分解情况下，最应关注的是省内县际差异。

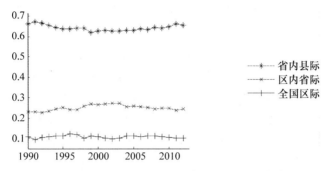

图 5 - 26　锡尔系数二阶分解为全国区际差异、区内省际差异、
省内县际差异（六分法）

以市为最低尺度的锡尔系数的二阶分解方法，得到全国区际差异、区内省际差异、省内市际差异三类差异（见图 5 - 27）。省内市际差异的份额一直居主要地位且不断上升。区内省际差异的份额一直较高，而全国区际差异的份额一直非常低。在这种分解情况下，最应关注的是省内市际差异。

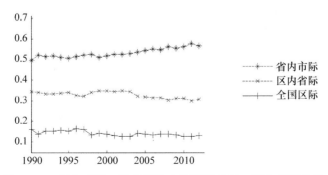

图 5 - 27　锡尔系数二阶分解为全国区际差异、区内省际差异、
省内市际差异（六分法）

第四节　锡尔系数三阶分解

若将全国分为全国—次一级区域—次二级区域—次三级区域—次四级区域五个尺度。就现在中国的行政体系而言，也就是将全国分为全国—大区域—省—市—县五个尺度。县级的 GDP 与人口分别为 Y_{ijkl} 和 P_{ijkl}，市级的 GDP 与人口分别为 Y_{ijk} 和 P_{ijk}，省级区域的 GDP 与人口分别为 Y_{ij} 和 P_{ij}，大区域的 GDP 与人口分别为 Y_i 和 P_i，全国的总 GDP 与总人口分别为 Y 和 P。基于县级区域计算的各市级的锡尔系数（市内县际差异）为 T_{ijk}，基于市级区域计算的各省级区域的锡尔系数（省内市际差异）为 T_{ij}，基于省级区域计算的各大区域的锡尔系数（区内省际差异）为 T_i，基于大区域计算的全国的锡尔系数（全国区际差异）为 T_n，则基于县级区域计算的全国的锡尔系数为：

$$T = \sum_i \sum_j \sum_k \left(\frac{Y_{ijkl}}{Y}\right) \log\left(\frac{Y_{ijkl}/Y}{P_{ijkl}/P}\right) \qquad (5-16)$$

定义：

$$T_{ijk} = \sum_k \left(\frac{Y_{ijkl}}{Y_{ijk}}\right) \log\left(\frac{Y_{ijkl}/Y_{ijk}}{Y_{ijkl}/P_{ijk}}\right) \qquad (5-17)$$

$$T_{ij} = \sum_j \left(\frac{Y_{ijk}}{Y_{ij}}\right) \log\left(\frac{Y_{ijk}/Y_{ij}}{Y_{ijk}/P_{ij}}\right) \qquad (5-18)$$

$$T_i = \sum_j \left(\frac{Y_{ij}}{Y_i}\right) \log\left(\frac{Y_{ij}/Y_i}{P_{ij}/P_i}\right) \qquad (5-19)$$

$$T_n = \sum_i \left(\frac{Y_i}{Y}\right) \log\left(\frac{Y_i/P}{P_i/P}\right) \qquad (5-20)$$

则可以将基于次三级区域计算的全国的锡尔系数进行三阶分解，可以分解为：

$$T = T_n + \sum_i \frac{Y_i}{Y} T_i + \sum_i \sum_j \frac{Y_{ij}}{Y} T_{ij} + \sum_i \sum_j \sum_k \frac{Y_{ijk}}{Y} T_{ijk} \qquad (5-21)$$

而要进行三阶分解，最小尺度必须低于市尺度，即只能是县尺度，并由此产生唯一的分解方式，即分解为全国区际差异、区内省际差异、省内市际差异、市内县际差异。

一　基于二分法的锡尔系数的三阶分解

基于二分法将锡尔系数进行三阶分解（见图 5 - 28）发现，省内市际差异和市内县际差异所占份额在 1990 年相差无几，且最高，区内省际差异份额次之，全国区际差异的份额最小。省内市际差异的份额在 1990 年后一直处于不断上升态势中，而市内县际差异的份额在 1990 年后到 2005 年一直处于快速下降的过程中，之后略有上升。区内省际差异则大致经历了一个 U 形的变化过程，且一直低于省内市际差异和市内县际差异的份额。而省内市际差异的份额则经历了一个倒 U 形的发展过程，并在 1994—2009 年高于区内省际差异的份额，而且在 2005—2008 年高于市内县际差异的份额。可见，省内市际差异是最值得注意的。

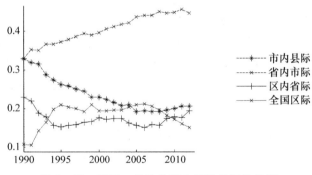

图 5 - 28　基于二分法的锡尔系数的三阶分解

二　基于三分法的锡尔系数的三阶分解

基于三分法将锡尔系数进行三阶分解（见图 5 - 29）发现，省内市际差异和市内县际差异所占份额在 1990 年相差无几，且最高，区内省际差异份额次之，全国区际差异的份额最小。省内市际差异的份额在 1990 年后一直处于不断上升态势中，而市内县际差异的份额从 1990 年到 2005 年则一直处于快速下降过程中，之后略有上升。区内省际差异则大致经历了一个 U 形的变化过程，且一直低于省内市际差异和市内县际差异的份额。而省内市际差异的份额则经历了一个倒 U

形的发展过程，并在1993—2010年高于区内省际差异的份额，而且在2005—2008年高于市内县际差异的份额。可见，省内市际差异是最值得注意的。

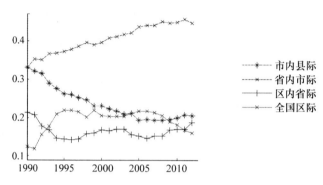

图5-29　基于三分法的锡尔系数的三阶分解

三　基于四分法的锡尔系数的三阶分解

基于四分法将锡尔系数进行三阶分解（见图5-30）发现，省内市际差异和市内县际差异所占份额与三分法一样。区内省际差异则大致经历了一个U形的变化过程，且一直低于省内市际差异和市内县际差异的份额。而全国区际差异的份额则经历了一个倒U形的发展过程，并在1992年后一直高于区内省际差异的份额，而且在1999—2010年高于市内县际差异的份额。可见，省内市际差异是最值得注意的。

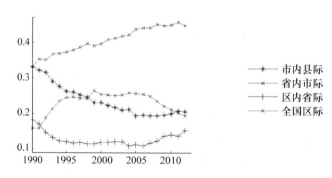

图5-30　基于四分法的锡尔系数的三阶分解

四　基于六分法的锡尔系数的三阶分解

基于六分法将锡尔系数进行三阶分解（见图 5－31）发现，省内市际差异和市内县际差异所占份额在 1990 年相差无几，且最高，区内省际差异份额次之，全国区际差异的份额最小。省内市际差异的份额在 1990 年后一直处于不断上升态势中，而市内县际差异的份额从1990 年到 2005 年一直处于快速下降的过程中，之后略有上升。区内省际差异的份额则大致在波动中保持不变，且在 1998 年后大于市内县际差异的份额。而省内市际差异的份额也大致在波动中保持不变。可见，省内市际差异是最值得注意的。

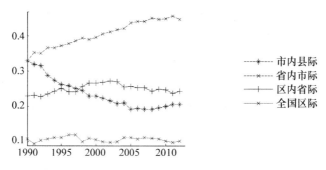

图 5－31　基于六分法的锡尔系数的三阶分解

第五节　小结

一　基尼系数分解的主要结论

1. 以市为组进行基尼系数分解，组间效应份额居绝对主导地位，重叠效应份额较少，组内效应份额非常少。

2. 以省为组进行基尼系数分解，组间效应份额居主导，重叠效应份额次之，组内效应份额最小。但是，以县为组内的重叠效应份额比以市为组内的重叠效应份额大，以县为组内的组间效应份额比以市为组内的组间效应份额小。

3. 以大区域为组进行基尼系数分解，各区划方法以县为组内、以市为组内和以省为组内排序，所对应的组间效应份额依次升高，而组内效应份额和重叠效应份额依次降低；随着区划方法依二分法、三分法、四分法和六分法排序，不管以何种尺度为组内，所对应的组间效应都依次升高，组内效应依次下降，重叠效应依次升高，但六分法的组间效应不符合这个规律。

总体而言，存在这样的规律：随着以市、省和大区域（六分法、四分法、三分法到二分法）进行的分组，组间效应的份额依次下降，重叠效应和组内效应的份额依次升高；随着组内由县、市和省组成，重叠效应和组内效应份额依次下降，组间效应份额依次升高。

二　锡尔系数一阶分解的主要结论

1. 以市为组进行锡尔系数一阶分解，组间效应份额居绝对主导地位，组内效应份额较少。

2. 以省为组进行锡尔系数一阶分解，组内效应份额居主导，组间效应份额较小。但是，以县为组内的组内效应份额比以市为组内的组内效应份额大，以县为组内的组间效应份额比以市为组内的组间效应份额小。

3. 以大区域为组进行锡尔系数一阶分解，各区划方法依以县为组内、以市为组内和以省为组内排序，对应的组间效应份额依次升高，而组内效应份额依次降低；随着区划方法依二分法、三分法和四分法排序，不管以何种尺度为组内，对应的组间效应依次升高，组内效应依次下降，但六分法的组间效应和组内效应并不适用于这个规律。

总体而言，存在这样的规律：随着以市、省和大区域（四分法、三分法到二分法，但不包括六分法）进行分组，组间效应的份额依次下降，组内效应的份额依次升高；随着组内由县、市和省组成，组内效应份额依次下降，组间效应份额依次升高（包括六分法）。

三　锡尔系数二阶分解的主要结论

1. 以省为最高分组尺度进行锡尔系数二阶分解，省内市际差异的份额居于主导地位，全国省际差异次之，市内县际差异最小。

2. 以大区域为最高分组尺度进行锡尔系数二阶分解，四个尺度的最后两个尺度所组成的尺度间效应份额最大，但在其他方面各有不同表现。以县为最低尺度的市内县际、省内县际和以市为最低尺度的省内市际效应的份额最大；各区划方法的最低尺度由县尺度升为市尺度时，全国区际差异和区内省际差异的份额都会升高，相应地，省内市际差异的份额比省内县际差异的份额低；各区划方法的最高和最低尺度不变，而中间尺度由市尺度升为省尺度时，全国区际差异份额不变，省内县际差异份额比市内县际差异份额高，区内省际差异份额比省内市际差异份额低；随着区划方法依四分法、三分法和二分法排序，三种分解方法的全国区际差异份额依次下降，三种分解方法所对应的区内市际差异、区内省际差异和区内县际差异的份额依次升高，而对应的市内县际差异、省内县际差异和省内市际差异的份额则保持不变，但六分法并不适用于这个规律。

四　锡尔系数三阶分解的主要结论

在各区划方法中，市内县际差异的份额最高；在各区划方法中，市内县际差异、省内市际差异的份额不变；随着区划方法依四分法、三分法和二分法排序，全国区际差异的份额依次降低，而区内省际差异的份额依次升高，六分法并不适用于这个规律。

在以上的规律总结中，六分法与其他区划方法在进行不同区划方法间的比较时不能与其他区划方法形成较为统一的规律的主要原因是，六分法的区域划分与其他区划方法的区域划分的嵌套关系有很大改变。

第六章　基于尺度方差的区域经济差异的尺度效应分解

在进行区域镶嵌时，以现有的行政区划为基础。如果α代表大的区划中的区域，则β可以代表省级行政单位，γ可以代表市级行政单位，δ可以代表县级行政单位，最多可以进行一种四个尺度的方差分解。当然，也可以进行三个尺度的方差分解，这时可以市为最低尺度，进行区域—省—市三个尺度的方差分解。实际上，除此之外，还可以进行区域—省—县和区域—市—县三个尺度的方差分解。当然，还可以进行两个尺度的方差分解，可能的组合有区域—省、区域—市和区域—县。

如果α代表省级行政单位，则β可以代表市级行政单位，γ可以代表县级行政单位，最多可以进行一种三个尺度的方差分解。当然，也可以进行两个尺度的方差分解，既可以进行省、市尺度的方差分解，也可以进行省、县尺度的方差分解。

如果α代表市级行政单位，β代表县级行政单位，则可以进行市—县尺度的方差分解。

以区域为最大尺度和以省为最大尺度及以市为最大尺度进行方差分解可以有很多种分解组合。但在此主要分析了全国的区域—省—市—县、区域—省—市、省—市—县、省—市和各分区域的省—市—县、省—市以及分省的市—县七种方差分解情况。而没有分析区域—省—县、区域—市—县、区域—省、区域—市和区域—县、省—县和各分区域的省—县以及市—县八种方差分解情况。

第一节　以大区域为最大尺度的尺度方差分解

一　基于二分法的尺度方差分解

（一）基于二分法的全国尺度方差分解

1. 基于数量的尺度方差分解

在二分法的情况下，基于数量计算中国区域经济差异的尺度方差分解，从各尺度的方差份额情况（见图 6-1）来看：

（1）以县为最低尺度计算的结果显示，市尺度和区域尺度先升后降，而县尺度和省尺度先降后升，但市尺度和县尺度的方差份额较大，未来仍将以市尺度和县尺度为主，但不久后将可能由县尺度居于主导地位而市尺度次之。1990 年，县尺度的方差份额最大，市尺度的方差份额次之，而区域和省尺度的方差份额相近。县尺度的方差份额在 1990—2005 年处于不断下降的过程中，2005 年后才又开始上升，并在 1997 年后居于第二的位置。与县尺度相反，市尺度的方差份额在 1990—2005 年处于不断上升的过程中，2005 年后开始下降。并且，市尺度的方差份额在 1992—1997 年与县尺度的方差份额互有交叉，在 1997 年后，则一直占据最大的份额。区域尺度的方差份额在 1990 年略小于省尺度的方差份额，但之后先上升，到 1999 年达到峰值后开始下降。而省尺度的方差份额的走势则是先下降，到 1995 年出现低值点，之后开始缓慢上升，并在 1991—2008 年小于区域尺度的方差份额。以两大区域为最大尺度、县为最小尺度来考察中国区域经济差异，市尺度的差异是中国区域经济的主要差异，县尺度的差异次之，而省尺度和区域尺度差异不能很好地反映中国的区域经济差异。从趋势来看，在中国的区域经济差异中，市尺度居于主要地位，县尺度的差异次之。若按 2005—2012 年的趋势发展下去，可能到 2017 年后，县尺度的差异将可能居于主要地位，而市尺度次之，省尺度差异的地位将更重要，而区域尺度差异的地位将可能进一步下降，即沿海与内地的差异不是中国区域经济的重要差异，县际差异和市际差异才是。

（2）以市为最低尺度计算的结果显示，一方面，市尺度的方差份额居于绝对主导地位，区域尺度和省尺度次之且较为接近。市尺度的方差份额一直是最大的，且相比于区域尺度和省尺度要大很多。区域尺度次之，省尺度最小。以两大区域为最大尺度、市为最小尺度来考察中国区域经济差异，市际差异是中国区域经济的主要差异（份额在0.6以上），区域尺度的方差份额相对较小（份额在0.2左右），而省际差异（份额小于0.2）最小。区域间差异和省际差异不能很好地反映中国的区域经济差异。另一方面，市尺度的方差份额大致经历了一个倒U形走势，2005年是峰值点，区域尺度的方差份额则在波动中维持稳定，而省尺度的方差份额则大致呈U形走势，低值点在2005年。从趋势来看，中国的区域经济差异接下来仍然可能主要表现在市尺度的差异方面，而区域尺度的差异可能会进一步弱化，省尺度的方差份额可能会反超区域尺度，即沿海和内地的差异不居主要位置，省尺度上差异的重要性仍然不大。

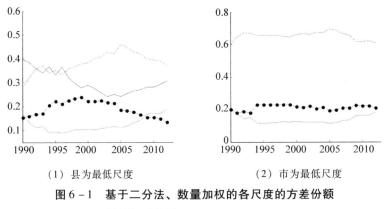

（1）县为最低尺度　　　　　　（2）市为最低尺度

图6-1　基于二分法、数量加权的各尺度的方差份额
（1990—2012）

2. 基于人口加权的尺度方差分解

在二分法的情况下，基于人口加权计算中国区域经济差异的尺度方差分解，从各尺度的方差份额情况（见图6-2）来看：

（1）以县为最低尺度计算的结果显示，市尺度和区域尺度先升后降，而县尺度和省尺度先降后升，但市尺度的方差份额较大，而区域、省和县尺度的方差份额相对较小，未来仍将以市尺度为主。

1990 年，市尺度的方差份额最大，县尺度的方差份额次之，而省尺度的方差份额居于第三位，区域尺度的方差份额最小。市尺度的方差份额先上升，一直到 2005 年达到峰值，之后开始下降，但 2012 年的值比 1990 年的值高很多，且一直居于第一位。县尺度方差份额的变化则与市尺度相反，先下降，直到 2005 年达到最低值，然后上升，但 2012 年的值比 1990 年的值低很多，且比市尺度上 2012 年的值低很多，却一直居于第二位。省尺度的方差份额则大致经历了一个 U 形走势，只是 2012 年的值比 1990 年的值稍低，且一直居于第三位。区域尺度方差份额的变化则大致与省尺度相反，先上升后下降，而 2012 年的值比 1990 年稍高。以两大区域为最大尺度、县为最小尺度，基于人口加权来考察中国区域经济差异，市尺度的差异是中国区域经济的主要差异，县尺度的差异次之，而省尺度和区域尺度差异不能很好地反映中国的区域经济差异。从趋势来看，在中国的区域经济差异中，市尺度居于主要地位，县尺度和省尺度差异次之。即在中国区域经济各尺度的差异中，省际差异和县际差异不是主要差异，沿海与内地也不是主要差异，市际差异才是最主要的差异。

（2）以市为最低尺度计算的结果显示，市尺度的方差份额居于绝对主导地位，区域尺度和省尺度的方差份额次之，且非常小，未来仍将由市尺度占绝对主导地位。市尺度的方差份额一直是最大的，且相比于区域尺度和省尺度而言大很多。省尺度次之，区域尺度最小。以两大区域为最大尺度、市为最小尺度来考察中国区域经济差异，市际差异是中国区域经济的主要差异（份额在 0.6 以上），省尺度的方差份额相对较小（份额在 0.2 左右），而区域差异（份额小于 0.2）更小。区域间差异和省际差异不能很好地反映中国的区域经济差异。从趋势来看，中国的区域经济差异接下来仍将可能主要表现在市尺度上，而区域尺度的差异可能会进一步弱化，省尺度的方差份额可能会略微上升，即沿海和内地的差异不是主要的，省尺度差异的重要性仍然不大，市尺度差异的重要性居于绝对主导地位。

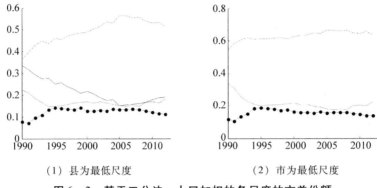

图 6 - 2　基于二分法、人口加权的各尺度的方差份额

（1990—2012）

（二）基于二分法的内陆地区的尺度方差分解

1. 基于数量的尺度方差分解

基于数量计算方差分解，从基于二分法的内陆地区经济差异的各尺度方差的份额情况（见图 6 - 3）来看：

（1）以县为最低尺度计算的结果显示，县尺度在整个差异中的方差份额最大，市尺度次之，省尺度的方差份额最小，未来将以县尺度和市尺度为主。县尺度大致经历了一个先上升后下降的过程，峰值点在 1996 年，而且 2012 年的方差份额比 1990 年小很多。市尺度的方差份额一直处于逐渐上升的过程中。省尺度经历了一个明晰的 U 形走势，低值点在 1996 年。总体而言，县尺度的方差份额一直处于第一的位置，市尺度的方差份额自 1991 年后一直处于第二的位置，但市尺度的方差份额与县尺度的方差份额越来越接近。省尺度的方差份额自 1991 年后一直处于第三的位置。且其绝对值大致维持稳定。按照 2005—2012 年的态势发展，县尺度和市尺度将继续居于主导地位，只是它们之间的差距会缩小甚或位置互换。

（2）以市为最低尺度计算的结果显示，市尺度的方差份额一直较大（大于 0.6），省尺度的方差份额相对而言比较小，未来将由市尺度占主导地位。省尺度方差份额虽大致经历了一个先下降后上升的过程，低值点在 2005 年。市尺度的走势与省尺度相反，呈较为明显的倒 U 形走势，且变化都不大。

以县尺度为最低尺度和以市尺度为最低尺度计算的结果各有异同。其共同点是，省尺度的方差份额最小，市尺度的方差份额比省尺度大。但是，也存在较多的不同点：第一，以县尺度为最低尺度给出了以市尺度为最低尺度所不能给出的结果，即得出县尺度的方差份额以及县尺度的方差份额比市尺度大的结论；第二，在变化态势上，以县尺度为最低尺度的结果显示出市尺度大致呈上升态势，而以市尺度为最低尺度的结果显示出市尺度呈较为明显的倒 U 形走势。而且市尺度的第一个峰值在以县尺度为最低尺度的情况下出现在 1993 年，而在以市尺度为最低尺度的情况下出现在 1994 年。

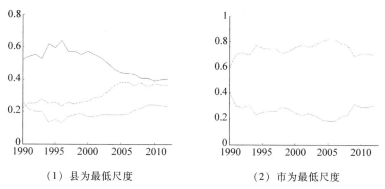

（1）县为最低尺度　　　　　　（2）市为最低尺度

图 6 - 3　基于二分法、数量加权的内陆地区各尺度的方差份额
（1990—2012）

2. 基于人口加权的尺度方差分解

在二分法的情况下，基于人口加权计算内陆地区的区域经济差异的尺度方差分解，从各尺度的方差份额情况（见图 6 - 4）来看：

（1）以县为最低尺度计算的结果显示，开始时县尺度的方差份额居于主导地位，之后则由市尺度的方差份额居于主导地位，省尺度的方差份额最小，未来将以市尺度为主。县尺度大致经历了一个先略微上升后较快下降的过程，峰值点在 1996 年，而且 2012 年的方差份额比 1990 年小很多。市尺度的方差份额则先逐渐上升，一直到 2008 年，并且在 2005 年反超了县尺度，然后维持平稳。省尺度经历了一个相对较扁的 U 形走势，低值点在 2006 年。按照 1996—2012 年的走势，市尺度的方差份额在未来比较长的时间里将居于主导地位，县尺度的方差份额次之，且逐渐降低，省尺度的方差份额非常小。

（2）以市为最低尺度计算的结果显示，市尺度的方差份额一直较大（0.8 左右），省尺度的方差份额相对而言比较小，未来将由市尺度占主导地位。省尺度的方差份额虽大致经历了一个先下降后上升的过程，低值点在 2006 年。市尺度的走势与省尺度相反。省尺度和市尺度的方差份额的绝对变化都不大。按照现有的态势，市尺度的方差份额在未来较长时间里仍将居于绝对主导地位。

以县尺度为最低尺度和以市尺度为最低尺度计算的结果各有异同。共同点是，省尺度的方差份额最小，市尺度的方差份额比省尺度大。但是，也存在较多的不同点：（1）以县尺度为最低尺度给出了以市尺度为最低尺度所不能给出的结果，即得出县尺度的方差份额与市尺度的方差份额关系的结论；（2）在变化态势上，以县尺度为最低尺度的结果显示出市尺度大致呈上升态势，而以市尺度为最低尺度的结果显示出市尺度呈较平缓的倒 U 形走势。

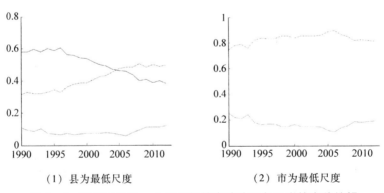

（1）县为最低尺度　　　　　（2）市为最低尺度

图 6-4　基于二分法、人口加权的内陆地区各尺度的方差份额
（1990—2012）

（三）基于二分法的沿海地区的尺度方差分解

1. 基于数量的尺度方差分解

基于数量计算方差分解，从基于二分法的沿海地区经济差异的各

尺度方差的份额情况（见图6-5）来看：

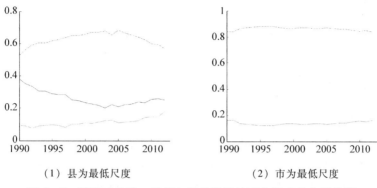

（1）县为最低尺度　　　　　　（2）市为最低尺度

图6-5　基于二分法、数量加权的沿海地区各尺度的方差份额
（1990—2012）

（1）以县为最低尺度计算的结果显示，市尺度在整个差异中的方差份额最大，县尺度次之，省尺度的方差份额最小，未来仍将以市尺度的方差份额居于绝对主导地位。市尺度大致经历了一个先上升后下降的过程，峰值点在2005年，而且2012年的方差份额比1990年相差不是很多。县尺度的方差份额先下降，到2003年后开始逐渐上升。省尺度的方差份额总的来说一直在缓慢上升。按照现有的态势，市尺度的方差份额虽有下降，但仍将居于主导地位，县尺度和省尺度的方差份额会上升，但仍将居于次要地位。

（2）以市为最低尺度计算的结果显示，市尺度的方差份额一直较大（大于0.8），省尺度的方差份额相对而言比较小，未来仍将由市尺度的方差份额居于绝对主导地位。省尺度方差份额虽大致经历了一个先稍微下降后略有上升的过程，低值点在1997年，整个过程中的变化不大。市尺度的走势与省尺度相反，先稍有上升，后略有下降。两个尺度绝对值的变化都不大。按照现有的走势，未来仍将由市尺度的方差份额居于绝对主导地位。

以县尺度为最低尺度和以市尺度为最低尺度计算的结果各有异同。共同点是，省尺度的方差份额最小，市尺度的方差份额比省尺度大。但是，也存在较多不同点：

第一，以县尺度为最低尺度给出了以市尺度为最低尺度所不能给出的结果，即得出县尺度的方差份额以及县尺度的方差份额小于市尺度的结论；

第二，在变化态势上，以县尺度为最低尺度的结果显示，省尺度的方差份额大致呈上升态势，市尺度的方差份额呈倒U形走势，而以市尺度为最低尺度的结果显示出省尺度和市尺度的方差份额变化不大。

2. 基于人口加权的方差分解

在二分法的情况下，基于人口加权计算沿海地区的区域经济差异的尺度方差分解，从各尺度的方差份额情况（见图6-6）来看：

（1）以县为最低尺度计算的结果显示，市尺度在整个差异中的方差份额最大，省尺度次之，县尺度最小，未来仍将以市尺度的方差份额居于绝对主导地位。市尺度大致经历了一个先上升后下降的过程，峰值点在2005年，而且2012年的方差份额比1990年略高。县尺度的方差份额先下降，到2005年后才略有上升。省尺度的方差份额先下降，1994年后总体维持稳定。按照现有的态势，市尺度的方差份额虽有下降，但仍将居于主导地位，县尺度和省尺度的方差份额会略有上升，但仍将居于次要地位。

（2）以市为最低尺度计算的结果显示，市尺度的方差份额一直较大，省尺度的方差份额相对而言比较小，未来仍将由市尺度的方差份额居于绝对主导地位。省尺度的方差份额虽大致经历了一个先快速下降，1994年缓慢下降，2008年后缓慢上升的过程。市尺度的走势与省尺度相反。依现有的走势，未来仍将由市尺度的方差份额居绝对主导地位。

以县尺度为最低尺度和以市尺度为最低尺度计算的结果各有异同。共同点是，市尺度的方差份额最大，且市尺度和省尺度的方差份额的变化较为相似。但是，也存在较多的不同点：以县尺度为最低尺度给出了以市尺度为最低尺度所不能给出的结果，即得出县尺度的方差份额以及县尺度的方差份额小于市尺度的方差份额但比省尺度的方差份额大的结论。

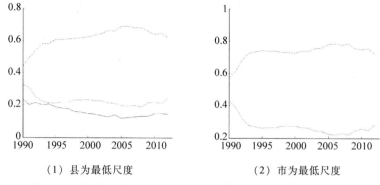

（1）县为最低尺度　　　　　　　（2）市为最低尺度

图 6 - 6　基于二分法、人口加权的沿海地区各尺度的方差份额
（1990—2012）

二　基于三分法的尺度方差分解

（一）基于三分法的全国的尺度方差分解

1. 基于数量的尺度方差分解

在三分法的情况下，基于数量计算中国区域经济差异的尺度方差分解，从各尺度的方差份额情况（见图6－7）来看：

（1）以县为最低尺度计算的结果显示，区域尺度在整个差异中的方差份额最大，市尺度的方差份额次之，县尺度的方差份额居第三位，省尺度的方差份额最小，未来仍将由区域尺度居于主导地位，而市尺度次之，但在2017年后可能由县尺度替代市尺度而居于第二的位置。区域尺度方差份额先升后降，自1999年后一直处于下降趋势中。省尺度方差份额先降后升，自1997年后不断上升。而市尺度和县尺度的方差份额虽在1990—1996年有相互频繁换位的现象，但总的来说，市尺度的方差份额大致经历了一个先升后降的过程，峰值点在2005年。而县尺度的方差份额则大致经历了一个先降后升的过程，低值点在2003年。以三大区域为最大尺度、县为最小尺度来考察中国区域经济差异，区域之间的差异是中国区域经济的主要差异，而省际差异不能很好地反映中国的区域经济差异。从趋势来看，中国的区域经济差异现阶段虽然主要表现为区域和市尺度的差异，若按1997—2012年的趋势发展下去，可能到2017年后则主要表现在区域尺度和县尺度的差异上。

（2）以市为最低尺度计算的结果显示，市尺度和区域尺度在整个差异中的方差份额一直较大且较为接近，省尺度的方差份额一直比较小，未来将由区域尺度居于主导地位，市尺度的方差份额次之并不断下降。市尺度和区域尺度在整个差异中的方差份额一直较大，其中1992—2008年市尺度的方差份额一直大于区域尺度。区域尺度方差份额大致经历了一个在波动中先下降后上升的过程，2005年是低值点。但市尺度的方差份额呈倒U形走势，2012年与1990年的值较为接近，但2005年后下降较快。省尺度的方差大致呈U形走势，但其方差份额最小，且相对市尺度和区域尺度而言更小。以三大区域为最大尺度、市为最小尺度来考察中国区域经济差异，区域之间和市之间的差异是中国区域经济的主要差异，而省际差异也不能很好地反映中国的区域经济差异。从趋势来看，在较长时间内仍可能主要表现在区域尺度的差异上，而市尺度上的差异可能会进一步弱化。

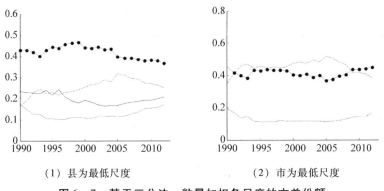

（1）县为最低尺度　　　　　（2）市为最低尺度

图6-7　基于三分法、数量加权各尺度的方差份额

（1990—2012）

2. 基于人口加权的尺度方差分解

在三分法的情况下，基于人口加权计算中国区域经济差异的尺度方差分解，从各尺度的方差份额情况（见图6-8）来看：

（1）以县为最低尺度计算的结果显示，市尺度在整个差异中的方差份额最大，县尺度的方差份额次之，省尺度的方差份额居第三位，区域尺度的方差份额最小，未来仍将由市尺度的方差份额居于绝对主导地位。市尺度的方差份额先升后降，自 2005 年后一直处于下降趋势中。县尺度的方差份额则与市尺度相反，先匀速下降，在 2005 年后缓慢上升。省尺度的方差份额大致呈 U 形走势，但 2012 年的值比 1990 年的值略低。区域尺度方差份额的走势则与省尺度相反，大致呈倒 U 形走势，但 2012 年的值比 1990 年的值略高。以三大区域为最大尺度、县为最小尺度来考察中国区域经济差异，市际差异是中国区域经济的主要差异，而其他三个尺度的差异都不能很好地反映中国的区域经济差异。从趋势来看，虽然市尺度的方差份额自 2005 年后不断降低，但在比较长的时间内，中国的区域经济差异仍将主要表现为市尺度的差异。

（2）以市为最低尺度计算的结果显示，市尺度在整个差异中的方差份额居绝对主导地位，省尺度的方差份额居第二位，区域尺度的方差份额居第三位，但省尺度和区域尺度较为接近，未来将由市尺度的方差份额居于绝对主导地位。市尺度的方差份额先缓慢上升，2005年后略有下降。省尺度的方差份额先快速下降，1994 年后缓慢下降，2008 年后缓慢上升。区域尺度的方差份额先上升，1995 年后缓慢下降，但 2012 年的值与 1990 年的值较为接近。省尺度和区域尺度的方差份额相较于市尺度而言非常低。以三大区域为最大尺度、市为最小尺度来考察中国区域经济差异，市际差异是中国区域经济的主要差异，

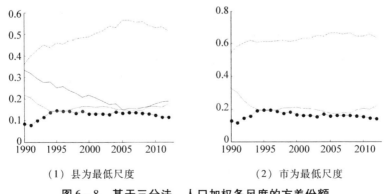

（1）县为最低尺度　　　　　（2）市为最低尺度

图 6-8　基于三分法、人口加权各尺度的方差份额
（1990—2012）

而省际差异和区域间差异不能很好地反映中国的区域经济差异。从趋势来看，虽然市尺度的方差份额可能会有所降低，但中国的区域经济差异仍将由市尺度上的差异居于绝对主导地位。

（二）基于三分法的东部地区的尺度方差分解

1. 基于数量的尺度方差分解

在三分法的情况下，基于数量计算东部地区的区域经济差异的尺度方差分解，从各尺度的方差份额情况（见图6－9））来看：

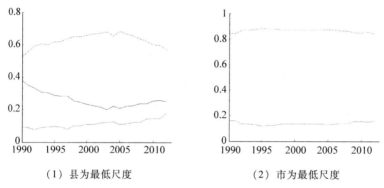

（1）县为最低尺度　　　　　　（2）市为最低尺度

图6－9　基于三分法、数量加权的东部地区各尺度的方差份额
（1990—2012）

（1）以县为最低尺度计算的结果显示，市尺度在整个差异中的方差份额最大，县尺度次之，省尺度最小，在未来较长一段时间内仍将由市尺度上的方差份额居主导地位。市尺度的方差份额先上升，且在1992年后大致呈匀速上升态势，2005年后大致呈匀速下降态势，2012年的值比1990年的值略高。省尺度的方差份额一直逐渐上升。而县尺度则与市尺度相反，先匀速下降后匀速上升，低值点在2003年，但2005年与2003年的值相差不大，2012年的值比1990年的值低很多。若按照2005—2012年的态势发展，10年之内仍将由市尺度的方差份额居主导地位；若按1990—2012年的态势发展，市尺度的方差份额居主导地位的时间将更长。

（2）以市为最低尺度计算的结果显示，市尺度的方差份额一直较大（大于0.82），省尺度的方差份额相对而言比较小，在未来较长一段时间内仍将由市尺度的方差份额居主导地位。省尺度的方差份额在波动中大致维持平稳，其绝对值变化很小。市尺度方差份额的走势与省尺度相似。若按照现有的走势，在未来较长一段时间内仍将由市尺度的方差份额居于绝对主导的地位。

2. 基于人口加权的方差分解

在三分法的情况下，基于人口加权计算东部地区的区域经济差异的尺度方差分解，从各尺度的方差份额情况（见图6－10）来看：

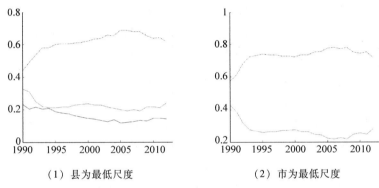

（1）县为最低尺度　　　　　　（2）市为最低尺度

图6－10　基于三分法、人口加权的东部地区各尺度的方差份额
（1990—2012）

（1）以县为最低尺度计算的结果显示，市尺度在整个差异中的方差份额最大，省尺度次之，县尺度最小，在未来较长一段时间内仍将由市尺度的方差份额居主导地位。市尺度的方差份额先快速上升，且在1993年后缓慢上升，2005年后以较快速度下降，2012年的值比1990年的值高很多。省尺度的方差份额先快速下降，1994年后缓慢下降，2008年后缓慢上升。县尺度的方差份额先大致匀速下降，2005年后缓慢上升，2012年的值比1990年的值低很多。按照2005—2012年的态势发展，10年之内仍将由市尺度的方差份额居主导地位；若按1990—2012年的态势发展，市尺度的方差份额居主导地位的时间将更长。

（2）以市为最低尺度计算的结果显示，市尺度的方差份额一直较大，省尺度的方差份额相对而言比较小，在未来较长一段时间内仍将由市尺度的方差份额居主导地位。省尺度的方差份额先快速下降，1994年后缓慢下降，2008年后缓慢上升，但2012年的值比1990年低很多。市尺度的走势与省尺度相反。若按照2008—2012年的走势发展，市尺度的方差份额至少将在10年内居于主导地位；如果按照1994—2012年的走势发展，市尺度的方差份额居于主导地位的时间会更长。

（三）基于三分法的中部地区的尺度方差分解

1. 基于数量的尺度方差分解

在三分法的情况下，基于数量计算中部地区的区域经济差异的尺度方差分解，从各尺度的方差份额情况（见图6－11))来看：

（1）以县为最低尺度计算的结果显示，县尺度在整个差异中的方差份额最大，省尺度次之，市尺度最小，两三年后很有可能由市尺度的方差份额居于主导地位。省尺度的方差份额在波动后趋于稳定。市尺度的方差份额则处于一个较为明显的上升过程中，并在2012年居于第二的位置。县尺度的方差份额则在波动中（经历两次先上升后下降）趋于下降，特别是在2000年后下降非常明显。县尺度的方差份额在2012年与市尺度的方差份额非常接近。若按照2008—2012年的态势发展，市尺度的方差份额很可能在2—3年内反超县尺度而居于主导地位。若按照2000—2012年的态势发展，市尺度的方差份额反超县尺度所用的时间会更短。

（2）以市为最低尺度计算的结果显示，前段时间由省尺度的方差份额居于主导地位，后段时间由市尺度的方差份额居于主导地位，未来仍将由市尺度的方差份额居于主导地位。省尺度的方差份额在1999年前比市尺度的值大，自2000年开始则比市尺度的值小。但省尺度和市尺度的方差份额相差不是很大，市尺度的方差份额处于0.41和0.59之间。省尺度的方差份额在2001年前处于波动中下降的过程，之后至2008年则处于上升过程中，2009年后又开始下降。市尺度的方差份额的变化与省尺度相反。无论是按照2000—2012年的走势还是依据1990—2012年的态势，未来很有可能仍将由市尺度的方差份额居于主导地位。

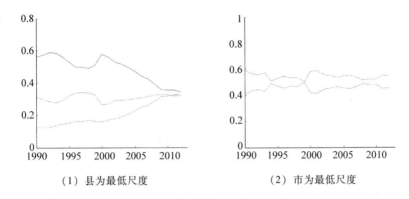

（1）县为最低尺度　　　　　　　（2）市为最低尺度

图 6 - 11　基于三分法、数量加权的中部地区的各尺度的方差份额
（1990—2012）

2. 基于人口加权的尺度方差分解

在三分法的情况下，基于人口加权计算中部地区的区域经济差异
的尺度方差分解，从各尺度的方差份额情况（见图 6 - 12）来看：

（1）以县为最低尺度时，县尺度在整个差异中的方差份额在
2007 年前最大，之后居于第二位，市尺度的方差份额与县尺度相反，
省尺度的方差份额最小，在未来较长一段时间内仍将由市尺度的方差
份额居于主导地位。县尺度的方差份额先略有上升，1993 年开始不
断下降，2000 年后下降速度加快。市尺度的方差份额先略有下降，
1994 年后不断上升，并在 2008 年反超县尺度而居于第一的位置。省
尺度的方差份额在 1990—2005 年大致维持略有波动的稳定状态，
2006 年开始略有上升。若按照现有的态势发展下去，市尺度的方差
份额仍将居于主导地位。

（2）以市为最低尺度时，市尺度的方差份额一直居于主导地位，
未来仍将由市尺度的方差份额居于主导地位。省尺度的方差份额在波
动中先缓慢上升，2005 年后缓慢下降。省尺度方差份额的变化与市
尺度相反。无论是按照 2005—2012 年的走势还是依据 1990—2012 年
的态势，在未来较长一段时间内很有可能仍将由市尺度的方差份额居
于主导地位。

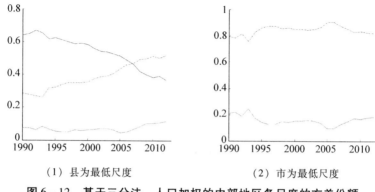

（1）县为最低尺度　　　　　　　（2）市为最低尺度

图 6 - 12　基于三分法、人口加权的中部地区各尺度的方差份额
（1990—2012）

（四）基于三分法的西部地区的尺度方差分解

1. 基于数量的尺度方差分解

在三分法的情况下，基于数量计算中部地区的区域经济差异的尺度方差分解，从各尺度的方差份额情况（见图 6 - 13）来看：

（1）以县为最低尺度计算的结果显示，省尺度、市尺度、县尺度都先后排在了第一的位置，未来很可能由县尺度居于主导地位。省尺度在 1990—1993 年、2001—2002 年的方差份额最大，在 1994 年、1996 年、2006—2012 年的方差份额最小。省尺度方差份额在波动幅度逐渐缩小中趋于稳定。市尺度在 2003—2008 年、2010 年的方差份额最大，在 1990 年、1995 年、1997—2002 年的方差份额最小。市尺度方差份额在 2005 年前一直在波动中上升，之后逐步减小。县尺度在 1994—2000 年、2009 年、2011—2012 年的方差份额最大，在 1991—1993 年、2003—2005 年的方差份额最小。县尺度方差份额则在 2005 年前经历了一个较为陡峭的先上升后下降的过程后又开始出现大幅增大的趋势。三个尺度的排序变化较快。若按照 2005—2012 年的态势发展，在未来较长时间段里将由县尺度居于主导地位。

（2）以市为最低尺度计算的结果显示，市尺度的方差份额居主导地位，在未来 5 年内很有可能仍由市尺度的方差份额居主导地位，之后可能由省尺度的方差份额居主导地位。省尺度的方差份额在 1991

年后就一直小于市尺度。省尺度和市尺度方差份额的差距在 1991—1998 年经历了一次先扩大后缩小的过程，其中，1994 年的差距最大。这个差距自 1998 年后又经历了一个先扩大再缩小的过程，其中，2006 年的差距最大，而且这次差距整体上比上一次要大。省尺度的方差份额在 2006 年前处于波动中下降的过程，之后则处于上升过程中。市尺度方差份额的变化与省尺度相反。若按照 2006—2012 年的态势发展，在未来 5 年里将由市尺度居于主导地位，之后可能由省尺度的方差份额居于主导地位。

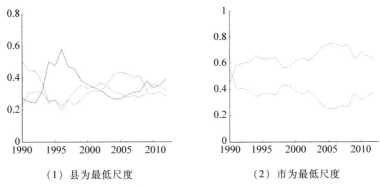

（1）县为最低尺度　　　　（2）市为最低尺度

图 6 - 13　基于三分法、数量加权的西部地区各尺度的方差份额
（1990—2012）

2. 基于人口加权的尺度方差分解

在三分法的情况下，基于人口加权计算中部地区的区域经济差异的尺度方差分解，从各尺度的方差份额情况（见图 6 - 14）来看：

（1）以县为最低尺度计算的结果显示，市尺度、县尺度、省尺度先后排在了第一的位置上，省尺度的方差份额相对较小，在两年后很可能由县尺度的方差份额居于主导地位。县尺度的方差份额 1990 年最大，之后稍微下降，但比市尺度的方差份额低。之后不断上升，1993 年反超市尺度而居于第一位，但 1996 年开始下降，直到 2005 年才又重拾缓慢上升的趋势，1999 年它被市尺度反超。市尺度方差份额的发展态势大致与县尺度相反。省尺度的方差份额一直较低。若按照 2005—2012 年的态势发展，则可能在两年后由县尺度的方差份额居于主导地位。

（2）以市为最低尺度计算的结果显示，市尺度的方差份额居主导地位，即使在未来较长时间内也仍将由市尺度的方差份额居主导地位。市尺度的方差份额在整个 1990—2012 年都居于绝对主导地位。而其发展大致呈较为平缓的倒 U 形走势。省尺度与市尺度相反。无论按照整体的走势还是按照 2006—2012 年的态势发展，在未来较长时间里都将由市尺度的方差份额居于主导地位。

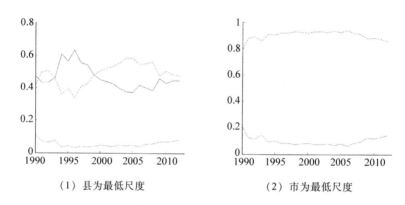

（1）县为最低尺度　　　　　　　（2）市为最低尺度

图 6 - 14　基于三分法、人口加权的西部地区各尺度的方差份额
（1990—2012）

三　基于四分法的尺度方差分解

（一）基于四分法的全国的尺度方差分解

1. 基于数量的尺度方差分解

在四分法的情况下，基于数量计算中国区域经济差异的尺度方差分解，从各尺度的方差份额情况（见图 6 - 15）来看：

（1）以县为最低尺度计算的结果显示，区域尺度上的方差份额最大，市尺度次之，县尺度第三，而省尺度最低，未来仍将由区域尺度的方差份额居于主导地位。1990 年，区域尺度的方差份额最大，县尺度的方差份额次之，而市尺度和省尺度的方差份额相近。区域尺度的方差份额在 1990—1999 年处于波动上升过程中，2000 年又开始不断下降，但一直居于第一的位置。县尺度的方差份额在 1990—2003

年处于波动下降的过程中，2003 年后才又开始上升，并在 1997 年后居于第三的位置。市尺度的方差份额在 1990 年略小于省尺度，1990—2005 年处于波动上升的过程中，2005 年后开始下降。并且市尺度的方差份额在 1992—1997 年与县尺度的方差份额互有交叉，1997 年后则一直占据第二的位置。而省尺度方差份额的走势则是先下降，到 1996 年出现低值点，之后开始缓慢上升，但在 1990 年后一直居于最小位置。以四大区域为最大尺度、以县为最小尺度来考察中国区域经济差异，区域尺度的差异是中国区域经济的主要差异，市尺度的差异次之，而省尺度和县尺度的差异不能很好地反映中国的区域经济差异。从趋势来看，在中国的区域经济差异中，区域尺度居于主导地位，市尺度次之。若按 2005—2012 年的趋势发展下去，区域尺度的差异可能居于主导地位，市尺度次之，区域尺度和市尺度的重要性降低，市尺度的重要性下降得尤其快。县尺度和省尺度的差异地位将比现阶段更重要。

（2）以市为最低尺度计算的结果显示，一方面，市尺度的方差份额居于主导地位，区域尺度次之，省尺度最低，未来将由区域尺度的方差份额居于主导地位。1990 年，区域尺度的方差份额最大，市尺度次之，省尺度最小。以四大区域为最大尺度、市为最小尺度来考察1990—2012 年的中国区域经济差异，市际差异是中国区域经济的主要差异（份额在 0.4 以上），区域尺度的方差份额相对稍小，而省际

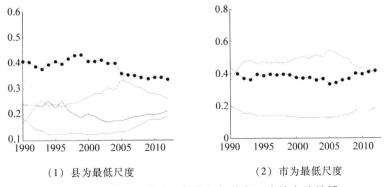

（1）县为最低尺度　　　　　　　（2）市为最低尺度

图 6 - 15　基于四分法、数量加权的各尺度的方差份额

（1990—2012）

差异（份额小于 0.2）最小。省际差异不能很好地反映中国的区域经济差异。另一方面，市尺度的方差份额大致经历了一个倒 U 形走势，2005 年是峰值点，省尺度和区域尺度的方差份额大致呈 U 形走势，低值点在 2005 年。从趋势来看，中国的区域经济差异接下来可能首先表现在区域尺度上，其次是市尺度上，区域尺度的方差份额比市尺度上稍大。而省尺度上差异的重要性可能会进一步加强。

2. 基于人口加权的尺度方差分解

在四分法的情况下，基于人口加权计算中国区域经济差异的尺度方差分解，从各尺度的方差份额情况（见图 6－16）来看：

（1）以县为最低尺度计算的结果显示，市尺度上的方差份额最大，县尺度次之，区域尺度第三，而省尺度最小，未来仍将以市尺度的方差份额居于主导地位。1990 年，市尺度的方差份额最大，县尺度的方差份额次之，省尺度的方差份额位居第三，而区域尺度的方差份额最小。市尺度的方差份额在 1990—2005 年不断上升，2005 年开始不断下降，但一直居于第一的位置。县尺度方差份额的变化与市尺度大致相反，1990—2005 年不断下降，2005 年后缓慢上升，除 2005—2008 年被区域尺度的方差份额反超外，一直居于第二的位置。省尺度的方差份额先下降，1994 年后大致维持平稳，2008 年后略有上升，整个走势大致呈 U 形。区域尺度方差份额的走势与省尺度相反。以四大区域为最大尺度、县为最小尺度来考察中国区域经济差异，市尺度的差异是中国区域经济的主要差异，县尺度的差异次之，而省尺度和区域尺度的差异不能很好地反映中国的区域经济差异情况。从趋势来看，在较长的时间里，中国的区域经济差异仍将由市尺度居于主导地位。

（2）以市为最低尺度计算的结果显示，市尺度的方差份额居于主导地位，区域尺度次之，省尺度最低，未来仍将由市尺度的方差份额居于主导地位。1990 年，市尺度的方差份额最大，省尺度次之，区域尺度最小。以四大区域为最大尺度、市为最小尺度来考察 1990—2012 年的中国区域经济差异，市际差异是中国区域经济的主要差异（份额在 0.6 以上），区域尺度的方差份额相对较小，而省际差异（份额大多小于 0.2）最小。省际差异和区域差异不能很好地反映中国的区域经济差异情况。从趋势来看，中国的区域经济差异在较长时间里仍将主要表现在市尺度上，省尺度和区域尺度差异的重要性仍很低。

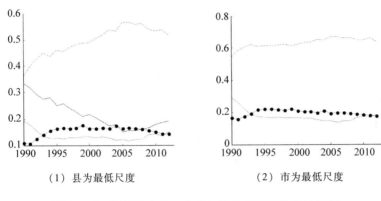

（1）县为最低尺度　　　　　（2）市为最低尺度

图 6－16　基于四分法、人口加权的各尺度的方差份额

（1990—2012）

（二）基于四分法的东北地区的尺度方差分解

1. 基于数量的尺度方差分解

在四分法的情况下，基于数量计算东北地区的区域经济差异的尺度方差分解，从各尺度的方差份额情况（见图 6－17）来看：

（1）以县为最低尺度计算的结果显示，县尺度的方差份额最大，市尺度次之，而省尺度最小，未来仍将由县尺度居于主导地位。省尺度的方差份额在波动中上升，到 2010 年又开始下降。市尺度的方差份额也在波动中缓慢上升，到 2010 年后基本维持稳定。而县尺度的方差份额则先下降，到 2010 年开始略有上升，但 2011 年和 2012 年的值基本不变。不论按照 1990—2012 年的总体态势还是按照 2006—2012 年的态势发展，在未来较长一段时间里仍将由县尺度居于主导地位。

（2）以市为最低尺度计算的结果显示，市尺度的方差份额很大，省尺度的方差份额则较小，未来仍将由市尺度居于主导地位。市尺度的方差份额先略有上升，在 1991—2000 年大致经历了一个 U 形走势，

2000年后不断下降，但到2010年又开始快速上升。省尺度的方差份额的走势与市尺度相反。不论按照1990—2012年的总体态势还是按照2000—2012年的走势抑或是按照2010—2012年的短期态势发展，在未来较长时间里仍将由市尺度的方差份额居于主导地位。

以县尺度为最低尺度和以市尺度为最低尺度计算的结果既有相同点，也有不同之处。相同点是，省尺度的变化态势较为相同。不同点是：（1）以县尺度为最低尺度给出了以市尺度为最低尺度所不能给出的结果，即得出县尺度的方差份额以及县尺度的方差份额远比市尺度大的结论；（2）以县尺度为最低尺度的结果显示，市尺度的方差份额在波动中缓慢上升，到2010年后基本维持稳定，而以市为最低尺度的结果却是在1991—2000年市尺度的方差份额经历U形走势，之后出现下降，到2010年后又急速上升。

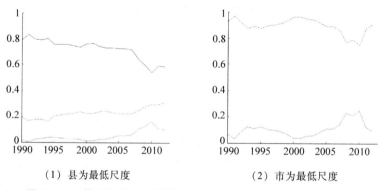

（1）县为最低尺度   （2）市为最低尺度

图6-17　基于四分法、数量加权的东北地区各尺度的方差份额
（1990—2012）

2. 基于人口加权的尺度方差分解

在四分法的情况下，基于人口加权计算东北地区的区域经济差异的尺度方差分解，从各尺度的方差份额情况（见图6-18）来看：

（1）以县为最低尺度计算的结果显示，县尺度的方差份额最大，市尺度次之，而省尺度最小，未来将由市尺度居于主导地位。省尺度的方差份额在波动中上升，到2010年后又开始下降。市尺度的方差份额也在波动中缓慢上升，并在2012年反超县尺度。而县尺度的方差份额则先下降，到 2010 年后开始略有上升，但 2012 年又出现下降趋势。不论按照 1990—2012 年的总体态势还是按照 2006—2012 年的态势发展，在未来较长一段时间里仍将由市尺度居于主导地位。若按 2010—2012 年的态势发展，县、市尺度的方差份额将非常接近，且都比省尺度大，但极有可能出现前一种情况。

（2）以市为最低尺度计算的结果显示，市尺度的方差份额很大，省尺度的方差份额则较小，未来仍将由市尺度居于主导地位。市尺度的方差份额先略有上升，在 1991—2000 年大致经历了一个 U 形走势，2000 年后不断下降，但到 2010 年又开始快速上升。省尺度的方差份额的走势与市尺度相反。不论按照 1990—2012 年的总体态势还是按照 2000—2012 年的走势抑或是 2010—2012 年的短期态势发展，在未来较长时间里仍将由市尺度居于主导地位。

以县尺度为最低尺度和以市尺度为最低尺度计算的结果既有相同点，也有不同之处。相同点是，省尺度的变化态势较为相同。不同点是：（1）以县尺度为最低尺度给出了以市尺度为最低尺度所不能给出的结果，即得出县尺度的方差份额以及县尺度的方差份额与市尺度的方差份额的差距逐渐缩小直至零的结论；（2）以县尺度为最低尺度的结果显示，市尺度的方差份额在波动中缓慢上升，到 2010 年后基本维持稳定，而以市为最低尺度的结果却是，1991—2000 年，市尺度的方差份额经历 U 形走势，之后下降，到 2010 年后又急速上升。

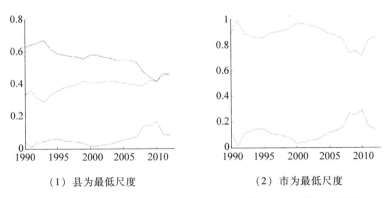

（1）县为最低尺度　　　　　（2）市为最低尺度

图 6－18　基于四分法、人口加权的东北地区各尺度的方差份额
（1990—2012）

（三）基于四分法的东部地区的尺度方差分解

1. 基于数量的尺度方差分解

在四分法的情况下，基于数量计算东部地区的区域经济差异的尺度方差分解，从各尺度的方差份额情况（见图6-19）来看：

（1）以县为最低尺度计算的结果显示，市尺度在整个差异中的方差份额最大，县尺度次之，省尺度最小，在未来一段时间里仍将由市尺度居于主导地位。省尺度的方差份额先下降，1992—2005年大致保持平稳，之后缓慢上升。市尺度的方差份额经历了一个明晰的倒U形走势，峰值点在2005年。县尺度则与市尺度相反，大致经历了一个先下降后上升的过程，低值点在2003年，但2005年与2003年的值相差不大。不论按照2005—2012年的态势还是按照1990—2012年的整体态势发展，在未来10年内仍将由市尺度的方差份额居于主导地位。

（2）以市为最低尺度计算的结果显示，市尺度的方差份额一直很大，未来仍将由市尺度的方差份额居于主导地位。市尺度的方差份额一直较大（大于0.82），省尺度的方差份额相对而言比较小。省尺度的方差份额虽大致经历了一个先下降后上升的过程，峰值点在1997年，但绝对值变化不大。市尺度方差份额的走势与省尺度相反，而绝对值与省尺度相似，变化都不大。不论按照2005—2012年的态势还是按照1990—2012年的整体态势发展，在未来10年内仍将由市尺度的方差份额居于主导地位。

以县尺度为最低尺度和以市尺度为最低尺度计算的结果既有相同点，也有不同之处。相同点是市、省尺度的变化态势较为相同。不同点是：（1）以县尺度为最低尺度给出了以市尺度为最低尺度所不能给出的结果，即得出县尺度的方差份额以及县尺度的方差份额远低于市尺度方差份额的结论；（2）以县尺度为最低尺度的结果显示，市尺度的方差份额波动幅度较大，而在以市为最低尺度的情况下市尺度方差份额的波动幅度却不大。

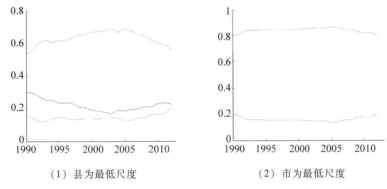

（1）县为最低尺度　　　　　（2）市为最低尺度

图6-19　基于四分法、数量加权的东部地区各尺度的方差份额
（1990—2012）

2. 基于人口加权的尺度方差分解

在四分法的情况下，基于人口加权计算东部地区的区域经济差异的尺度方差分解，从各尺度的方差份额情况（见图6-20）来看：

（1）以县为最低尺度计算的结果显示，市尺度在整个差异中的方差份额最大，省尺度次之，县尺度最小，在未来一段时间里仍将由市尺度居于主导地位。市尺度的方差份额先上升，2005年后开始缓慢下降，2012年的值比1990年高出较多。省尺度的方差份额先下降，1992—2008年大致保持平稳，之后缓慢上升。县尺度的方差份额大致与市尺度相反，只是变化更为平缓，先缓慢下降，2005年后缓慢上升，但在整个过程中的值相差非常小。不论按照2005—2012年的态势还是按照1990—2012年的整体态势发展，在未来10年内仍将由市尺度的方差份额居于主导地位。

（2）以市为最低尺度计算的结果显示，市尺度的方差份额一直很大，未来仍将由市尺度的方差份额居于主导地位。市尺度的方差份额一直较大，省尺度的方差份额相对而言比较小。省尺度的方差份额先快速下降，1994年后缓慢下降，2008年后缓慢上升。市尺度方差份额的走势与省尺度相反。不论按照2008—2012年的态势还是按照1990—2012年的整体态势发展，在未来10年内仍将由市尺度的方差份额居于主导地位。

以县尺度为最低尺度和以市尺度为最低尺度计算的结果既有相同

点，也有不同之处。相同点是，市、省尺度方差份额的变化态势都较为相同。不同点是：（1）以县尺度为最低尺度给出了以市尺度为最低尺度所不能给出的结果，即得出县尺度的方差份额以及县尺度的方差份额远低于市尺度方差份额的结论；（2）以县尺度为最低尺度的结果显示，市尺度的方差份额的波动幅度比在以市为最低尺度的情况下的波动幅度略大。

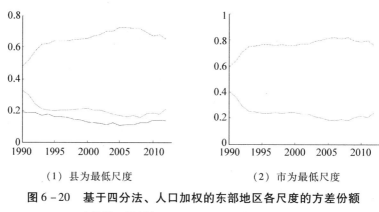

（1）县为最低尺度　　　　　　（2）市为最低尺度

图 6 - 20　基于四分法、人口加权的东部地区各尺度的方差份额
（1990—2012）

（四）基于四分法的中部地区的尺度方差分解

1. 基于数量的尺度方差分解

在四分法的情况下，基于数量计算中部地区的区域经济差异的尺度方差分解，从各尺度的方差份额情况（见图 6 - 21）来看：

（1）以县为最低尺度计算的结果显示，县尺度的方差份额与省尺度的方差份额交替居于主导地位，市尺度的方差份额最低，在未来10年内仍将由省尺度的方差份额居于主导地位。1990 年，县尺度的方差份额最大，省尺度次之，市尺度最小。之后，县尺度的方差份额总体上在波动中下降。省尺度的方差份额基本上在波动中维持不变，并在 1995—2000 年、2006—2012 年比县尺度大。市尺度的方差份额不断上升。若按照 1990—2012 年的态势发展，县尺度的方差份额将进一步降低，进而比市尺度低，市尺度的方差份额将继续上升，但还需 10 年左右的时间才会反超省尺度的方差份额。所以，在未来 10 年内省尺度的方差份额将居于主导地位。

（2）以市为最低尺度计算的结果显示，省尺度的方差份额居于主导地位，在未来10年内很可能仍将由省尺度的方差份额居于主导地位。省尺度的方差份额一直比市尺度大，只是省尺度的方差份额一直在下降，而市尺度的方差份额则一直逐渐上升，但省尺度方差份额下降的速度在不断降低。所以若按照2006—2012年的态势发展，在未来10年内仍将由省尺度的方差份额居于主导地位。但若按1990—2012年的态势发展，不出5年将可能由市尺度的方差份额居于主导地位。相比较而言，前一种情况发生的概率更大。

以县尺度为最低尺度和以市尺度为最低尺度计算的结果既有相同点，也有不同之处。相同点是，市尺度的变化态势及市尺度和省尺度方差份额的相对位置都较为相同。不同点是：（1）以县尺度为最低尺度给出了以市尺度为最低尺度所不能给出的结果，即得出县尺度的方差份额以及县尺度的方差份额在1995—2000年、2006—2012年小于市尺度方差份额的结论；（2）以县尺度为最低尺度的结果显示，市尺度的方差份额在波动中保持不变，而在以市为最低尺度的情况下却一直下降。

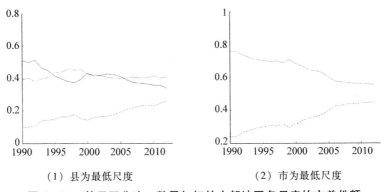

（1）县为最低尺度　　　　　（2）市为最低尺度

图6-21　基于四分法、数量加权的中部地区各尺度的方差份额
（1990—2012）

2. 基于人口加权的尺度方差分解

在四分法的情况下，基于人口加权计算中部地区的区域经济差异的尺度方差分解，从各尺度的方差份额情况（见图6-22）来看：

（1）以县为最低尺度计算的结果显示，县尺度的方差份额与市尺度的方差份额交替居于主导地位，省尺度的方差份额最低，在未来较长时间内仍将由市尺度的方差份额居于主导地位。1990年，县尺度的方差份额最大，市尺度次之，省尺度最小。之后，县尺度的方差份额总体上在波动中不断下降，市尺度的方差份额则不断上升，并在2005年赶超了县尺度。省尺度的方差份额先缓慢下降，1995年后大致保持平稳，2010—2012年则略有上升。按照1990—2012年的态势发展，市尺度的方差份额将继续上升，并将居于主导地位。

（2）以市为最低尺度计算的结果显示，市尺度的方差份额居于主导地位，在未来较长时间里仍将居于主导地位。市尺度的方差份额一直比县尺度大。市尺度的方差份额在1990—2010年一直不断上升，2010—2012年略有下降。若按照1990—2012年的态势发展，在未来较长时间里仍将由市尺度的方差份额居于主导地位。

以县尺度为最低尺度和以市尺度为最低尺度计算的结果既有相同点，也有不同之处。相同点是，省、市尺度的变化态势及省、市尺度和省尺度方差份额的相对位置较为相同。不同点是：（1）以县尺度为最低尺度给出了以市尺度为最低尺度所不能给出的结果，即得出县尺度的方差份额及其与省、市尺度方差份额的关系；（2）以县尺度为最低尺度的结果显示，市尺度的方差份额上升的速度比在以市为最低尺度的情况下要快。

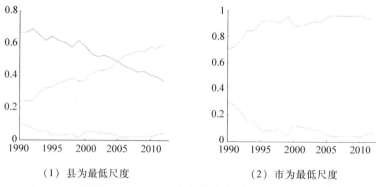

（1）县为最低尺度　　　　　（2）市为最低尺度

图6-22　基于四分法、人口加权的中部地区各尺度的方差份额
（1990—2012）

（五）基于四分法的西部地区的尺度方差分解

1. 基于数量的尺度方差分解

在四分法的情况下，基于数量计算西部地区的区域经济差异的尺度方差分解，从各尺度的方差份额情况（见图 6 - 23）来看：

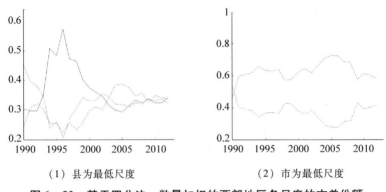

（1）县为最低尺度 　　　　　　（2）市为最低尺度

图 6 - 23　基于四分法、数量加权的西部地区各尺度的方差份额
（1990—2012）

（1）以县为最低尺度计算的结果显示，省尺度、县尺度、市尺度的方差份额都先后排在了第一的位置上，未来很可能将由县尺度的方差份额居于主导地位。省尺度的方差份额在 1990—1993 年、2001—2002 年最大，并在波动幅度逐渐缩小中趋于稳定。市尺度的方差份额在 2003—2008 年、2010 年最大，在 2005 年前一直在波动中上升，之后逐步减缓。县尺度在 1994—2000 年、2009 年、2011—2012 年的方差份额最大，在 2005 年前经历了一个较为陡峭的先上升后下降的过程之后又开始出现大幅增大的趋势。三个尺度的排序变化较快。若按照 2005—2012 年的态势发展，在未来较长时间段里将由县尺度的方差份额居于主导地位。

（2）以市为最低尺度计算的结果显示，市尺度的方差份额居主导地位，在未来 5 年内很有可能仍由市尺度的方差份额居主导地位，之后可能由省尺度的方差份额居于主导地位。省尺度的方差份额在 1991 年后就一直小于市尺度上的值。省尺度和市尺度方差份额的差距在 1991—1998 年经历了一次先扩大后缩小的过程，其中，1994 年的差距最大。这个差距自 1998 年后又经历了一个先扩大再缩小的过程，其中，2005 年的差距最大，而且这次差距整体上比上一次大。省尺度的方差份额在 2005 年前处于波动下降的过程中，之后则处于上升过程中。市尺度方差份额的变化与省尺度相反。若按照 2005—2012 年的态势发展，在未来 5 年里将由市尺度的方差份额居于主导地位，之后可能由省尺度的方差份额居于主导地位。

2. 基于人口加权的尺度方差分解

在四分法的情况下，基于人口加权计算西部地区的区域经济差异的尺度方差分解，从各尺度的方差份额情况（见图 6-24）来看：

（1）以县为最低尺度计算的结果显示，县尺度、市尺度先后排在了第一的位置上，省尺度的方差份额相对较小，在未来较长时间里很可能仍将由市尺度的方差份额居于主导地位。1990 年，县尺度的方差份额最大，之后稍微下降，1991 年之后不断上升，但从 1996 年开始下降，2008 年后大致维持平稳态势。市尺度的方差份额先上升，1991 年后不断下降，从 1996 年开始上升，但到 2005 年后又开始下降。省尺度的方差份额先缓慢下降，1994 年后基本维持不变，2006 年后开始上升，2010 年后又稍有下降。不论按照 2005—2012 年的态

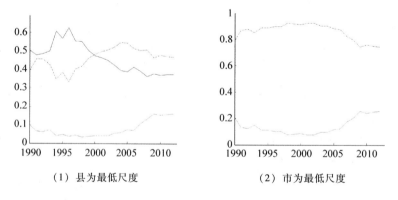

（1）县为最低尺度   （2）市为最低尺度

图 6-24　基于四分法、人口加权的西部地区各尺度的方差份额
（1990—2012）

势还是按照1990—2012年的态势发展，未来仍将由市尺度的方差份额居于主导地位。

（2）以市为最低尺度计算的结果显示，市尺度的方差份额居主导地位，在未来较长时间内仍将由市尺度的方差份额居主导地位。市尺度的方差份额在1990—2012年居于绝对主导地位，先上升，1992—1993年略有下降，1994年开始缓慢上升，2002年后出现略为快速下降趋势，2009年后基本维持平稳。省尺度与市尺度的方差份额相反。无论按照整体的走势还是按照2002—2012年的态势抑或是2009—2012年的走势发展，在未来较长时间里都将由市尺度的方差份额居于主导地位。

四　基于六分法的尺度方差分解

（一）基于六分法的全国的尺度方差分解

1. 基于数量的尺度方差分解

在六分法的情况下，基于数量计算中国区域经济差异的尺度方差分解，从各尺度的方差份额情况（见图6-25）来看：

（1）以县为最低尺度计算的结果显示，区域尺度的方差份额居于绝对主导地位，其他三个尺度的方差份额较为接近，未来仍将由区域尺度的方差份额居于主导地位。1990年，区域尺度的方差份额最大，省尺度的方差份额次之，县尺度的方差份额居于第三的位置，市尺度的方差份额最小，不过，省尺度、县尺度和市尺度的方差份额很接近。区域尺度的方差份额在波动中缓慢下降，一直到2005年，之后略有上升，并一直居于第一的位置。省尺度的方差份额一直比较稳定，并在大部分时间里居于第三的位置。市尺度的方差份额在波动中缓慢上升，直到2005年，之后略有下降，并在2000年后一直居于第二的位置。而县尺度的方差份额则在波动中缓慢下降，一直到2003年，之后略有上升，并在1997年后一直居于第四的位置。以六大区域为最大尺度、县为最小尺度来考察中国区域经济差异，区域尺度的差异是中国区域经济的主要差异，市尺度差异的重要性次之，省尺度差异的重要性居第三，而县尺度差异的重要性最低，但市尺度、省尺度和县尺度差异的重要性相差不大。省尺度和县尺度的差异不能很好地反映中国的区域经济差异。从趋势来看，在中国的区域经济差异中，区域尺度居于主导地位。若按 2005—2012 年的趋势发展，区域尺度的差异极有可能仍然居于主导地位，而市尺度、省尺度和县尺度仍将维持现有的方差份额。

（2）以市为最低尺度计算的结果显示，一方面，区域尺度的方差份额居主导地位，市尺度次之，省尺度最低，未来仍将由区域尺度的方差份额居于主导地位。1990 年，区域尺度的方差份额最大，市尺度次之，省尺度最小。以六大区域为最大尺度、市为最小尺度来考察 1990—2012 年中国区域经济差异，区域间差异是中国区域经济的主要差异（份额在 0.4—0.6），市尺度的方差份额相对较小（份额在 0.2—0.4），而省际差异（份额小于 0.2）则最小。省际差异不能很好地反映中国的区域经济差异。另一方面，区域尺度的方差份额大致经历了一个 U 形走势，2005 年是低值点。而市尺度的方差份额大致经历了一个倒 U 形走势，2005 年是峰值点。省尺度的方差份额在稳定中略有下降。从趋势来看，中国的区域经济差异接下来仍然极有可能首先表现在区域尺度的差异上，其次是市尺度的差异上。区域尺度差异的重要性可能会进一步加强，市尺度的重要性可能会进一步削弱，省尺度的重要性仍可能会继续缓慢下降。

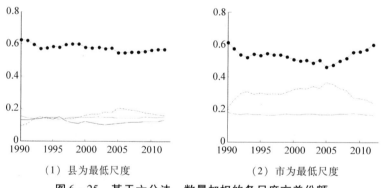

（1）县为最低尺度　　　　　（2）市为最低尺度

图 6-25　基于六分法、数量加权的各尺度方差份额

（1990—2012）

2. 基于人口加权的尺度方差分解

在六分法的情况下，基于人口加权计算中国区域经济差异的尺度方差分解，从各尺度的方差份额情况（见图 6-26）来看：

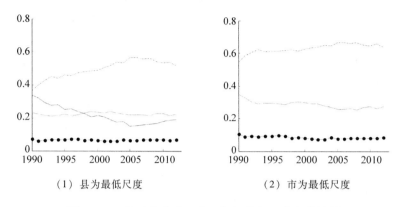

（1）县为最低尺度　　　　　（2）市为最低尺度

图 6-26　基于六分法、人口加权的各尺度方差份额
（1990—2012）

（1）以县为最低尺度计算的结果显示，市尺度上的方差份额居于
绝对主导地位，1998 年前县尺度的方差份额居于第二的位置，1998
年后由省尺度的方差份额替代，区域尺度的方差份额一直最低，未来
仍将由区域尺度居于主导地位。1990 年，市尺度的方差份额最大，
县尺度的方差份额次之，省尺度的方差份额居于第三的位置，区域尺
度的方差份额最小。市尺度的方差份额先不断上升，2005 年后开始略
有下降，并一直居于第一的位置。县尺度方差份额的走势与市尺度相
反，先下降，2005 年后缓慢上升。省尺度的方差份额一直比较稳定，
并在 1998 年反超县尺度而居于第二的位置。区域尺度的方差份额也
比较稳定，但一直居于第四的位置。以六大区域为最大尺度、县为最
小尺度来考察中国区域经济差异，市尺度的差异是中国区域经济的主
要差异，省尺度和县尺度差异的重要性次之，区域尺度的重要性最
小，但省尺度、市尺度和县尺度的重要性相差不大。从趋势来看，在
中国的区域经济差异中，市尺度的方差份额仍将居于主导地位。若按
2005—2012 年的趋势发展，区域尺度的差异仍然极有可能居于主导
地位，只是市尺度的方差份额将会降低。

（2）以市为最低尺度计算的结果显示，市尺度的方差份额居主导
地位，省尺度次之，区域尺度最低，未来仍将由市尺度的方差份额居

于主导地位。1990 年，市尺度的方差份额最大，省尺度次之，区域尺度最小。以六大区域为最大尺度、市为最小尺度来考察 1990—2012 年的中国区域经济差异，市际差异是中国区域经济的主要差异（份额在 0.6 以上），省尺度的方差份额相对较小（在 0.3 左右），而区域尺度的方差份额（小于 0.1）最小。省际差异不能很好地反映中国的区域经济差异，区域尺度差异也不能很好地反映中国的区域经济差异。从趋势来看，中国的区域经济差异接下来极有可能仍然首先表现在市尺度上，其次是省尺度上。

（二）基于六分法的东北地区的尺度方差分解

1. 基于数量的尺度方差分解

在六分法的情况下，基于数量计算东北地区的区域经济差异的尺度方差分解，从各尺度的方差份额情况（见图 6-27）来看：

（1）以县为最低尺度计算的结果显示，县尺度的方差份额最大，市尺度次之，而省尺度最小，未来仍将由县尺度的方差份额居于主导地位。省尺度的方差份额在波动中上升，到 2010 年后又开始下降。市尺度的方差份额也在波动中缓慢上升，到 2010 年后基本维持稳定。而县尺度的方差份额则先下降，到 2010 年后开始略有上升，但 2011 年和 2012 年的值基本保持不变。不论按照 1990—2012 年的总体态势还是按照 2006—2012 年的态势发展，在未来较长一段时间里仍将由县尺度的方差份额居于主导地位。

（2）以市为最低尺度计算的结果显示，市尺度的方差份额很大，省尺度的方差份额则较小，未来仍将由市尺度的方差份额居于主导地位。市尺度的方差份额先略有上升，在 1991—2000 年大致经历了一个 U 形走势，2000 年后不断下降，但到 2010 年后又开始快速上升。省尺度方差份额的走势与市尺度相反。不论按照 1990—2012 年的总体态势还是按照 2000—2012 年的走势抑或是 2010—2012 年的短期态势发展，在未来较长时间里仍将由市尺度的方差份额居于主导地位。

以县尺度为最低尺度和以市尺度为最低尺度计算的结果有相同点，也有不同之处。相同点是，省尺度方差份额的变化态势较为相同。不同点是：（1）以县尺度为最低尺度给出了以市尺度为最低尺度所不能给出的结果，即得出县尺度的方差份额以及县尺度的方差份额远比市尺度大的结论；（2）以县尺度为最低尺度的结果显示，市尺度的方差份额在波动中缓慢上升，到 2010 年后基本维持稳定，而以市为最低尺度的方差份额却是在 1991—2000 年经历了 U 形走势，之后下降，到 2010 年后又急速上升。

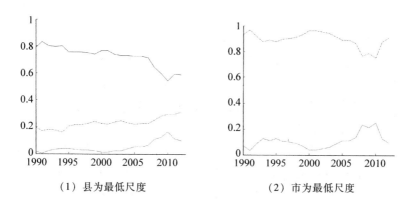

（1）县为最低尺度　　　　　　（2）市为最低尺度

图 6 – 27　基于六分法、数量加权的东北地区各尺度的方差份额
（1990—2012）

2. 基于人口加权的尺度方差分解

在四分法的情况下，基于人口加权计算东北地区的区域经济差异的尺度方差分解，从各尺度的方差份额情况（见图 6 – 28）来看：

（1）以县为最低尺度计算的结果显示，县尺度的方差份额最大，市尺度次之，而省尺度最小，未来仍将由市尺度的方差份额居于主导地位。省尺度的方差份额在波动中上升，到 2010 年后又开始下降。市尺度的方差份额也在波动中缓慢上升，并在 2012 年反超县尺度。而县尺度的方差份额则先下降，到 2010 年后开始略有上升，但 2012 年又下降了。不论按照 1990—2012 年的总体态势还是按照 2006—2012 年的态势发展，在未来较长一段时间里仍将由市尺度的方差份额居于主导地位。若按 2010—2012 年的态势发展，县、市尺度的方差份额将非常接近，且比省尺度大。但大概率事情是出现前一种情况。

（2）以市为最低尺度计算的结果显示，市尺度的方差份额很大，省尺度的方差份额则较小，未来仍将由市尺度的方差份额居于主导地位。市尺度的方差份额先略有上升，之后在1991—2000年大致经历了一个U形走势，2000年后不断下降，但到2010年后又开始快速上升。省尺度方差份额的走势与市尺度相反。不论按照1990—2012年的总体态势还是按照2000—2012年的走势抑或是2010—2012年的短期态势发展，在未来较长时间里仍将由市尺度的方差份额居于主导地位。

以县尺度为最低尺度和以市尺度为最低尺度计算的方差份额有相同点，也有不同之处。相同点是，省尺度方差份额的变化态势较为相同。不同点是：（1）以县尺度为最低尺度给出了以市尺度为最低尺度所不能给出的结果，即得出县尺度的方差份额以及县尺度方差份额与市尺度方差份额的差距逐渐缩小直至为零的结论；（2）以县尺度为最低尺度的结果显示，市尺度的方差份额在波动中缓慢上升，到2010年后基本维持稳定，而以市为最低尺度的结果却是，其方差份额在1991—2000年经历U形走势，之后下降，到2010年后又急速上升。

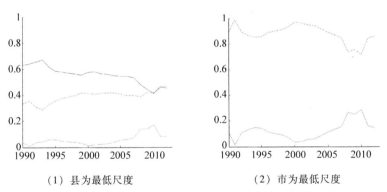

（1）县为最低尺度　　　　　　（2）市为最低尺度

图6-28　基于六分法、人口加权的东北地区各尺度的方差份额
（1990—2012）

（三）基于六分法的华北地区的尺度方差分解

1. 基于数量的尺度方差分解

在六分法的情况下，基于数量计算华北地区的区域经济差异的尺度方差分解，从各尺度的方差份额情况（见图6-29）来看：

（1）以县为最低尺度计算的结果显示，一开始县尺度的方差份额最大，省尺度次之，但市尺度的方差份额反超了省尺度和县尺度，在未来较长时间内将由市尺度的方差份额居于主导地位。1990年，县尺度的方差份额最大，省尺度次之，市尺度最小。之后，县尺度的方差份额先上升，1992年后一直在波动中下降。省尺度的方差份额先下降，1992年后开始上升，2000年后又开始下降。而市尺度的方差份额先下降，1992年后一直上升，到2009年后基本维持不变，并在2004年反超省尺度的方差份额而使其自此后一直居于第三的位置，2009年后又反超县尺度的方差份额，从而居于第一的位置。若按照1992—2012年的态势或是2004—2012年的态势发展，市尺度的方差份额将居于主导地位。

（2）以市为最低尺度计算的结果显示，省尺度的方差份额一直比市尺度大，但未来市尺度的方差份额很有可能居于主导地位。省尺度的方差份额在1990—2001年基本维持稳定，之后一直不断下降。而市尺度的方差份额则与之相反，在2012年市尺度与省尺度的方差份额基本相同。若按照2005—2012年或是1990—2012年的态势发展，市尺度的方差份额未来很有可能居于主导地位。

以县尺度为最低尺度和以市尺度为最低尺度计算的结果既有相同点，也有不同之处。相同点是，市尺度的变化态势较为相似。不同点是：（1）以县尺度为最低尺度给出了以市尺度为最低尺度所不能给

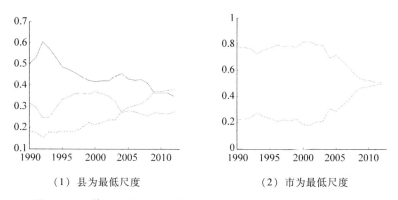

（1）县为最低尺度　　　　　　（2）市为最低尺度

图6-29　基于六分法、数量加权的华北地区各尺度的方差份额
（1990—2012）

出的结果，即得出县尺度的方差份额及其与其他尺度方差份额的关系的结论；（2）以县尺度为最低尺度的结果显示，省尺度的方差份额在波动中略有下降，市尺度的方差份额总体上是上升的，且在2004年前省尺度的方差份额一直比市尺度大。而在以市为最低尺度的情况下，省尺度方差份额的下降和市尺度方差份额的上升在2001年后都变得更为剧烈，而且省尺度的方差份额在整个过程中一直比市尺度大。

2. 基于人口加权的尺度方差分解

在六分法的情况下，基于人口加权计算华北地区的区域经济差异的尺度方差分解，从各尺度的方差份额情况（见图6-30）来看：

（1）以县为最低尺度计算的结果显示，省尺度的方差份额一直最大，2006年前县尺度的方差份额居于第二的位置，2006年后市尺度的方差份额居于第二的位置，未来仍将由省尺度的方差份额居于主导地位。1990年，省尺度的方差份额最大，县尺度次之，市尺度最小。之后，省尺度的方差份额在波动中上升，2005年后先快速下降，2008年后缓慢下降。县尺度的方差份额先在波动中下降，2005—2012年略有上升。市尺度的方差份额先在波动中保持基本稳定，2005年后快速上升，并在2006年反超县尺度，2008年后开始缓慢上升。按照总体的态势或是2005—2012年的态势发展，省尺度的方差份额仍将居于主导地位。

（2）以市为最低尺度计算的结果显示，省尺度的方差份额一直比市尺度大，未来仍将由省尺度的方差份额居于主导地位。省尺度的方差份额在1990—2001年维持基本稳定，之后一直不断下降，但2008—2012年下降得较为缓慢。而市尺度的方差份额则与之相反。若按照2005—2012年或是1990—2012年抑或是2008—2012年的发展态势，未来仍将由市尺度的方差份额居于主导地位。

以县尺度为最低尺度和以市尺度为最低尺度计算的结果既有相同点，也有不同之处。相同点是，市尺度方差份额的变化态势较为相似。不同点是：（1）以县尺度为最低尺度给出了以市尺度为最低尺度所不能给出的结果，即得出县尺度的方差份额及其与其他尺度方差份额的关系；（2）以县尺度为最低尺度的结果显示，省尺度的方差份额总体上在大幅波动中维持稳定。而在以市为最低尺度的情况下，省尺度的方差份额在波动幅度相对较小的情况下略有下降。

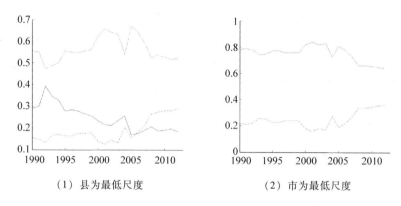

（1）县为最低尺度　　　　　　　（2）市为最低尺度

图6-30　基于六分法、人口加权的华北地区各尺度的方差份额（1990—2012）

（四）基于六分法的华东地区的尺度方差分解

1. 基于数量的尺度方差分解

在六分法的情况下，基于数量计算华东地区的区域经济差异的尺度方差分解，从各尺度的方差份额情况（见图6-31）来看：

（1）以县为最低尺度计算的结果显示，省尺度的方差份额居于主导地位，市尺度次之，县尺度最低，未来仍将以省尺度的方差份额为主。1990年，县尺度的方差份额最大，省尺度次之，市尺度最小。之后，县尺度的方差份额先下降，到2004年开始在波动中基本保持稳定。市尺度的方差份额先上升，到1993年开始下降，1997年又上升，2009年后呈下降趋势，2011年后再度上升。而省尺度的方差份额则先下降，到1992年开始上升，2000年后出现下降趋势，2005年后基本保持稳定。总体上说，1993年后，省尺度的方差份额最大，市尺度次之，县尺度最小。若按照总体态势发展，未来仍将由省尺度的方差份额居于主导地位。

（2）以市为最低尺度计算的结果显示，省尺度的方差份额一直是最大的，在未来2—3年后很有可能由市尺度的方差份额居于主导地位。省尺度的方差份额一直比市尺度大。省尺度的方差份额自1990年后在波动中下降，到2005年开始上升，2011年后又开始下降，2012年的值与2005年的值很接近。而市尺度的方差份额则与之相反。若按1990—2012年的总体态势或是按2010—2012年的态势发展，未来2—3年后很有可能由市尺度的方差份额居于主导地位。但如果按2005—2012年的态势发展，则不太可能确定这一趋势。总体上认为前一种情况的概率更大。

以县尺度为最低尺度和以市尺度为最低尺度计算的结果既有相同点，也有不同之处。相同点是，市尺度方差份额的变化态势与省尺度和市尺度方差份额的相对位置关系较为相似。不同点是：（1）以县尺度为最低尺度给出了以市尺度为最低尺度所不能给出的结果，即得出县尺度的方差份额及其与其他尺度方差份额关系的结论；（2）以县尺度为最低尺度的结果显示，省尺度的方差份额先下降，然后经历一个倒U形的发展过程，2005年后基本保持稳定，而市尺度方差份额在1990—1993年上升较快。在以市为最低尺度的情况下，省尺度的方差份额在2005年前基本上处于下降的过程中，市尺度的方差份额在1990—1993年上升不是很大。

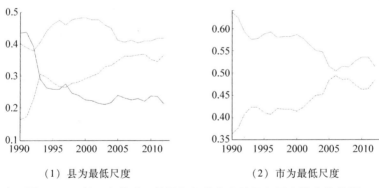

（1）县为最低尺度　　　　　　　　（2）市为最低尺度

图6-31　基于六分法、数量加权的华东地区各尺度的方差份额
（1990—2012）

2. 基于人口加权的尺度方差分解

在六分法的情况下，基于人口加权计算华东地区的区域经济差异

的尺度方差分解，从各尺度的方差份额情况（见图6－32）来看：

（1）以县为最低尺度计算的结果显示，1990—1992年，省尺度的方差份额最大，县尺度次之；1992—2004年，省尺度的方差份额最大，市尺度次之；2005年后市尺度的方差份额最大，省尺度次之，未来仍将由市尺度的方差份额居于主导地位。省尺度的方差份额先上升，2000年后持续下降。县尺度的方差份额先快速下降，1993年后在波动中缓慢下降，2003年后开始缓慢上升，但在2011—2012年有所下降。市尺度的方差份额则先上升，并在1993年反超县尺度而居于第二位，1994年后缓慢下降，2000年后开始上升，并在2004年反超省尺度而居于第一位，2009—2010年有所下降，之后又上升。若按照2000—2012年的态势发展，未来仍将由市尺度的方差份额居于主导地位。

（2）以市为最低尺度计算的结果显示，2004年前由省尺度的方差份额居于主导地位，之后则由市尺度的方差份额居于主导地位，未来仍将由市尺度的方差份额居于主导地位。省尺度的方差份额先快速下降，1993年开始上升，2000年后又快速下降，在2008—2010年出现短暂的稳定后，2010—2012年又开始以更快的速度下降。而市尺度的方差份额则与之相反。若按1990—2012年的总体态势或是2000—2012年的态势抑或是2010—2012年的态势发展，未来仍将由市尺度的方差份额居于主导地位。

以县尺度为最低尺度和以市尺度为最低尺度计算的结果既有相同点，也有不同之处。相同点是，市尺度的方差份额的变化态势及省尺度和市尺度方差份额的相对位置关系较为相似。不同点是：（1）以县尺度为最低尺度给出了以市尺度为最低尺度所不能给出的结果，即得出县尺度的方差份额及其与其他尺度方差份额关系的结论；（2）以县尺度为最低尺度的结果显示，省尺度方差份额的走势和市尺度方差份额的变化幅度不同。在以县为最低尺度的情况下，省尺度方差份额在1990—2000年大致呈上升走势，市尺度方差份额的波动幅度在0.3左右。在以市为最低尺度的情况下，省尺度的方差份额1990—2000年先快速下降后上升，市尺度方差份额的波动幅度在0.2左右。

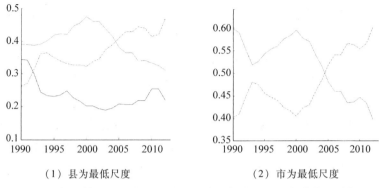

（1）县为最低尺度　　　　　　　（2）市为最低尺度

图 6 - 32　基于六分法、人口加权的华东地区各尺度的方差份额

（1990—2012）

（五）基于六分法的中南地区的尺度方差分解

1. 基于数量的尺度方差分解

在六分法的情况下，基于数量计算中南地区的区域经济差异的尺度方差分解，从各尺度的方差份额情况（见图 6 - 33）来看：

（1）以县为最低尺度计算的结果显示，市尺度的方差份额最大，省尺度次之，县尺度最小，但在 2 年后将由省尺度的方差份额居于主导地位。县尺度的方差份额先缓慢下降，到 2005 年开始缓慢上升。市尺度的方差份额则先上升，到 1992 年开始下降，2004 年后又开始上升，2005 年后开始快速下降。而省尺度的方差份额则先下降，到 1992 年开始上升，1996 年后开始下降，2005 年后又开始快速上升。若按照 2005—2012 年的态势发展，大概经过 2 年后，省尺度的方差份额将反超市尺度的方差份额而居于第一的位置。

（2）以市为最低尺度计算的结果显示，市尺度的方差份额一直比省尺度大，未来仍将由市尺度的方差份额居于主导地位。省尺度的方差份额先下降，1992 年后缓慢下降，2005 年后开始上升，2010 年后又开始下降，但绝对值的变化较小。而市尺度的方差份额则与之相反。若按照现有的态势发展，未来仍将由市尺度的方差份额居于主导地位。

以县尺度为最低尺度和以市尺度为最低尺度计算的结果既有相同点，也有不同之处。相同点是，省尺度和市尺度方差份额的相对位置关系较为相似。不同点是：（1）以县尺度为最低尺度给出了以市尺度为最低尺度所不能给出的结果，即得出县尺度方差份额情况的结论；（2）在以县尺度为最低尺度的情况下，省尺度方差份额第一个低值点的值与第二个低值点的值相差较大。与之类似，市尺度方差份额高值点的值之间的差异比在以县尺度为最低尺度的情况下要大很多。

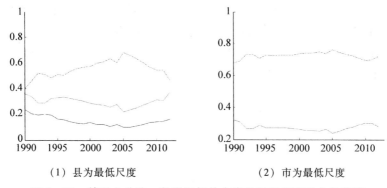

（1）县为最低尺度　　　　　　（2）市为最低尺度

图 6 - 33　基于六分法、数量加权的中南地区各尺度的方差份额
（1990—2012）

2. 基于人口加权的尺度方差分解

在六分法的情况下，基于人口加权计算中南地区的区域经济差异的尺度方差分解，从各尺度的方差份额情况（见图 6 - 34）来看：

（1）以县为最低尺度计算的结果显示，市尺度的方差份额一直是最大的，1996 年之前由县尺度的方差份额居于第二的位置，之后则由省尺度的方差份额居于第二的位置，未来仍将由市尺度的方差份额居于主导地位。市尺度方差份额的趋势先缓慢上升，2005 年后以更慢的速度下降。县尺度方差份额的走势与市尺度相反，先缓慢下降，2005 年后以更慢的速度上升。而省尺度方差份额的走势总体上呈非常缓慢的下降趋势，但在 1997 年反超县尺度，因为省尺度下降的速度比县尺度慢。若按照 2005—2012 年的态势发展，未来仍将由市尺度的方差份额居于主导地位。

（2）以市为最低尺度计算的结果显示，市尺度的方差份额一直比市尺度大，未来仍将由市尺度的方差份额居于主导地位。从总体上说，市尺度的方差份额呈非常缓慢的上升趋势。而省尺度的方差份额则与之相反。但两个尺度方差份额的绝对值变化很小。按照现有的态势发展，未来仍将由市尺度的方差份额居于主导地位。

以县尺度为最低尺度和以市尺度为最低尺度计算的结果既有相同点，也有不同之处。相同点是，省尺度和市尺度方差份额的相对位置关系较为相似。不同点是：（1）以县尺度为最低尺度给出了以市尺度为最低尺度所不能给出的结果，即得出县尺度方差份额情况的结论；（2）在以县尺度为最低尺度的情况下，市尺度的方差份额先上升，2005年后开始下降。而在以市尺度为最低尺度的情况下，市尺度的方差份额一直呈缓慢上升趋势。

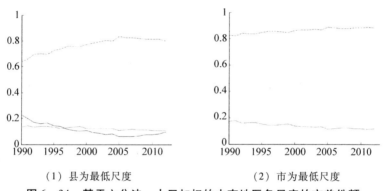

（1）县为最低尺度　　　　　　（2）市为最低尺度

图6-34　基于六分法、人口加权的中南地区各尺度的方差份额
（1990—2012）

（六）基于六分法的西南地区的尺度方差分解

1. 基于数量的尺度方差分解

在六分法的情况下，基于数量计算西南地区的区域经济差异的尺度方差分解，从各尺度的方差份额情况（见图6-35）来看：

（1）以县为最低尺度计算的结果显示，除1994—2000年由县尺度居于第一的位置外，其他年份都由省尺度的方差份额居于主导地位，未来仍将由省尺度的方差份额居于主导地位。1990年，省尺度的方差份额最大，县尺度次之，市尺度最小。之后，县尺度的方差份额先缓慢下降，1992年后开始快速上升，1996年后又开始下降。市尺度的方差份额先上升，1995年后开始缓慢下降，并一直处于第三的位置。省尺度的方差份额则先上升，1992年后开始下降，1996年后又呈上升趋势，除在1993—2000年比县尺度低外，一直处于第一的位置。若按照现有的态势发展，未来仍将由省尺度的方差份额居于主导地位。

（2）以市为最低尺度计算的结果显示，除1994—1997年由市尺度的方差份额居于主导地位外，其他年份都由省尺度的方差份额居于主导地位，未来仍将由省尺度的方差份额居于主导地位。省尺度的方差份额在大部分时间里均比市尺度大。省尺度的方差份额先上升，1992年后出现非常快速的下降趋势，1994年后开始上升，2011年后又下降，并且在1994—1996年其方差份额比市尺度低。而市尺度的方差份额走势则与之相反。若按照1990—2012年或是1994—2012年的态势发展，未来仍将由省尺度的方差份额居于主导地位。但若按照2011—2012年的态势发展，则省尺度的方差份额在未来居于主导地位的时间会缩短很多。前一种情况发生的概率相对较大。

以县尺度为最低尺度和以市尺度为最低尺度计算的结果既有相同点，也有不同之处。相同点是，省尺度和市尺度方差份额的相对位置关系较为相似。不同点是：（1）以县尺度为最低尺度给出了以市尺度为最低尺度所不能给出的结果，即得出县尺度方差份额情况的结论；（2）在以县尺度为最低尺度的情况下，省尺度的方差份额一直比市尺度大，而且其最低值出现在1996年。而在以市尺度为最低尺度的情况下，省尺度的方差份额在1994—1996年比市尺度低，而且其最低值出现在1994年。

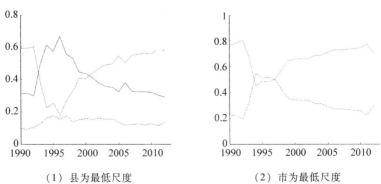

（1）县为最低尺度　　　　　　（2）市为最低尺度

图6－35　基于六分法、数量加权的西南地区各尺度的方差份额

（1990—2012）

2. 基于人口加权的尺度方差分解

在六分法的情况下，基于人口加权计算西南地区的区域经济差异的尺度方差分解，从各尺度的方差份额情况（见图 6 - 36）来看：

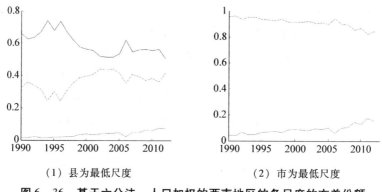

（1）县为最低尺度　　　　　（2）市为最低尺度

图 6 - 36　基于六分法、人口加权的西南地区的各尺度的方差份额
（1990—2012）

（1）以县为最低尺度计算的结果显示，县尺度的方差份额居于主导地位，市尺度次之，省尺度最低，未来很可能仍将由县尺度的方差份额居于主导地位。县尺度方差份额的走势大致经历了两次先上升后下降的过程，两个峰值点出现在 1994 年和 2006 年，2004 年是连接点。市尺度的方差份额走势则与县尺度大致相反。省尺度方差份额的走势总体上呈上升态势，但绝对值在 2006 年前变化不大。若按照现有的态势发展，未来仍将由县尺度的方差份额居于主导地位。

（2）以市为最低尺度计算的结果显示，市尺度的方差份额一直居于主导地位，未来仍将由市尺度的方差份额居于主导地位。市尺度方差份额的走势总体上呈下降态势，只是 2006 年后的下降速度稍有加大，但仍不是很快。省尺度方差份额的变化态势则与之相反。若按照 1990—2012 年或是 2006—2012 年的态势发展，未来仍将由市尺度的方差份额居于主导地位。

以县尺度为最低尺度和以市尺度为最低尺度计算的结果既有相同点，也有不同之处。相同点是，省尺度和市尺度方差份额的相对位置关系较为相似。不同点是：（1）以县尺度为最低尺度给出了以市尺度为最低尺度所不能给出的结果，即得出县尺度方差份额情况的结论；（2）在以县尺度为最低尺度的情况下，市尺度方差份额变化的幅度更大一些，且呈上升趋势，而在以市尺度为最低尺度的情况下，市尺度方差份额变化的幅度较小，且呈下降趋势。

（七）基于六分法的西北地区的尺度方差分解

1. 基于数量的尺度方差分解

在六分法的情况下，基于数量计算西北地区的区域经济差异的尺度方差分解，从各尺度的方差份额情况（见图6－37）来看：

（1）以县为最低尺度计算的结果显示，省尺度、市尺度和县尺度的方差份额依次居于主导地位，未来将由县尺度的方差份额居于主导地位。1990年，省尺度的方差份额最大，市尺度次之，县尺度最小。之后，县尺度的方差份额先下降，1992年后开始上升，2000年后又下降，2004年后出现快速上升，经过2009—2010年的短暂下降后又快速上升，并在除2009年、2012年居于第一的位置外的其他时间里居于第三位。市尺度的方差份额先快速上升，1992年出现缓慢下降，1998年后又开始上升，2004年后又不断下降。而省尺度的方差份额先下降，2002年后快速下降，并在2004年后低于市尺度的值而居于第二位，2009—2010年略有上升，2010年后再次下降。若按照现有的态势发展，未来将由县尺度的方差份额居于主导地位。

（2）以市为最低尺度计算的结果显示，市尺度的方差份额在1991年后一直比省尺度的方差份额大，未来仍将由市尺度的方差份额居于主导地位。市尺度的方差份额大致经历了两个倒U形走势，1998年是其间的低值点。而市尺度方差份额的走势则与之相反。若按照1990—2012年的总体态势发展，在未来较长时间里仍将由市尺度的方差份额居于主导地位。若按照2006—2012年的态势发展，未来由市尺度的方差份额居于主导地位的时间可能在5年左右，之后则可能由省尺度的方差份额居于主导地位。相较而言，前一种情况出现的可能性更大。

以县尺度为最低尺度和以市尺度为最低尺度计算的结果既有相同点，也有不同之处。相同点是，市尺度方差份额的走势较为相似。不同点是：（1）以县尺度为最低尺度给出了以市尺度为最低尺度所不能给出的结果，即得出县尺度方差份额情况的结论；（2）在以县尺度为最低尺度的情况下，省尺度的方差份额在1998年前一直比市尺度大，之后则比市尺度小。而以市尺度为最低尺度的情况下，省尺度的方差份额除在1990年比市尺度大外，其他时间都比市尺度小，且经历两个U形走势。

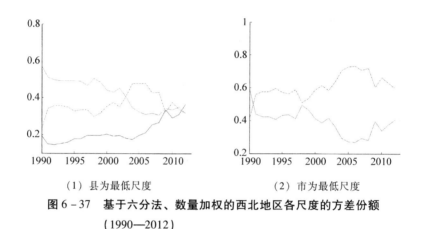

（1）县为最低尺度　　　　　　（2）市为最低尺度

图6-37　基于六分法、数量加权的西北地区各尺度的方差份额
（1990—2012）

2. 基于人口加权的尺度方差分解

在六分法的情况下，基于人口加权计算西北地区的区域经济差异的尺度方差分解，从各尺度的方差份额情况（见图6-38）来看：

（1）以县为最低尺度计算的结果显示，市尺度的方差份额居于主导地位，县尺度次之，省尺度最低，未来仍将由市尺度的方差份额居于主导地位。1990年，省尺度的方差份额最大，市尺度次之，县尺度最小。之后，县尺度的方差份额先下降，1992年后上升，2000年后又下降，2004年后快速上升，经过2009—2010年的短暂下降后又快速上升，并在除2009年、2012年居于第一的位置外的其他时间里居于第三位。市尺度的方差份额先快速上升，1992年缓慢下降，1998年后又上升，2004年后不断下降。而省尺度的方差份额先下降，2002年后快速下降，并在2004年后低于市尺度的值而居于第二位，2009—2010年略有上升，2010年后下降。按照现有的态势发展，未来将由县尺度的方差份额居于主导地位。

（2）以市为最低尺度计算的结果显示，市尺度的方差份额一直居于主导地位，未来它仍将居于主导地位。市尺度的方差份额在1990—2005年一直缓慢上升，之后则缓慢下降。省尺度的方差份额走势则与之相反。若按照1990—2012年的总体态势发展，在未来较长时间里仍将由市尺度的方差份额居于主导地位。

以县尺度为最低尺度和以市尺度为最低尺度计算的结果既有相同点，也有不同之处。相同点是，省尺度方差份额的走势及与市尺度方差份额的相对位置较为相似。不同点是：（1）以县尺度为最低尺度给出了以市尺度为最低尺度所不能给出的结果，即得出县尺度方差份额情况的结论；（2）在以县尺度为最低尺度的情况下，市尺度方差份额的波动较大，且2012年的值比1990年的值小。而在以市尺度为最低尺度的情况下，市尺度方差份额的走势则与之相反。

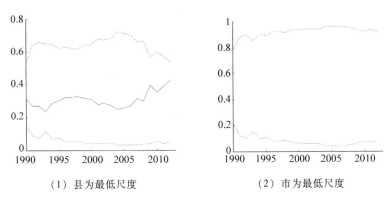

（1）县为最低尺度　　　　　（2）市为最低尺度

图6-38　基于六分法、人口加权的西北地区各尺度的方差份额
（1990—2012）

第二节　以省为最大尺度的尺度方差分解

一　全国的尺度方差分解

（一）基于数量的尺度方差分解

以省为最大尺度、县为最小尺度，基于数量计算中国区域经济差异的尺度方差分解，从各尺度的方差份额情况（见图6-39）来看：

1. 以县为最低尺度时，省尺度的方差份额最小，市尺度在1997年后的方差份额一直比县尺度的方差份额大，在2017年后很有可能将由县尺度的方差份额居于主导地位。省尺度的方差份额在经过1990—1992年的短暂下降后，一直处于上升态势中。而市尺度和县尺度的方差份额虽在1990—1996年有相互频繁换位现象，但总的来说，市尺度的方差份额大致经历了一个先升后降的过程，峰值点在2005年，而县尺度的方差份额则大致经历了一个先降后升的过程，低值点在2005年。即如果不考虑大区域的分区而只以省为最大尺度来考察，1997年后中国的区域经济差异主要体现在全国市际经济差异上，其次体现在县尺度上，而从省尺度来考察，似乎并不能很好地体现中国的区域经济差异。若依照1997—2012年的态势发展，大概在2017年后，中国区域经济差异主要表现在县际层面，而不太可能主要体现在省尺度上。

2. 以市为最低尺度时，市尺度的方差份额一直居于绝对主导地位，省尺度的方差份额较小，在未来较长一段时间内仍将由市尺度的方差份额居于主导地位。

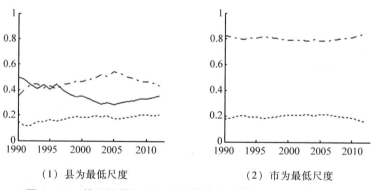

（1）县为最低尺度　　　　（2）市为最低尺度

图6-39　基于数量加权、省为最大尺度的各尺度的方差份额
（1990—2012）

（二）基于人口加权的尺度方差分解

以省为最大尺度、县为最小尺度，基于人口加权计算中国区域经济差异的尺度方差分解，从各尺度的方差份额情况（见图6-40）

来看：

1. 以县为最低尺度时，市尺度的方差份额一直是最大的，省尺度的方差份额从 1995 年开始居于第二的位置，未来仍将由市尺度的方差份额居于主导地位。市尺度的方差份额先上升，到 2005 年后开始后降。但 2012 年的值大于 1990 年的值。而县尺度方差份额的走势则与市尺度相反，先下降，2005 年后开始上升，2012 年的值小于 1990 年的值。省尺度的方差份额在 1990—1992 年略有下降后，一直保持着较为稳定的态势。如果不考虑大区域的分区而只以省为最大尺度来考察，中国的区域经济差异主要体现在全国市际经济差异上，省尺度和县尺度方差份额的重要性不是很大。若按照 1990—2012 年或是按照 2005—2012 年的态势发展，在未来较长时间里，中国区域经济差异仍将主要表现在市尺度的经济差异上。

2. 以市为最低尺度时，市尺度的方差份额一直居于主导地位，省尺度的方差份额稍小，在未来一段较长时间内仍将由市尺度的方差份额居于主导地位。

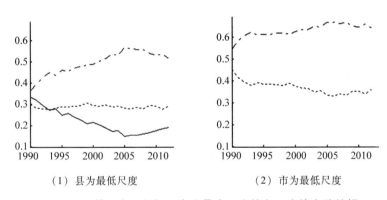

（1）县为最低尺度　　　　　（2）市为最低尺度

图 6-40　基于人口加权、省为最大尺度的各尺度的方差份额
（1990—2012）

二　各省的尺度方差分解

（一）安徽的尺度方差分解

1. 基于数量的尺度方差分解

基于数量计算安徽的区域经济差异的尺度方差分解，从各尺度的

方差份额情况（见图 6-41）来看：安徽的区域经济差异主要是县级行政区之间的差异，在未来 10 年里仍然主要表现为县尺度的差异，但之后可能主要表现为市尺度上的差异。县尺度的方差份额比市尺度大。安徽的区域经济差异主要表现在县尺度上，即安徽区域经济差异主要是县级行政区之间的差异。县尺度的方差份额在 1990—1992 年保持平稳，1993 年快速下降，之后到 1998 年大致保持平稳，1999 年和 2000 年出现较快下降趋势，之后一直处于上升态势中。1990 年的值最高，2012 年的值最低，1993 年是阶段性的低值点，2000 年是阶段性的高值点。而市尺度方差份额的变化情况则相反。如果按 2002—2012 年的趋势发展，安徽的区域经济差异在未来 10 年里可能仍然主要表现为县尺度上的差异，但之后可能主要表现为市尺度上的差异。安徽调控区域经济差异的重点在未来 10 年里主要在县级层面上。

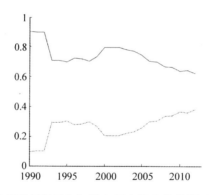

图 6-41 安徽基于数量加权的各尺度的方差份额（1990—2012）

2. 基于人口加权的尺度方差分解

基于人口加权计算安徽的区域经济差异的尺度方差分解，从各尺度的方差份额情况（见图 6-42）来看：安徽的区域经济差异主要是县级行政区之间的差异，在未来 5 年里仍然主要表现为县尺度上的差异，但之后可能主要表现为市尺度上的差异。县尺度的方差份额一直比市尺度大。安徽的区域经济差异主要表现在县尺度上，即安徽的区域经济差异主要是县级行政区之间的差异。县尺度的方差份额在

1990—1992年保持着平稳，1993年出现快速下降，之后到1998年大致保持平稳，1999年和2000年则出现较快下降，之后一直处于上升态势中。1990年的值最高，2012年的值最低，1993年是阶段性的低值点，2000年是阶段性的高值点。而市尺度的方差份额的变化情况则相反。如果按2002—2012年的趋势发展，安徽的区域经济差异在未来5年里可能仍然主要表现为县尺度上的差异，但之后可能主要表现为市尺度上的差异。这主要是因为市尺度的方差份额比在以数量计算尺度方差分解时高。安徽调控区域经济差异的重点在未来10年里主要在县级层面上。

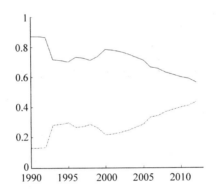

图6-42　安徽基于人口加权的各尺度的方差份额（1990—2012）

（二）福建的尺度方差分解

1. 基于数量的尺度方差分解

基于数量计算福建的区域经济差异的尺度方差分解，从各尺度的方差份额情况（见图6-43）来看：除2002—2004年外，县尺度的方差份额一直居于主导地位，在未来较长时间里仍将由县尺度的方差份额居于主导地位。除2002—2004年外，福建的区域经济差异主要表现在县尺度上，即福建的区域经济差异主要是县级行政区之间的差异。县尺度的方差份额在1990—1991年保持着平稳，1991—1993年快速上升，之后一直到2002年都在快速下降，经过2003年的短暂平稳后，又出现快速上升。2002年的值最低，1993年的值最高。而市尺度方差份额的变化情况则相反。如果按最近10年的趋势发展，福建的区域经济差异在未来 10 年里仍然主要表现为县尺度上的差异，而且县尺度的方差份额可能会继续快速增长。福建调控区域经济差异的重点在近几年里主要是在县级层面。

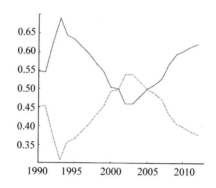

图 6 - 43　福建基于数量加权的各尺度的方差份额（1990—2012）

2. 基于人口加权的尺度方差分解

基于人口加权计算福建的区域经济差异的尺度方差分解，从各尺度的方差份额情况（见图 6 - 44）来看：除 1992—1997 年外，市尺度的方差份额一直居于主导地位，在未来 5 年里很可能将由县尺度的方差份额居于主导地位。除 1992—1997 年外，福建的区域经济差异主要表现在市尺度上。县尺度的方差份额在 1990—1991 年保持平稳，1991—1993 年快速上升，之后一直到 2003 年都在快速下降，经过

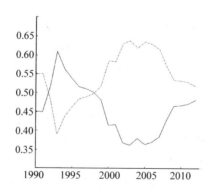

图 6 - 44　福建基于人口加权的各尺度的方差份额（1990—2012）

2003—2005年的短暂平稳后，又开始上升。2003年的值最低，1993年的值最高。而市尺度的方差份额的变化情况则相反。如果按2003—2012年的趋势发展，福建省的区域经济差异在未来5年里可能仍然主要表现为县尺度上的差异，但之后则可能由县尺度的方差份额居于主导地位。福建省调控区域经济差异的重点在2017年后可能主要在县级层面。

（三）甘肃的尺度方差分解

1. 基于数量的尺度方差分解

基于数量分解甘肃的区域经济差异的尺度方差，从各尺度的方差份额情况（见图6－45）来看：除2012年外，市尺度的方差份额都比县尺度大，但未来可能将由县尺度的方差份额居于主导地位。县尺度的方差份额在1990—1997年处于不断下降过程中，之后在波动中不断上升，特别是在2011—2012年突然快速上升，完成了一个倒η形走势。1997年的值最低，2012年的值最高。而市尺度方差份额的变化情况则相反。1990—2011年，市尺度的方差份额比县尺度大。但在2012年，县尺度的方差份额反超了市尺度。甘肃的区域经济差异在1990—2012年主要表现在市尺度上，但在最近则主要表现在县尺度上。如果按最近15年的趋势，特别是最近7年的走势发展，甘肃的区域经济差异在未来较长时间内将主要表现为县尺度上的差异，而且县尺度的方差份额可能会继续快速增长。甘肃调控区域经济差异的重点在未来较长时间内主要在县级层面。

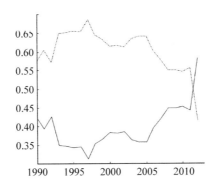

图6－45　甘肃基于数量加权的各尺度的方差份额（1990—2012）

2. 基于人口加权的尺度方差分解

基于人口加权计算甘肃的区域经济差异的尺度方差分解，从各尺度的方差份额情况（见图6-46）来看：市尺度的方差份额一直比县尺度大，但未来仍将由市尺度的方差份额居于主导地位。县尺度的方差份额在1990—1997年不断下降，之后到2007年总体上不断上升，2007—2012年在波动中不断下降。而市尺度的方差份额的变化情况则相反。甘肃的区域经济差异在1990—2012年主要表现在市尺度上。如果按最近15年的趋势，特别是最近7年的走势发展，甘肃的区域经济差异在未来较长时间内仍将主要表现为市尺度上的差异。甘肃调控区域经济差异的重点在未来较长时间内主要在市级层面。

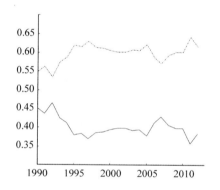

图6-46 甘肃基于人口加权的各尺度的方差份额（1990—2012）

（四）广东的尺度方差分解

1. 基于数量的尺度方差分解

基于数量计算广东的区域经济差异的尺度方差分解，从各尺度的方差份额情况（见图6-47）来看：市尺度的方差份额远大于县尺度，未来仍将由市尺度的方差份额居于主导地位。市尺度的方差份额在1990—2012年维持在90%左右，远超县尺度的方差份额。广东省的区域经济差异主要表现在市尺度上，即广东的区域经济差异主要是市级行政区之间的差异。市尺度的方差份额在1990—2012年一直很平稳。如果按现有的趋势发展，广东的区域经济差异在未来较长时间内仍将主要表现为市尺度上的差异。广东调控区域经济差异的重点在未来较长时间内主要在市级层面。

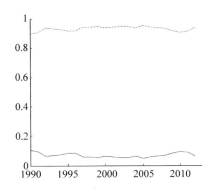

图 6 - 47 广东基于数量加权的各尺度的方差份额（1990—2012）

2. 基于人口加权的尺度方差分解

基于人口加权计算广东区域经济差异的尺度方差分解，从各尺度的方差份额情况（见图 6 - 48）来看：市尺度的方差份额远大于县尺度，未来仍将由市尺度方差份额居于主导地位。市尺度的方差份额在1990—2012 年维持在 90% 左右，远超县尺度的方差份额。广东省的区域经济差异主要表现在市尺度上，即广东的区域经济差异主要是市级行政区之间的差异。市尺度的方差份额在 1990—2012 年一直很平稳。如果按现有的趋势发展，广东的区域经济差异在未来较长时间内仍将主要表现为市尺度上的差异。广东调控区域经济差异的重点在未来较长时间内主要在市级层面。

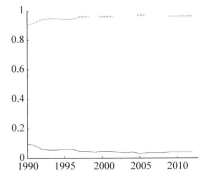

图 6 - 48 广东基于人口加权的各尺度的方差份额（1990—2012）

（五）广西的尺度方差分解

1. 基于数量的尺度方差分解

基于数量计算广西的区域经济差异的尺度方差分解，从各尺度的方差份额情况（见图6-49）来看：县尺度的方差份额比市尺度大，未来仍将由县尺度的方差份额居于主导地位。县尺度的方差份额在1990—2012年一直比市尺度大。广西的区域经济差异主要表现在县尺度上，即广西的区域经济差异主要是县级行政区之间的差异。县尺度的方差份额在1990—1992年略有下降，之后不断上升，2006年达到峰值，之后不断下降。如果按最近6年的趋势发展，广西的区域经济差异在未来较长时间内仍将主要表现为县尺度上的差异。广西调控区域经济差异的重点在未来较长时间内主要在县级层面。

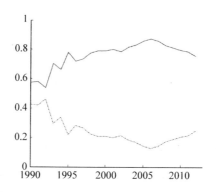

图6-49 广西基于数量加权的各尺度的方差份额（1990—2012）

2. 基于人口加权的尺度方差分解

基于人口加权计算广西的区域经济差异的尺度方差分解，从各尺度的方差份额情况（见图6-50）来看：县尺度的方差份额比市尺度大，未来仍将由县尺度的方差份额居于主导地位。县尺度的方差份额在1990—2012年一直比市尺度大。广西的区域经济差异主要表现在县尺度上，即广西的区域经济差异主要是县级行政区之间的差异。县尺度的方差份额在波动中略有下降。如果按现有的趋势发展，广西的区域经济差异在未来较长时间内仍将主要表现为县尺度上的差异。广西调控区域经济差异的重点在未来较长时间内主要在县级层面。

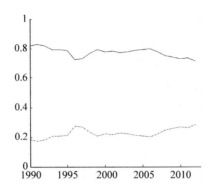

图6-50　广西基于人口加权的各尺度的方差份额（1990—2012）

（六）贵州的尺度方差分解

1. 基于数量的尺度方差分解

基于数量计算贵州的区域经济差异的尺度方差分解，从各尺度的方差份额情况（见图6-51）来看：县尺度的方差份额比市尺度大，未来仍将由县尺度的方差份额居于主导地位。县尺度的方差份额一直比市尺度大，贵州的区域经济差异主要是县级行政区之间的差异。县尺度的方差份额在1990—2005年处于缓慢下降过程中，2005—2006年突然快速上升，但在2006—2008年则快速下降，2009年略有上

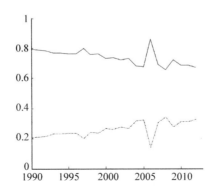

图6-51　贵州基于数量加权的各尺度的方差份额（1990—2012）

升，之后不断下降。2006 年为峰值点，2008 年为低值点。不论是按总体的走势，还是按最近 5 年的趋势发展，贵州的区域经济差异在未来较长时间内仍将主要表现为县尺度上的差异。贵州省调控区域经济差异的重点在未来较长时间内主要在县级层面。

2. 基于人口加权的尺度方差分解

基于人口加权计算贵州的区域经济差异的尺度方差分解，从各尺度的方差份额情况（见图 6 - 52）来看：县尺度的方差份额除了 2004 年、2007 年、2012 年外都比市尺度大，未来很有可能将由市尺度的方差份额居于主导地位。县尺度的方差份额除了 2004 年、2007 年、2012 年外都比市尺度大。贵州的区域经济差异主要是县级行政区之间的差异。县尺度的方差份额在 1990—2005 年处于缓慢下降过程中，2005—2006 年突然快速上升，但在 2006—2008 年则快速下降，2009 年略有上升，之后不断下降。2006 年为峰值点，2008 年为低值点。不论是按总体的走势，还是按最近 5 年的趋势发展，贵州的区域经济差异在未来较长时间内很可能将主要表现为市尺度上的差异。贵州调控区域经济差异的重点在未来较长时间内主要在市级层面。

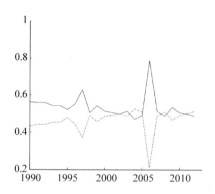

图 6 - 52　贵州基于人口加权的各尺度的方差份额（1990—2012）

（七）河北的尺度方差分解

1. 基于数量的尺度方差分解

基于数量计算河北的区域经济差异的尺度方差分解，从各尺度的方差份额情况（见图 6 - 53）来看：县尺度的方差份额比市尺度大，在未来一段时间内将主要表现为县尺度上的差异，但之后可能是市尺度上的差异。县尺度的方差份额在 1990—2012 年一直比市尺度大。河北的区域经济差异主要是县级行政区之间的差异。县尺度的方差份额在 1990—1991 年略有下降，1992 年则略有上升，之后一直处于略有波动的下降过程中。整个下降走势越来越平缓，但在经过 2010—2011 年较快速度的小幅上升后，2011—2012 年则经过了一个较快速度的小幅下降。如果按总体走势发展，则河北的区域经济差异在最近几年里仍将主要表现为县尺度上的差异。如果按 2011—2012 年的走势发展，则河北的区域经济差异主要表现为县尺度上的时间会缩短。河北省调控区域经济差异的重点在最近 5 年里可能主要在县级层面，之后则依具体情况而定，但很可能在市尺度上。

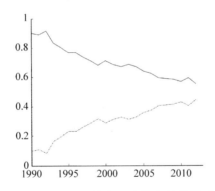

图 6 - 53　河北基于数量加权的各尺度的方差份额（1990—2012）

2. 基于人口加权的尺度方差分解

基于人口加权计算河北的区域经济差异的尺度方差分解，从各尺度的方差份额情况（见图 6 - 54）来看：县尺度的方差份额除 2010—2012 年外都比市尺度大，但在未来一段时间内将主要表现为市尺度上的差异。县尺度的方差份额除 2010—2012 年外都比市尺度大。河北的区域经济差异主要是县级行政区之间的差异。县尺度的方差份额在 1990—1991 年略有下降，1992 年则略有上升，之后一直处于略有波动的下降过程中，但整个下降走势越来越平缓。如果按总体走势发展，则河北的区域经济差异在未来一段时间内将主要表现为市尺度上的差异。河北调控区域经济差异的重点在未来一段时间内可能主要在市级层面。

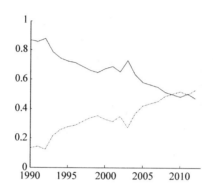

图 6 - 54　河北基于人口加权的各尺度的方差份额（1990—2012）

（八）河南的尺度方差分解

1. 基于数量的尺度方差分解

基于数量计算河南的区域经济差异的尺度方差分解，从各尺度的方差份额情况（见图 6 - 55）来看：县尺度的方差份额在 2005 年之前比市尺度大，之后则比市尺度小，在未来一段时间内将主要表现为市尺度上的差异。县尺度的方差份额在 1990—2005 年一直比市尺度大，之后则比市尺度小。河南的区域经济差异一开始主要是县级行政区之间的差异，2005—2012 年则主要是市级行政区之间的差异。市尺度的方差份额在 1990—1998 年不断上升，1998—2000 年稍有下降，之后到 2007 年一直在上升，2007—2008 年基本保持不变，2008—2010 年略有下降，2010—2012 年略有上升。从中大致可以看出，1993—2000 年是一个周期，2000—2010 年经历了与 1993—2000年相似的走势。如果按照这种走势发展，则河南的区域经济差异在未来较长时间里仍将主要表现为市尺度上的差异，而且市尺度的方差份额与县尺度的差距会不断扩大。但如果按 2007—2012 年的走势发展，则河南的区域经济差异也主要表现为市尺度上的差异，只是市尺度的方差份额与县尺度的差距不会扩大太多。河南调控区域经济差异的重点在较长时间里仍将可能主要在市级层面。

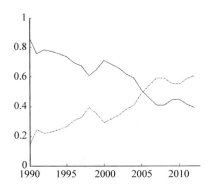

图 6 - 55　河南基于数量加权的各尺度的方差份额（1990—2012）

2. 基于人口加权的尺度方差分解

　　基于人口加权计算河南的区域经济差异的尺度方差分解，从各尺度的方差份额情况（见图 6 - 56）来看：县尺度的方差份额在 2004 年之前比市尺度大，之后则比市尺度小，在未来一段时间内将主要表现为市尺度上的差异。县尺度的方差份额在 1990—2004 年一直比市尺度大，之后则比市尺度小。河南的区域经济差异一开始主要是县级行政区之间的差异，2004—2012 年则主要是市级行政区之间的差异。市尺度的方差份额在 1990—1998 年不断上升，1998—2000 年稍有下降，之后到 2007 年一直在上升，2007—2008 年基本保持不变，2008—2011 年略有下降，2011—2012 年略有上升。从中大致可以看出，1993—2000 年是一个周期，2000—2011 年经历了与 1993—2000 年相似的走势。如果按照这种走势发展，则河南的区域经济差异在未来比较长的时间里仍将主要表现为市尺度上的差异，而且市尺度的方差份额与县尺度的差距会不断扩大。但如果按 2007—2012 年的走势发展，则河南的区域经济差异也主要表现为市尺度上的差异，只是市尺度上的方差份额与县尺度的差距不会扩大太多。河南调控区域经济差异的重点在较长时间里仍将可能主要在市级层面。

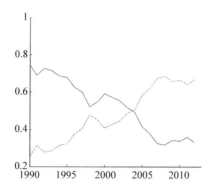

图 6-56　河南基于人口加权的各尺度的方差份额（1990—2012）

（九）黑龙江的尺度方差分解

1. 基于数量的尺度方差分解

基于数量计算黑龙江省的区域经济差异的尺度方差分解，从各尺度的方差份额情况（见图 6-57）来看：县尺度的方差份额远比市尺度大，在未来较长一段时间内仍将主要表现为县尺度上的差异。从1990 年到 2012 年，县尺度的方差份额在除 2010—2012 年外的 20 年里都大于 80%，而在 2010—2012 年也非常接近 80%。市尺度的方差份额远比县尺度小。黑龙江的区域经济差异主要是县级行政区之间的差异。县尺度的方差份额在 1990—1993 年不断上升，1993—2005 年大致保持平稳，之后到 2010 年稍有下降，2010—2012 年基本保持不变。如果按照 2005—2012 年的走势发展，县尺度的方差份额会稍有

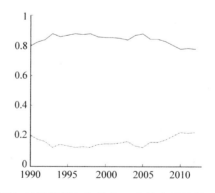

图 6-57　黑龙江基于数量加权的各尺度的方差份额（1990—2012）

下降。若按 1990—2012 年整体走势发展，县尺度方差份额的下降幅度则要小一些。但不管未来按何种走势发展，十分可能的是，黑龙江的区域经济差异在未来比较长的时间里仍将主要表现为县尺度上的差异，只是市尺度的方差份额与县尺度的差距可能会不断缩小。黑龙江调控区域经济差异的重点在未来比较长的时间里很可能仍将主要在县级层面。

2. 基于人口加权的尺度方差分解

基于人口加权计算黑龙江的区域经济差异的尺度方差分解，从各尺度的方差份额情况（见图 6 - 58）来看：县尺度的方差份额比市尺度大，在未来较长一段时间内仍将主要表现为县尺度上的差异。县尺度的方差份额在整个 1990—2012 年都比市尺度大。黑龙江的区域经济差异主要是县级行政区之间的差异。县尺度的方差份额在 1990—1993 年不断上升，1993 年后一直缓慢下降，2008—2012 年下降的速度略有加快。如果按照 2008—2012 年的走势发展，县尺度的方差份额会出现较快下降。若按 1990—2012 年或 1994—2012 年的走势发展，县尺度方差份额的下降幅度则要小一些。但不管未来按何种走势发展，十分可能的是，黑龙江的区域经济差异在未来比较长的时间里仍将主要表现为县尺度上的差异，只是市尺度的方差份额与县尺度的差距可能会不断缩小。黑龙江调控区域经济差异的重点在未来比较长的时间里很可能仍将主要在县级层面。

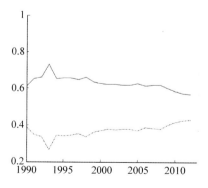

图 6 - 58　黑龙江基于人口加权的各尺度的方差份额（1990—2012）

（十）湖北的尺度方差分解

1. 基于数量的尺度方差分解

基于数量计算湖北的区域经济差异的尺度方差分解，从各尺度的方差份额情况（见图 6 - 59）来看：县尺度的方差份额比市尺度大，在未来一段时间内仍将主要表现为县尺度上的差异，但之后可能是市尺度上的差异。县尺度的方差份额在 1990—2012 年比市尺度大。湖北的区域经济差异主要是县级行政区之间的差异。县尺度的方差份额在 1990—1992 年不断上升，1992—1998 年不断下降，1998—1999 年有较大幅度的上升，之后不断下降，2010—2012 年下降加速。如果按照 2010—2012 年的走势发展，在两年内，市尺度的方差份额将反超县尺度。若按 1990—2012 年的整体走势发展，市尺度的方差份额反超县尺度的时间可能要延后，但延后的时间非常短。不管未来按何种走势发展，十分可能的是，湖北的区域经济差异在经历非常短的时间后将主要表现为市尺度上的差异，这一时间可能是两年内，最多不会超过四年。湖北调控区域经济差异的重点从 2015 年开始很可能主要在市级层面。

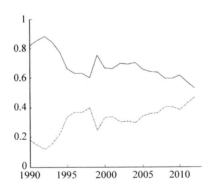

图 6 - 59　湖北基于数量加权的各尺度的方差份额（1990—2012）

2. 基于人口加权的尺度方差分解

基于人口加权计算湖北的区域经济差异的尺度方差分解，从各尺度的方差份额情况（见图 6 - 60）来看：市尺度的方差份额从 2000 年开始比县尺度大，在未来一段时间内仍将主要表现为市尺度上的差

异。市尺度的方差份额从 2000 年开始比县尺度大,湖北的区域经济
差异在 2000 年前主要是县级行政区之间的差异,从 2000 年开始主要
是市际差异。县尺度的方差份额在 1990—1992 年不断上升,1992—
1998 年不断下降,1998—1999 年略有上升,1999—2000 年急速下
降,之后不断下降。不论按照 1990—2012 年的走势或按照 2000—
2012 年的走势发展,湖北的区域经济差异在比较长的时间里仍将主
要表现为市尺度上的差异,且市尺度的方差份额与县尺度的差距会不
断扩大。湖北调控区域经济差异的重点在未来较长时间里仍将主要在
市级层面。

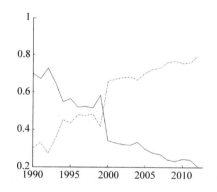

图 6 - 60　湖北基于人口加权的各尺度的方差份额 (1990—2012)

（十一）湖南的尺度方差分解

1. 基于数量的尺度方差分解

基于数量计算湖南的区域经济差异的尺度方差分解,从各尺度
的方差份额情况（见图 6 - 61）来看:县尺度的方差份额在 1990—
2009 年比市尺度大,之后则小于市尺度,在未来一段时间内将主要
表现为市尺度上的差异。湖南的区域经济差异在 2009 年前主要是县
级行政区之间的差异,2010 年后则主要是市级行政区之间的差异。
市尺度的方差份额在 1990—1999 年不断上升,1999—2000 年略有
下降,2000—2001 年又上升,且高于 1999 年的值,之后一直不断
上升,2010—2012 年则基本保持平稳。如果按照 2010—2012 年的
走势发展,则市尺度的方差份额与县尺度的差距不会很快扩大。若

按 1990—2012 年的大走势发展，市尺度的方差份额与县尺度的差距则会扩大。但不管未来按何种走势发展，十分可能的是，湖南的区域经济差异在未来比较长的时间里将主要表现为市尺度上的差异。湖南调控区域经济差异的重点在未来比较长的时间里很可能主要在市级层面。

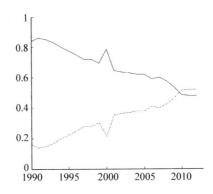

图 6 - 61　湖南基于数量加权的各尺度的方差份额（1990—2012）

2. 基于人口加权的尺度方差分解

基于人口加权计算湖南的区域经济差异的尺度方差分解，从各尺度的方差份额情况（见图 6 - 62）来看：县尺度的方差份额在1990—2004 年比市尺度大，之后则小于市尺度，在未来一段时间内将主要表现为市尺度上的差异。湖南的区域经济差异在 2004 年前主要是县级行政区之间的差异，2005 年后则主要是市级行政区之间的差异。市尺度的方差份额在 1990—1999 年不断上升，1999—2000 年略有下降，2000—2001 年又上升，且高于 1999 年的值，此后一直不断上升，2010—2012 年则基本保持平稳。如果按照2010—2012 年的走势发展，则市尺度的方差份额与县尺度的差距不会很快扩大。若按 1990—2012 年的大走势发展，市尺度的方差份额与县尺度的差距则会扩大。但不管未来按何种走势发展，十分可能的是，湖南的区域经济差异在未来比较长的时间里将主要表现为市尺度上的差异。湖南调控区域经济差异的重点在未来比较长的时间里可能主要在市级层面。

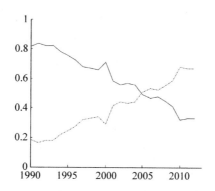

图6－62　湖南基于人口加权的各尺度的方差份额
（1990—2012）

（十二）吉林的尺度方差分解

1. 基于数量的尺度方差分解

基于数量计算吉林的区域经济差异的尺度方差分解，从各尺度的方差份额情况（见图6－63）来看：县尺度的方差份额一直比市尺度大，在未来一段时间内仍将主要表现为县尺度上的差异。吉林的区域经济差异主要是县级行政区之间的差异。县尺度的方差份额在1990—2004年小幅下降，2004—2005年突然上升，经过2006年的平

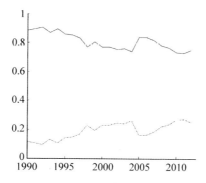

图6－63　吉林基于数量加权的各尺度的方差份额
（1990—2012）

稳后不断下降，到2011—2012年则略有上升。如果按照2010—2012
年的走势发展，县尺度的方差份额与市尺度的差距会扩大。若按
1990—2012年的大走势发展，县尺度的方差份额与市尺度的差距则
会缩小。但不管未来按何种走势发展，十分可能的是，吉林的区域经
济差异在未来比较长的时间里将主要表现为县尺度上的差异。吉林调
控区域经济差异的重点在未来比较长的时间里很可能主要在县级
层面。

    2. 基于人口加权的尺度方差分解

    基于人口加权分解吉林的区域经济差异的尺度方差，从各尺度的
方差份额（见图6－64）来看：县尺度的方差份额一直比市尺度大，
在未来一段时间内仍将主要表现为县尺度上的差异。吉林的区域经济
差异主要是县级行政区之间的差异。县尺度的方差份额在1990—
2004年不断下降，2004—2009年不断上升，2009—2012年则略有下
降。县尺度的方差份额与市尺度的差距如果按照2005—2012年的走
势发展则会扩大，若按1990—2012年的大走势或2009—2012年的走
势发展则会缩小。但不管未来按何种走势发展，十分可能的是，吉林
的区域经济差异在未来比较长的时间里将主要表现为县尺度上的差
异。吉林省调控区域经济差异的重点在未来比较长的时间里很可能主
要在县级层面。

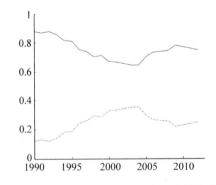

图6－64　吉林基于人口加权的各尺度的方差份额
（1990—2012）

（十三）江苏的尺度方差分解

1. 基于数量的尺度方差分解

基于数量计算江苏的区域经济差异的尺度方差分解，从各尺度的方差份额情况（见图 6 - 65）来看：市尺度的方差份额比县尺度大，在未来一段时间内仍将主要表现为市尺度上的差异。江苏的区域经济差异主要是市级行政区之间的差异。江苏的区域经济差异在未来一段时间内仍将主要表现为市尺度上的差异。市尺度的方差份额在 1990—1991 年出现短暂下降后，1991—1993 年快速上升，之后一直缓慢上升，到 2007—2010 年略有下降，2010—2012 年小幅上升。如果按照 2010—2012 年的走势发展，则县尺度的方差份额与市尺度的差距会扩大。若按 1990—2012 年的大走势发展，则市尺度的方差份额与县尺度的差距扩大的幅度则会稍小一些。但不管未来按何种走势发展，十分可能的是，江苏的区域经济差异在未来比较长的时间里将主要表现为市尺度上的差异。江苏调控区域经济差异的重点在未来比较长的时间里很可能主要在市级层面。

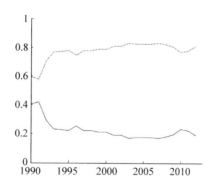

图 6 - 65　江苏基于数量加权的各尺度的方差份额（1990—2012）

2. 基于人口加权的尺度方差分解

基于人口加权计算江苏的区域经济差异的尺度方差分解，从各尺度的方差份额情况（见图 6 - 66）来看：市尺度的方差份额比县尺度大，在未来一段时间内仍将主要表现为市尺度上的差异。江苏的区域经济差异主要是市级行政区之间的差异，在未来一段时间内仍将主要表现为市尺度上的差异。市尺度的方差份额在 1990—1993 年略有上升，之后大致在平稳中略有上升，2005—2010 年呈加速度下降趋势，2010—2012 年小幅上升。如果按照 2010—2012 年的走势发展，则县尺度的方差份额与市尺度的差距会扩大。若按 1990—2012 年的大走势发展，则市尺度的方差份额与县尺度的差距扩大的幅度则会稍小一些。但不管未来按何种走势发展，十分可能的是，江苏的区域经济差异在未来比较长的时间里将主要表现为市尺度上的差异。江苏调控区域经济差异的重点在未来比较长的时间里很可能主要在市级层面。

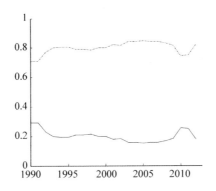

图 6 - 66　江苏基于人口加权的各尺度的方差份额（1990—2012）

（十四）江西的尺度方差分解

1. 基于数量的尺度方差分解

基于数量计算江西的区域经济差异的尺度方差分解，从各尺度的方差份额情况（见图 6 - 67）来看：县尺度的方差份额比市尺度大，在未来较短一段时间内仍将可能表现为县尺度上的差异，之后可能是市尺度上的差异。县尺度的方差份额比市尺度大，江西的区域经济差异主要是县级行政区之间的差异，在未来较短一段时间内仍将可能表现为县尺度上的差异，之后可能是市尺度上的差异。县尺度的方差份额在 1990—1995 年总体上呈小幅上升态势，之后经过小幅下降，然后快速下降，特别是 2009—2012 年下降幅度明显加快。如果按照 2009—2012 年的走势发展，县尺度的方差份额与市尺度的差距会快速缩小，不出 3 年可能就会反超。若按 1990—2012 年的大走势发展，则市尺度的方差份额反超县尺度所用时间可能要延后一年左右。但不管未来按何种走势发展，十分可能的是，江西的区域经济差异在2015 年后将主要表现为市尺度上的差异。江西调控区域经济差异的重点在 2015 年后很可能主要在市级层面。

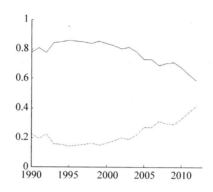

图 6 - 67　江西基于数量加权的各尺度的方差份额（1990—2012）

2. 基于人口加权的尺度方差分解

基于人口加权计算江西的区域经济差异的尺度方差分解，从各尺度的方差份额情况（见图 6 - 68）来看：县尺度的方差份额除2012 年外都比市尺度大，未来很可能将主要表现为市尺度上的差异。江西的区域经济差异主要是县级行政区之间的差异。县尺度的方差份额在 1990—1993 年总体上呈小幅上升态势，之后先小幅下降，2003 年后快速下降，2007—2009 年快速上升，之后又快速下降，并在 2012 年处于比市尺度低的位置。如果按照 2009—2012 年的走势发展，则市尺度的方差份额与县尺度的差距会快速扩大，市尺度的方差份额会居于主导地位。若按 1990—2012 年的大走势发展，市尺度的方差份额与县尺度的差距会扩大得稍微慢一点。但不管未来按何种走势发展，江西的区域经济差异在未来较长时间里将主要表现为市尺度上的差异。江西调控区域经济差异的重点主要在市级层面。

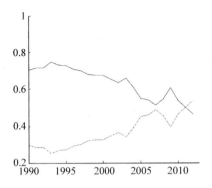

图 6 - 68　江西基于人口加权的各尺度的方差份额（1990—2012）

（十五）辽宁的尺度方差分解

1. 基于数量的尺度方差分解

基于数量计算辽宁的区域经济差异的尺度方差分解，从各尺度的
方差份额情况（见图 6 - 69）来看：县尺度的方差份额在 2008 年前
比市尺度大，之后则比市尺度小，在未来较长一段时间内将很可能表
现为市尺度上的差异。辽宁的区域经济差异在 2008 年前主要是县级
行政区之间的差异，之后则主要是市级行政区之间的差异。市尺度的
方差份额在 1990—1999 年总体上呈小幅上升态势，之后一直到 2007
年先小幅下降，然后快速上升。如果按照 2007—2012 年的走势发展，
则市尺度的方差份额与县尺度的差距会快速扩大。若按 1990—2012
年的大走势发展，则市尺度的方差份额与县尺度的差距会扩大，但速

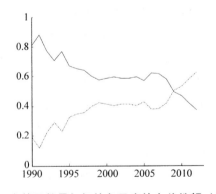

图 6 - 69　辽宁基于数量加权的各尺度的方差份额（1990—2012）

度可能不会很大。不管未来按何种走势发展，十分可能的是，在未来比较长的时间里辽宁的区域经济差异将主要表现为市尺度上的差异，辽宁调控区域经济差异的重点很可能主要在市级层面。

2. 基于人口加权的尺度方差分解

基于人口加权计算辽宁的区域经济差异的尺度方差分解，从各尺度的方差份额情况（见图 6 - 70）来看：市尺度的方差份额除 1990—1997 年、2006—2007 年外都比县尺度大，在未来较长一段时间内仍将很可能主要表现为市尺度上的差异。辽宁的区域经济差异在 1998年前主要是县级行政区之间的差异，之后则主要是市级行政区之间的差异。市尺度的方差份额在 1990—1999 年总体上呈小幅上升态势，之后一直到 2007 年先小幅下降，然后快速上升。如果按照 2007—2012 年的走势发展，则市尺度的方差份额与县尺度的差距会快速扩大。若按 1990—2012 年的大走势发展，市尺度的方差份额与县尺度的差距会扩大，但速度可能会稍微慢一点。不管未来按何种走势发展，十分可能的是，在未来比较长的时间里辽宁的区域经济差异将主要表现为市尺度上的差异，且市尺度方差份额的重要性将增大，辽宁调控区域经济差异的重点很可能主要在市级层面。

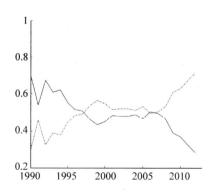

图 6 - 70　辽宁基于人口加权的各尺度的方差份额（1990—2012）

（十六）内蒙古的尺度方差分解

1. 基于数量的尺度方差分解

基于数量计算内蒙古的区域经济差异的尺度方差分解，从各尺度的方差份额情况（见图6-71）来看：县尺度的方差份额在2008年前要比市尺度大，自2009年开始要小于市尺度，在未来较长一段时间内可能表现为市尺度上的差异。内蒙古的区域经济差异在2008年前主要表现在县尺度上，自2009年后则主要表现在市尺度上。市尺度的方差份额在经过1990—1993年的下降后，从1994年开始一直处于上升态势中，并在2008年反超了县尺度。而县尺度方差份额的走势则相反。如果按照2009—2012年的趋势发展，则市尺度的方差份额与县尺度的差距扩大的速度不会很大。如果按照1994—2012年的态势发展，则市尺度的方差份额与县尺度的差距的扩大速度会比较大。不管未来按何种走势发展，十分可能的是，在未来比较长的时间里内蒙古的区域经济差异将主要表现为市尺度上的差异，内蒙古调控区域经济差异的重点在市级层面。

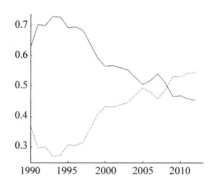

图6-71 内蒙古基于数量加权的各尺度的方差份额（1990—2012）

2. 基于人口加权的尺度方差分解

基于人口加权计算内蒙古的区域经济差异的尺度方差分解，从各尺度的方差份额情况（见图6-72）来看：市尺度的方差份额除1990—1994年、1996年外比县尺度大，在未来较长一段时间内仍将很可能主要表现为市尺度上的差异。内蒙古区域经济差异在1990—1994年、1996年主要表现在县尺度上，其他时间则主要表现在市尺度上。市尺度的方差份额在经过1990—1991年的下降后一直处于上升态势中，只是在1991—1999年上升的速度较快，在

之后的时间里上升的速度相对慢一点。不论按照 1990—2012 年的
态势还是按照 2000—2012 年的趋势发展，市尺度的方差份额与县
尺度的差距都会进一步扩大。内蒙古区域经济差异在未来比较长的
时间里仍将主要表现为市尺度上的差异，内蒙古调控区域经济差异
的重点在市级层面。

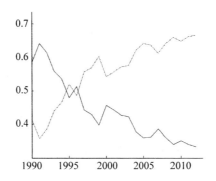

图 6 - 72　内蒙古基于人口加权的各尺度的方差份额（1990—2012）

（十七）宁夏的尺度方差分解

1. 基于数量的尺度方差分解

基于数量计算宁夏的区域经济差异的尺度方差分解，从各尺度
的方差份额情况（见图 6 - 73）来看：县尺度的方差份额在 1993
年前大多比市尺度大，之后则小于市尺度，在未来较长一段时间内
仍将表现为市尺度上的差异。宁夏的区域经济差异在 1993 年前主
要表现在县尺度上，自 1994 年后则主要表现在市尺度上。市尺度
的方差份额在 1990—1991 年快速上升，与县尺度的方差份额相近，
经过 1992 年的略有上升，反超了县尺度，但在 1993 年急速下降，
再度低于县尺度，1994 年又快速上升，再次反超县尺度，此后一直
缓慢上升，2005—2008 年快速上升，之后到 2011 年又快速下降，
直到 2012 年才再次开始上升。县尺度方差份额走势则相反。如果
按照 2008—2012 年的趋势发展，则市尺度的方差份额与县尺度的
差距可能会缩小。如果按照 1990—2012 年的总体态势发展，则市
尺度的方差份额与县尺度的差距会不断扩大。不管未来按何种走势

发展，十分可能的是，宁夏的区域经济差异在未来比较长的时间里将主要表现为市尺度上的差异，宁夏调控区域经济差异的重点在市级层面。

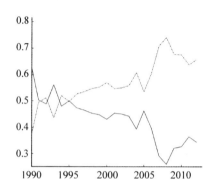

图 6 - 73　宁夏基于数量加权的各尺度的方差份额
（1990—2012）

2. 基于人口加权的尺度方差分解

基于人口加权分解宁夏的区域经济差异的尺度方差，从各尺度的方差份额（见图 6 - 74）来看：市尺度的方差份额除 1990 年、1993 年外都比县尺度大，在未来较长一段时间内仍将表现为市尺度上的差异。宁夏的区域经济差异除 1990 年、1993 年外主要表现在市尺度上。市尺度的方差份额在 1990—1991 年快速上升，反超县尺度，1992 年略有上升，1993 年出现下降趋势，方差份额又低于县尺度，经过 1994 年的快速上升，又再度反超县尺度，此后一直到 2005 年都在缓慢上升，2005—2008 年快速上升，之后到 2011 年又快速下降，2012 年略有上升。县尺度方差份额的走势则相反。市尺度的方差份额与县尺度的差距如果按照 2008—2012 年的趋势发展，则可能会缩小；如果按照 1990—2012 年的总体态势发展，则会不断扩大。但十分可能的是，宁夏的区域经济差异在未来比较长的时间里将主要表现为市尺度上的差异。宁夏调控区域经济差异的重点在市级层面。

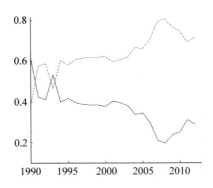

图6-74　宁夏基于人口加权的各尺度的方差份额（1990—2012）

（十八）青海的尺度方差分解

1. 基于数量的尺度方差分解

基于数量计算青海的区域经济差异的尺度方差分解，从各尺度的方差份额情况（见图6-75）来看：县尺度的方差份额除1991—1993年、1996年外都比市尺度大，但在未来较长一段时间内将主要表现为市尺度上的差异。1990—1997年，县尺度的方差份额与市尺度方差份额的相对位置经过了三次互换。1997年后，县尺度的方差份额一直比市尺度大。青海的区域经济差异在1997年后则主要表现在县尺度上。市尺度的方差份额在1990年比县尺度略低，之后到1993年快速上升，反超了县尺度，但在1993—1994年又急速下降，从而比县尺度低，之后稍有下降，但在1995—1996年又急速上升，再度反超了县尺度，1996—1997年又急速下降，再次低于县尺度。之后一直到2000年，总体上处于较快速度的下降过程中，此后则在波动中不断上升，但一直到2012年也只是接近县尺度的方差份额，没有反超。2005—2012年，市尺度的方差份额总体上升速度比较快。而县尺度则相反。如果按照2000—2012年的趋势发展，市尺度的方差份额可能经过两年的时间就会反超县尺度。如果按照1990—2012年的总体态势发展，则市尺度的方差份额与县尺度的差距会不断扩大。所以，青海的区域经济差异在2015年后主要表现为市尺度上的差异。青海调控区域经济差异的重点在市级层面。

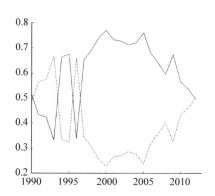

图 6-75　青海基于数量加权的各尺度的方差份额（1990—2012）

2. 基于人口加权的尺度方差分解

基于人口加权计算青海的区域经济差异的尺度方差分解，从各尺度的方差份额情况（见图 6-76）来看：县尺度的方差份额除 1996年、2012 年外都比市尺度大，在未来较长一段时间内将主要表现为市尺度上的差异。青海的区域经济差异主要表现在县尺度上。市尺度的方差份额在 1990—1993 年出现上升、下降、再上升的趋势，1993—1994 年急速下降，1994—1995 年略有上升，1995—1996 年急速上升，反超县尺度，但在 1996—1997 年急速下降，又低于县尺度。之后一直到 2000 年总体上处于较快速度的下降过程中，再之后则在波动中不断上升，并在 2012 年反超县尺度。但在 2005—2012 年或2009—2012 年，市尺度的方差份额总体上升速度比较快，而县尺度则相反。不论按照 2000—2012 年的态势还是按照 1990—2012 年的总体态势发展，市尺度的方差份额与县尺度的差距会不断扩大。青海的区域经济差异在未来较长一段时间里将主要表现为市尺度上的差异。青海调控区域经济差异的重点将在市级层面。

（十九）山东的尺度方差分解

1. 基于数量的尺度方差分解

基于数量计算山东的区域经济差异的尺度方差分解，从各尺度的方差份额情况（见图 6-77）来看：市尺度的方差份额在 1993 年后一直比县尺度大，在未来较长一段时间内将主要表现为市尺度上的差

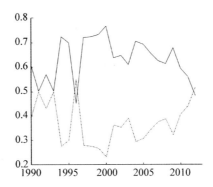

图 6 - 76　青海基于人口加权的各尺度的方差份额（1990—2012）

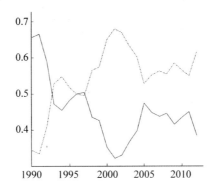

图 6 - 77　山东基于数量加权的各尺度的方差份额（1990—2012）

异。1990—1992 年，市尺度的方差份额相较于县尺度的方差份额要小。1994 年后，除了 1997 年外，市尺度的方差份额都比具尺度大。山东的区域经济差异在 1993 年后则主要表现在市尺度上。市尺度的方差份额在 1990 年比县尺度低，之后到 1994 年快速上升，并在 1993 年反超了县尺度，但 1994—1997 年出现下降，1997 年稍低于县尺度。之后到 2001 年一直急速上升，但在 2001—2005 年却急速下降，2005 年在波动中维持上升态势。而县尺度则相反。如果按照 2005—2012 年的趋势发展，市尺度的方差份额与县尺度的差距会扩大。如果按照 1990—2012 年的总体态势发展，则市尺度的方差份额与县尺度的差距也会不断扩大。如果按照 2011—2012 年的态势发展，则这个差距会急速扩大。所以，十分可能的是，山东的区域经济差异在未来一段较长时间内将主要表现为市尺度上的差异。山东调控区域经济差异的重点将在市级层面。

2. 基于人口加权的尺度方差分解

基于人口加权计算山东的区域经济差异的尺度方差分解，从各尺度的方差份额情况（见图6-78）来看：市尺度的方差份额在1993年后一直比县尺度大，在未来较长一段时间内仍将主要表现为市尺度上的差异。1990—1992年，市尺度的方差份额相较于县尺度要小。1994年后，市尺度的方差份额比县尺度大。山东的区域经济差异在1993年后则主要表现在市尺度上。市尺度的方差份额在1990年比县尺度低，之后到1994年出现较快上升趋势，并在1993年反超了县尺度，1994—2002年不断上升，2002—2005年较快下降，2005—2011年略有下降，2011—2012年快速上升。而县尺度则相反。如果按照2005—2012年的趋势发展，市尺度的方差份额与县尺度的差距会扩大。如果按照2002—2012年的态势发展，市尺度的方差份额与县尺度的差距可能会缩小。如果按照1990—2012年的总体态势发展，市尺度的方差份额与县尺度的差距也会不断扩大。如果按照2011—2012年的态势发展，则这个差距会急速扩大。十分可能的是，山东的区域经济差异在未来一段较长时间内仍将主要表现在市尺度上。山东调控区域经济差异的重点将在市级层面。

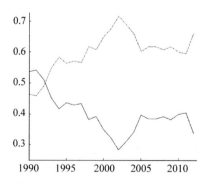

图6-78　山东基于人口加权的各尺度的方差份额
（1990—2012）

（二十）山西的尺度方差分解

1. 基于数量的尺度方差分解

基于数量计算山西的区域经济差异的尺度方差分解，从各尺度的方差份额情况（见图 6－79）来看：县尺度的方差份额一直比市尺度大，在未来较长一段时间内将主要表现为县尺度上的差异。山西的区域经济差异主要表现在县尺度上。县尺度的方差份额在 1990—2007 年一直处于速度不断加大的上升态势中，之后则总体上趋于下降。如果按照 2007—2012 年的趋势发展，县尺度的方差份额与市尺度的差距会缓慢缩小。如果按照 1990—2012 年的总体态势发展，县尺度的方差份额与市尺度的差距可能会不断扩大。但十分可能的是，山西的区域经济差异在未来一段较长时间内将主要表现在县尺度上。山西调控区域经济差异的重点将在县级层面。

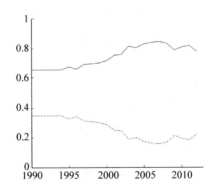

图 6－79　山西基于数量加权的各尺度的方差份额（1990—2012）

2. 基于人口加权的尺度方差分解

基于人口加权计算山西的区域经济差异的尺度方差分解，从各尺度的方差份额情况（见图 6－80）来看：县尺度的方差份额在 1997 年后一直比市尺度大，在未来较长一段时间内将主要表现为县尺度上的差异。山西的区域经济差异主要表现在县尺度上。县尺度的方差份额在 1990—2003 年一直处于速度不断加快的上升态势中，2003—2007 年不断下降，2007 年后不断上升，2011—2012 年呈下降态势。不论按照 2007—2012 年的态势还是按照 1990—2012 年的态势发展，县尺度的方差份额与市尺度的差距会扩大。但如果按照2011—2012年的态势发展，县尺度的方差份额与市尺度的差距可能会快速缩小。十分可能的是，山西的区域经济差异在未来一段较长时间内将主要表现在县尺度上，县尺度和市尺度方差份额的差距会扩大。山西调控区域经济差异的重点将在县级层面。

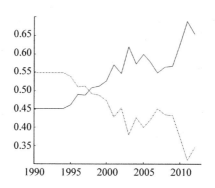

图6-80　山西基于人口加权的各尺度的方差份额（1990—2012）

（二十一）陕西的尺度方差分解

1. 基于数量的尺度方差分解

基于数量计算陕西的区域经济差异的尺度方差分解，从各尺度的方差份额情况（见图6-81）来看：县尺度的方差份额一直比市尺度大，在未来较长一段时间内将主要表现为县尺度上的差异。陕西的区域经济差异主要表现在县尺度上。县尺度的方差份额1990—2012年在小幅波动中维持平稳态势。如果按照此态势发展，县尺度的方差份额与市尺度的差距会保持相对稳定，而且陕西的区域经济差异在未来一段较长时间内将主要表现在县尺度上。陕西调控区域经济差异的重点将在县级层面。

2. 基于人口加权的尺度方差分解

基于人口加权计算陕西的区域经济差异的尺度方差分解，从各尺度的方差份额情况（见图6-82）来看：陕西的区域经济差异主要表现在县尺度上，在未来较长一段时间内将主要表现为县尺度上的差异。县尺度的方差份额除1999年、2001年、2002年外都比市尺度

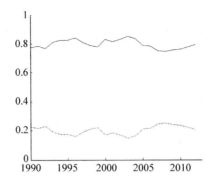

图 6 - 81　陕西基于数量加权的各尺度的方差份额
（1990—2012）

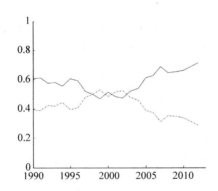

图 6 - 82　陕西基于人口加权的各尺度的方差份额
（1990—2012）

大，陕西的区域经济差异主要表现在县尺度上。县尺度的方差份额
1990—1999 年不断下降，在经过 1999—2002 年的短暂小幅波动后不
断上升。如果按照此态势发展，县尺度的方差份额与市尺度的差距会
不断扩大，而且陕西的区域经济差异在未来一段较长时间内将主要表
现为县尺度上的差异。陕西调控区域经济差异的重点将在县级层面。

（二十二）四川的尺度方差分解

1. 基于数量的尺度方差分解

基于数量计算四川的区域经济差异的尺度方差分解，从各尺度
的方差份额情况（见图 6 - 83）来看：县尺度的方差份额除 1993 年、

1999—2003 年外都比市尺度大，在未来较长一段时间内将主要表现为县尺度上的差异。四川的区域经济差异主要表现在县尺度上。县尺度的方差份额在 1990—1993 年快速下降，1994 年快速上升，在之后的三年里则又较快下降，1997—2000 年则是急速下降，1999 年低于市尺度，2000—2004 年上升缓慢，2004—2005 年急速上升，并在 2004 年反超了市尺度，2005—2010 年较快上升，2010 年缓慢下降，2011—2012 年快速下降。总体上说，县尺度的方差份额波动较大，与市尺度相对位置的变化较为频繁。如果按照 2010—2012 年的态势发展，县尺度的方差份额与市尺度的差距可能会在三年内消失，并进而由市尺度的方差份额取代县尺度而居于主导地位。如果按照 1990—2012 年的总体态势发展，县尺度的方差份额仍将居于主导地位。四川的区域经济差异在未来一段较短时间内仍将主要表现在县尺度上，之后则不能确定，但较为可能的是，县尺度仍将居于主导地位。四川调控区域经济差异的重点在未来一段较长时间内将在县级层面。

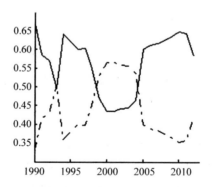

图 6 - 83　四川基于数量加权的各尺度的方差份额（1990—2012）

2. 基于人口加权的尺度方差分解

基于人口加权计算四川的区域经济差异的尺度方差分解，从各尺度的方差份额情况（见图 6 - 84）来看：市尺度的方差份额除 1990—1992 年、1994 年外都比县尺度大，在未来较长一段时间内仍将主要表现为市尺度上的差异。四川的区域经济差异主要表现在市尺度上。

县尺度的方差份额在 1990—1993 年快速下降，1994 年快速上升，1994—1996 年快速下降，经过 1996—1998 年的短暂平稳后又快速下降，2000—2003 年基本保持稳定，2003—2005 年快速上升，之后一直到 2011 年大致维持平稳，2011—2012 年又快速下降。不论按照 1990—2012 年的态势还是按照 2011—2012 年的态势发展，县尺度的方差份额与市尺度的差距可能会不断扩大。如果按照 2000—2012 年的态势发展，县尺度的方差份额与市尺度的差距可能会缩小。很有可能的是，四川的区域经济差异在未来一段较短时间内仍将主要表现在市尺度上。四川调控区域经济差异的重点将在市级层面。

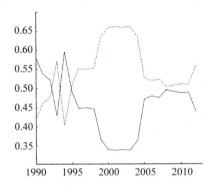

图 6-84　四川基于人口加权的各尺度的方差份额（1990—2012）

（二十三）西藏的尺度方差分解

1. 基于数量的尺度方差分解

基于数量计算西藏的区域经济差异的尺度方差分解，从各尺度的方差份额情况（见图 6-85）来看：县尺度的方差份额比市尺度大，在未来较长一段时间内将主要表现为县尺度上的差异。在 1990—2012 年的整个时间段里，县尺度的方差份额都比市尺度大。西藏的区域经济差异主要表现在县尺度上。县尺度的方差份额在 1990—1994 年不断上升，1994—1995 年急速下降，1995—1996 年稍有下降，1996—1997 年稍有上升，1997—1998 年急速上升，1998—1999 年略有下降，之后大致处于缓慢上升的过程中，2011—2012 年稍有下降。如果按照 2011—2012 年的态势发展，县尺度的方差份额与市尺度的差距可能会缩小得比较快。如果按照1990—2012年的总体态势发展，县尺度的方差份额与市尺度的差距仍将扩大。西藏的区域经济差异在未来一段较短时间内仍将主要表现在县尺度上。西藏调控区域经济差异的重点将在县级层面。

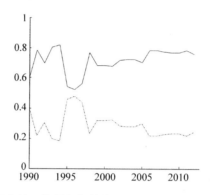

图6-85　西藏基于数量加权的各尺度的方差份额（1990—2012）

2. 基于人口加权的尺度方差分解

基于人口加权计算西藏的区域经济差异的尺度方差分解，从各尺度的方差份额情况（见图6-86）来看：县尺度的方差份额比市尺度大，在未来较长一段时间内很可能主要表现为县尺度上的差异。在1990—2012年的整个时间段里，县尺度的方差份额都比市尺度大。西藏的区域经济差异主要表现在县尺度上。县尺度的方差份额在1990—1993年不断上升，1993—1996年急速下降，1996—1997年稍有上升，1997—2005年不断下降，2005—2011年不断上升，2011—2012年快速下降。如果按照2011—2012年的态势发展，则县尺度的方差份额与市尺度的差距可能会缩小得比较快，甚至市尺度可能会反超县尺度。如果按照1996—2012年的总体态势发展，则县尺度的方差份额与市尺度上的差距会继续保持。如果按照1990—2012年的总体态势发展，县尺度的方差份额与市尺度的差距会缩小。但很有可能的是，西藏的区域经济差异在未来较短一段时间内仍将主要表现为县尺度上的差异。西藏调控区域经济差异的重点将在县级层面。

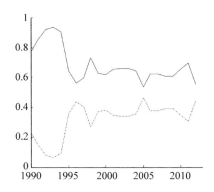

图6-86　西藏基于人口加权的各尺度的方差份额（1990—2012）

（二十四）新疆的尺度方差分解

1. 基于数量的尺度方差分解

基于数量计算新疆的区域经济差异的尺度方差分解，从各尺度的方差份额情况（见图6-87）来看：市尺度的方差份额要比县尺度大，在未来较长一段时间内将主要表现为市尺度上的差异。在1990—2012年的整个时间段里，市尺度的方差份额都比县尺度大。新疆的区域经济差异主要表现在市尺度上，在未来较长一段时间内仍将如此。市尺度的方差份额在1990—1993年上升，之后一直到1998年下降，1998—2005年又不断上升，2005—2009年缓慢下降，2009—2010年略有上升，2010—2012年快速下降。如果按照2010—2012年的态势发展，市尺度的方差份额与县尺度的差距可能会在较短的时间内消失，并进而由县尺度的方差份额取代市尺度而居于主要地位。如果按照1990—2012年的总体态势发展，则2010—2012年的变化可以视为波动的一部分，市尺度的方差份额仍将居于主要地位。很有可能的是，新疆的区域经济差异在未来较长一段时间内仍将主要表现在市尺度上。新疆调控区域经济差异的重点将在市级层面。

2. 基于人口加权的尺度方差分解

基于人口加权计算新疆的区域经济差异的尺度方差分解，从各尺度的方差份额情况（见图6-88）来看：市尺度的方差份额要比县尺度大，在未来较长一段时间内将主要表现为市尺度上的差异。在

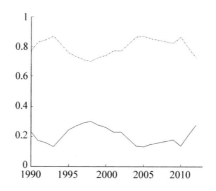

图6-87　新疆基于数量加权的各尺度的方差份额（1990—2012）

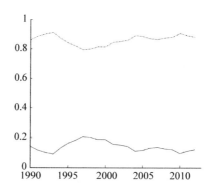

图6-88　新疆基于人口加权的各尺度的方差份额（1990—2012）

1990—2012年的整个时间段里，市尺度的方差份额都比县尺度大。新疆的区域经济差异主要表现在市尺度上，在未来较长一段时间内仍将如此。市尺度的方差份额在1990—1993年上升，之后一直到1997年下降，1997—2010年不断上升，2010—2012年略有下降。如果按照2010—2012年的态势发展，市尺度的方差份额与县尺度的差距可能会缩小，但不会很快。如果按照1990—2012年的总体态势发展，则2010—2012年的变化可以视为波动的一部分，市尺度的方差份额仍将居于绝对主导地位。新疆的区域经济差异在未来较长一段时间内仍将主要表现为市尺度上的差异。新疆调控区域经济差异的重点将在市级层面。

（二十五）云南的尺度方差分解

1. 基于数量的尺度方差分解

基于数量计算云南的区域经济差异的尺度方差分解，从各尺度的方差份额情况（见图6-89）来看：县尺度的方差份额一直都比市尺度大，在未来较长一段时间内将主要表现为县尺度上的差异。在整个1990—2012年时段内，县尺度的方差份额都比市尺度大。云南的区域经济差异主要表现在县尺度上。县尺度的方差份额在1990—1992年略有下降，之后的两年略有上升，1994—2012年不断下降。如果按照1990—2012年的总体态势发展，县尺度的方差份额仍将居于主导地位。云南的区域经济差异在未来较长一段时间内仍将主要表现为县尺度上的差异。云南调控区域经济差异的重点将在县级层面。

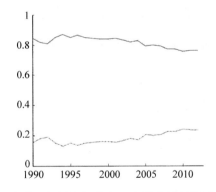

图6-89　云南基于数量加权的各尺度的方差份额（1990—2012）

2. 基于人口加权的尺度方差分解

基于人口加权计算云南的区域经济差异的尺度方差分解，从各尺度的方差份额情况（见图6-90）来看：县尺度的方差份额一直都比市尺度大，在2020年前仍将主要表现为县尺度上的差异。在整个1990—2012年时段内，县尺度的方差份额都比市尺度大。云南的区域经济差异主要表现在县尺度上。县尺度的方差份额在1990—1991年略有下降，1991—1996年不断上升，1996—2005年不断下降，2005—2012年缓慢下降。如果按照1990—2012年的态势或是2005—2012年的态势发展，县尺度的方差份额在2012—2020年仍将居于主导地位。如果按照1996—2012年的态势发展，县尺度的方差份额仍居于主导地位的年份可能会缩短。很有可能的是，云南的区域经济差异在2020年前仍将主要表现为县尺度上的差异。云南调控区域经济差异的重点在比较长的时间里是在县级层面。

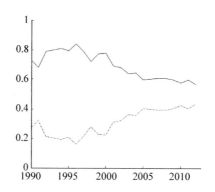

图6-90　云南基于人口加权的各尺度的方差份额（1990—2012）

（二十六）浙江的尺度方差分解

1. 基于数量的尺度方差分解

基于数量计算浙江的区域经济差异的尺度方差分解，从各尺度的方差份额情况（见图6-91）来看：县尺度的方差份额一直比市尺度大，在未来较长一段时间内将主要表现为县尺度上的差异。浙江的区域经济差异主要表现在县尺度上。县尺度的方差份额1990—2012年在波动中略有下降。如果按照1990—2012年的总体态势发展，县尺度的方差份额与市尺度的差距可能会不断扩大。但很有可能的是，浙江的区域经济差异在未来较长一段时间内将主要表现为县尺度上的差异。浙江调控区域经济差异的重点将在县级层面。

2. 基于人口加权的尺度方差分解

基于人口加权计算浙江的区域经济差异的尺度方差分解，从各尺度的方差份额情况（见图6-92）来看：县尺度的方差份额一直比市尺度大，但在2015年后主要表现为市尺度上的差异。浙江的区域经济差异主要表现在县尺度上。县尺度的方差份额在1990—1997年不断上升，1997—2012年不断下降。不论按照1997—2012年的态势还

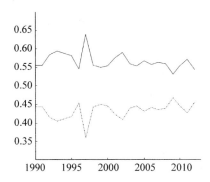

图 6 - 91 浙江基于数量加权的各尺度的方差份额（1990—2012）

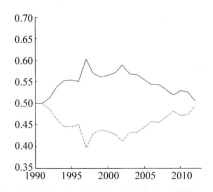

图 6 - 92 浙江基于人口加权的各尺度的方差份额（1990—2012）

是按照 2011—2012 年的态势发展，市尺度的方差份额会在较短时间内反超县尺度。但很有可能的是，浙江的区域经济差异在未来较长一段时间内将主要表现为市尺度上的差异。浙江调控区域经济差异的重点将在市级层面。

第三节 小结

一 以地区为最大尺度的方差分解结果

（一）四种区划方法的总体分解情况

1990—2012 年，四种区划方法的尺度方差分解在数量加权和人口加权排序情况下各有不同，总的来说，有以下三个特点（见表 6 - 1、表 6 - 2）。

表6-1   四种区划方法的尺度方差份额的总体排序（1990—2012）

区划方法	数量加权	人口加权
二分法	市尺度、县尺度、区域尺度、省尺度	市尺度、县尺度、省尺度、区域尺度
三分法	区域尺度、市尺度、县尺度、省尺度	市尺度、县尺度、省尺度、区域尺度
四分法	区域尺度、市尺度、县尺度、省尺度	市尺度、县尺度、区域尺度、省尺度
六分法	区域尺度、市尺度、省尺度、县尺度	市尺度、省尺度、县尺度、区域尺度

表6-2   四种区划方法的尺度方差份额排序的发展趋势

区划方法	数量加权	人口加权
二分法	市尺度、县尺度、省尺度、区域尺度	市尺度、县尺度、省尺度、区域尺度
三分法	区域尺度、市尺度、县尺度、省尺度	市尺度、县尺度、省尺度、区域尺度
四分法	区域尺度、市尺度、县尺度、省尺度	市尺度、县尺度、省尺度、区域尺度
六分法	区域尺度、市尺度、省尺度、县尺度	市尺度、省尺度、县尺度、区域尺度

1. 在数量加权时，区域尺度上的方差份额随着区划方法依二分法、三分法、四分法和六分法而依次升高且在三分法、四分法和六分法区划方法中居于主导地位，省尺度上的方差份额基本上保持稳定，而县、市尺度上的方差份额总体上却依次降低。区域尺度上的方差份额由二分法第三的位置直接上升至三分法第一的位置，在四分法和六分法上继续保持第一的位置并在绝对值上进一步升高。县、市尺度上的方差份额从二分法到三分法都依次降低，从三分法到四分法略有上升但小于二分法时各自的份额，从四分法到六分法都依次降低且小于三分法时各自的份额。

2. 在人口加权时，市尺度上的方差份额在这四种区划方法中一直居于主导地位。县、市尺度上的方差份额随着区划方法依二分法、三分法和四分法而保持不变，省尺度上的方差份额依次降低，区域尺度上的方差份额却依次升高，六分法不能与二分法、三分法和四分法共同形成较为统一的规律。

3. 在数量加权和人口加权相比较而言时，区域尺度上的方差份额在数量加权时的位置更高，而市尺度和县尺度上的方差份额在人口加权时的位置较高，在未来发展趋势上也是如此。在数量加权时，区域尺度上的方差份额在三分法、四分法和六分法下都处于第一位；在人口加权时，市尺度上的方差份额在四种区划方法上都处于第一位，县尺度上的方差份额在二分法、三分法和四分法时居于第二的位置，在六分法时居于第三的位置。这两种不同加权方法所显示的未来发展趋势与各自1990—2012年的情况大致相同，只是数量加权在二分法下发展趋势的排序和人口加权在四分法下发展趋势的排序与1990—2012年的情况相较略有不同。

（二）四种区划法的各分区域的分解情况

1990—2012年，四种区划方法下各分区域的尺度方差分解各有不同（见表6-3），总的来说，有以下特点。

表6-3　　　　　　　　**各区域各尺度的方差份额排序的现状与趋势**

区划方法	分区域	数量加权		人口加权	
		现　状	趋　势	现　状	趋　势
二分法	内陆	县、市、省	县、市、省	县、市、省 市、县、省	市、县、省
	沿海	市、县、省	市、县、省	市、省、县	市、省、县
三分法	东部	市、县、省	市、县、省	市、省、县	市、省、县
	中部	县、省、市	市、省、县	县、市、省 市、县、省	市、县、省
	西部	省—县—市—县尺度依次主导	县、市、省	市、县、省 县、市、省 市、县、省	县、市、省
四分法	东北	县、市、省	县、市、省	市、县、省	市、县、省
	东部	市、县、省	市、县、省	市、省、县	市、省、县
	中部	县、省、市 省、县、市	省、市、县	县、市、省 市、县、省	市、县、省
	西部	省—县—市尺度依次主导	县、省、市	县、市、省 市、县、省	市、县、省

区划方法	分区域	数量加权		人口加权	
		现　状	趋　势	现　状	趋　势
六分法	东北	县、市、省	县、市、省	县、市、省	市、县、省
	华北	县、省、市 市、县、省	市、县、省	省、县、市 省、市、县	省、市、县
	华东	县、省、市 省、市、县	省、市、县	省、市、县 市、省、县	市、省、县
	中南	市、省、县	省、市、县	市、县、省 市、省、县	市、县、省
	西南	省、县、市 县、市、省 省、县、市	省、县、市	县、市、省	县、市、省
	西北	省、市、县 市、省、县	县、省、市	市、县、省	县、市、省

1. 在数量加权时，县尺度的方差份额居于主导地位的次数最多，市尺度次之，省尺度最少，未来的发展亦将如此。具体至各分区域而言，县尺度的方差份额在二分法下的内陆区域、三分法下的中部区域和西部区域、四分法下的东北区域和西部区域、六分法下的东北区域和华北区域居于主导地位，市尺度的方差份额在二分法下的沿海区域、三分法下的东部区域、四分法下的东部区域、六分法下的中南区域居于主导地位，省尺度的方差份额在四分法下的中部区域、六分法下的华东区域、西南区域和西北区域下居于主导地位。在未来一段时间内，县尺度的方差份额将在二分法下的内陆区域、三分法下的西部区域、四分法下的东北区域和西部区域、六分法下的东北和西北区域居于主导地位，市尺度的方差份额将在二分法下的沿海区域、三分法下的东部区域和中部区域、四分法下的东部区域、六分法下的华北区域居于主导地位，省尺度的方差份额将在四分法下的中部区域、六分法下的华东区域和中南区域以及西南区域居于主导地位。

2. 在人口加权时，市尺度的方差份额居于主导地位的次数最多，县尺度次之，省尺度最少，未来的发展亦将如此。具体至各分区域而言，市尺度的方差份额在二分法下的沿海区域、三分法下的东部区域和西部区域、四分法下的东部区域和西部区域、六分法下的中南区域和西部区域居于主导地位，县尺度的方差份额在二分法下的内陆区域、三分法下的中部区域、四分法下的东北区域和中部区域、六分法下的东北区域和西南区域居于主导地位，省尺度的方差份额在六分法下的华北区域和华东区域居于主导地位。在未来一段时间内，市尺度的方差份额将在二分法下的沿海区域和内陆区域、三分法下的东部区域和中部区域、四分法下的所有区域、六分法下的东北区域和华东区域以及中南区域居于主导地位，县尺度的方差份额将在三分法下的西部区域、六分法下的东北区域和西南区域居于主导地位，省尺度的方差份额将在六分法下的华北区域居于主导地位。

3. 在数量加权和人口加权相比较而言时，县尺度的方差份额在数量加权时的位置较高，而市尺度的方差份额在人口加权时的位置较高，在未来发展趋势上县尺度方差份额的地位会弱化，而市尺度方差份额的地位会得到很多加权。在数量加权时，县尺度的方差份额在15个区域中的7个区域居于主导地位，而市尺度的方差份额只在4个区域中居于主导地位；在人口加权时，市尺度的方差份额在15个区域中的7个区域居于主导地位，县尺度的方差份额只在6个区域居于主导地位。在发展趋势上，在数量加权时，县、市尺度的方差份额都在15个区域中的5个区域居于主导地位；在人口加权时，市尺度的方差份额在15个区域中的11个区域居于主导地位，而县尺度的方差份额只在3个区域居于主导地位。

二　以省为最大尺度的方差分解结果

（一）全国的方差分解结果

在数量加权时，以省为最大尺度、以县为最小尺度的情况下，省尺度的方差份额最小，市尺度在1997年后的方差份额一直比县尺度大；中国区域经济差异在未来可能先主要表现在县尺度上，然后主要表现在市尺度上。

在人口加权时，市尺度的方差份额最大，省尺度在1995年后的方差份额一直比县尺度大；中国区域经济差异在未来仍将可能主要表现在市尺度上，然后主要表现在省尺度上。

（二）各省的方差分解结果

在数量加权的情况下（见表 6-4），县尺度的方差份额居于主导地位的省份最多，市尺度次之，未来的发展亦将如此。县尺度方差份额居于主导地位的省份有 20 个（包括主导尺度"先市后县"的青海和"先县后市"的前四个省级区域），市尺度方差份额居于主导地位的省份有 6 个。在未来一段时间内，县尺度方差份额居于主导地位的省份有 14 个（包括"先县后市"的安徽和青海），市尺度方差份额居于主导地位的省份有 12 个。相应的具体省份见表 6-4 所示。

表 6-4　　　　　　　　　各省数量加权的尺度方差分析结果

主导尺度	各省现状归类	各省趋势归类
市	广东、江苏、新疆	广东、河南、湖南、江苏、辽宁、内蒙古、宁夏、山东、新疆
县	安徽、福建、广西、贵州、河北、黑龙江、湖北、吉林、江西、山西、陕西、四川、西藏、云南、浙江	福建、甘肃、广西、贵州、黑龙江、吉林、山西、陕西、四川、西藏、云南、浙江
先市后县	甘肃、青海	
先县后市	河南、湖南、辽宁、内蒙古、宁夏、山东	安徽、河北、湖北、江西、青海

在人口加权的情况下（见表 6-5），县尺度方差份额居于主导地位的省份多，市尺度少，但未来的发展却是市尺度方差份额居于主导地位的省份多而县尺度少。县尺度方差份额居于主导地位的省份有 14 个（包括主导尺度"先市后县"的山西和"先县后市"的河北、河南、湖南和江西五省），市尺度方差份额居于主导地位的省份有 11 个。在未来一段时间内，市尺度方差份额居于主导地位的省份有 18 个（包括"先县后市"的两个省），县尺度方差份额居于主导地位的省份有 8 个（包括"先市后县"的两个省）。相应的具体省份见表 6-5 所示。

表6－5　　　　　　　　各省人口加权的尺度方差分析结果

主导尺度	各省现状归类	各省趋势归类
市	福建、甘肃、广东、江苏、新疆	甘肃、广东、贵州、河北、河南、湖北、湖南、江苏、江西、辽宁、内蒙古、宁夏、青海、山东、四川、新疆
县	安徽、广西、青海、吉林、黑龙江、陕西、西藏、云南、浙江	广西、黑龙江、吉林、山西、陕西、西藏、云南
先市后县	山西	福建
先县后市	贵州、河北、河南、湖北、湖南、江西、辽宁、内蒙古、宁夏、山东、四川	安徽、浙江

对比数量加权和人口加权的情况发现：（1）除了甘肃、广西、青海和西藏四省区外，其他省份的市尺度份额在人口加权的情况下都有所上升。（2）1990—2012 年，市尺度方差份额居于主导地位的总时段数在人口加权的情况下有较大增加。（3）在未来发展中，市尺度上的方差份额居于主导地位的可能性在人口加权的情况下有很大增加。

三　各加权法在以不同最低尺度进行分解时结果的合理性

通过分析以区域为最大尺度时和以省为最大尺度时的全国区域经济差异的尺度方差分解发现，以不同最低尺度基于数量加权得到的结果之间的统一性存在问题，而基于人口加权时却没有。基于数量加权，以县为最低尺度时市、省、区域尺度之间的相对位置和以市为最低尺度时相应尺度的相对位置不尽相同，而基于人口加权时则基本相同。

其中的主要原因是，在基于数量加权，以县为最低尺度计算除县尺度外的其他各尺度的方差份额时是基于总县数和各尺度所包含的县数进行加权的，而在以市为最低尺度计算除市尺度外的其他各尺度的方差份额时是基于总市数和各尺度所包含的市数进行加权的。而各尺度包含的县数和总县数及各尺度包含的市数和总市数一般不太可能相同。而在基于人口加权时，实际上是将各尺度所包含的县数和总县数及各尺度所包含的市数和总市数都统一为各尺度所包含的人口数和总人口数。因此，在基于数量加权，以县为最低尺度和以市为最低尺度时，除县尺度外的其他尺度的方差份额的排序不可能相同，而基于人口加权时却可以是一致的。

  基于上述分析认为，用人口加权进行尺度方差的分解来分析尺度效应更好。其理由是：（1）便于得到较为统一的各尺度重要性的排序。基于数量加权法不能得出较为统一的结论，这不利于提供较为明晰的区域经济差异调控对象。基于人口加权却可以得出较为统一的结论。（2）真正考虑了人数的影响。考虑人数而非行政单位数的影响，对于现时代调控区域经济差异的意义重大。

第七章　结论及其政策意义

第一节　结论

一　基于差异系数的区域经济差异的尺度效应的主要结论

（一）各尺度基于份额比例法测度的中国区域经济差异的主要结论

1. 县、市、省尺度上 1—7 分位中低水平区域在 1990—2012 年大致呈 U 形走势，而 8—10 分位高水平区域则大致呈倒 U 形走势。

2. 县、市、省尺度上的第一个转折点大致在 1993 年。县尺度上的第二个转折点在 2006 年，市、省尺度上的第二个转折点大致在 2007 年。

3. 县尺度上所显示的区域经济差异程度和中低水平区域的份额降低程度最为强烈，市尺度次之，省尺度稍弱。

（二）各尺度基于极差系数、极值差率、极均差率和变异系数及加权变异系数等普通离散系数测度的中国区域经济差异的主要结论

1. 县、市、省尺度上的走势大致呈倒 U 形，且高值点大致在 2005 年，第二个重要的转折点大致在 1993 年。

2. 县尺度上所显示的区域经济差异及其变化的程度最为强烈，市尺度次之，省尺度稍弱。

3. 加权变异系数比变异系数更能反映区域经济差异的现实。相比于变异系数，加权变异系数所提供的结论与其他方法所提供的结论更为吻合。

（三）各尺度基于基尼系数、阿特金森系数、锡尔系数、MLD 系数和 HHI 集中度系数测度的中国区域经济差异的主要结论

1. 除 HHI 系数外，县、市、省尺度上其他系数的走势都是先上

升后略微下降,再上升后再下降。县、市、省尺度上的第一个高值点都在 1993 年。省尺度上的第二个高值点大致在 2005 年,而县、市尺度上的第二个高值点大致在 2006 年。两个高值点间的低值点都在 1996 年。

2. 县尺度上显示的区域经济差异程度最为强烈,市尺度次之,省尺度稍弱。市、省尺度上的变化幅度较大,县尺度上的变化幅度稍小。

3. HHI 系数提供的结果的不同点是,省尺度上的第二个高值点大致在 2006 年,而县、市尺度上的第二个高值点大致在 2005 年。

二 区域经济增长收敛性检验的尺度效应的主要结论

(一) 各尺度 α 收敛的主要结论

1. 在 α 收敛系数绝对值上,县、市、省尺度上的走势大致呈倒 U 形,但县、市尺度上的值更为接近,且比省尺度上大。

2. 在 α 收敛的情况上,县尺度上存在 α 收敛的时段数最少,市尺度次之,省尺度最多,且省尺度上 α 收敛的时段数并未完全包含市尺度上 α 收敛的时段数,市尺度上 α 收敛的时段数也并未完全包含县尺度上 α 收敛的时段数。

3. 经济增长 α 收敛的结论与时间段的选择有关。时间段不同,所得到的结论很有可能不同。

(二) 各尺度上绝对 β 收敛的主要结论

1. 各尺度上存在 β 收敛的时段数不同,县尺度上 β 收敛的时段数最多,市尺度次之,省尺度最少。

2. 省尺度上收敛的年份并不完全包含市尺度上收敛的年份,市尺度上收敛的年份包含县尺度上发散的年份。

3. β 系数都存在明显的后向传导效应。

4. 就 β 收敛系数所对应的回归 p 值而言,县尺度上满足小于 0.05 条件的时段数最多,市尺度次之,省尺度最少。

5. 对相邻年份的 β 收敛进行各十分位数的回归,β 收敛系数再对各十分位数的回归系数进行回归分析发现,在县尺度上,影响大的四个分位数分别是 7 分位数、4 分位数(负值)、8 分位数(负值)和 3

分位数；在市尺度上，影响大的四个分位数分别是 7 分位数、3 分位数（负值）、4 分位数和 6 分位数（负值）；在省尺度上，影响大的四个分位数分别是 5 分位数、8 分位数、1 分位数和 9 分位数。

6. 与未加入空间效应不同的是，加入空间效应后，市、省尺度上 β 收敛的时段数增多了，而县尺度上的时段数未变；市尺度上收敛的年份并不完全包含县尺度上发散的年份；β 收敛系数所对应的回归 p 值小于 0.05 的时段数在各尺度上的变化不相同。

7. 经济增长 β 收敛的结论与时间段的选择有关。时间段不同，所得到的结论很有可能不同。

（三）各尺度俱乐部收敛的主要结论

基于四种区划方法的俱乐部收敛总体结论显示：（1）县尺度上检验显著的 β 收敛的时段数最多，市尺度次之，省尺度最少。（2）随着区划方法所包含的大区域数量的增加，各区划方法平均的检验显著的 β 收敛的时段数在各尺度上总体上是减少的。（3）俱乐部 β 收敛的结论与时间段的选择有关。时间段不同，所得到的结论很有可能不同。

基于省的俱乐部收敛总体结论显示：（1）除甘肃和新疆外，县尺度上检验显著的 β 收敛的时段数多，市尺度上少。除贵州、河北、江苏、内蒙古、宁夏、青海和浙江外，市尺度上检验显著的 β 发散的时段数多，县尺度上少。（2）基于省进行俱乐部分析时，省均检验显著的 β 收敛的时段数在各尺度上总体上比四种区划方法少。（3）俱乐部 β 收敛的结论与时间段的选择有关。时间段不同，所得到的结论很有可能不同。

从全国、四种区划方法和省的俱乐部收敛 1990—2012 年的数据来看，随着区划的不断细分，或者说随着区划数量的增加（如从全国到二分法，从二分法至六分法，进而上升至以省为单位的俱乐部分析），各区划方法平均的检验显著的 β 收敛时段数在各尺度上总体是减少的。

各区划方法所对应的各次一级区域在县、市（或县、市、省）尺度上检验显著的 β 收敛的时段数一般会依省、市、县尺度而逐渐增多，即对于同一区域，用更细的空间尺度来测度其 β 收敛会得到更好的收敛结果。

总结来说，用以作为俱乐部的区域越大，区域内的次一级区域越小，所得到的 β 收敛结果越好。

经济增长收敛的结论与时间段的选择有关。

三 区域经济分布形态尺度效应的主要结论

（一）区域经济分布形态变化的主要结论

1. 以数量为基础对人均 GDP 对数值进行核密度估计所得到的曲线显示，县、市、省尺度都呈单峰分布，且为右偏态。但是，县尺度上 1995 年、1997 年、1999 年和 2000 年的分布出现了更为明显的左移，而且县尺度上最为圆钝，而省尺度上最为尖削。

2. 以人口加权对人均 GDP 对数值进行核密度估计所得到的曲线显示，县、市、省尺度上的曲线都为右偏态，但是县尺度上分布的曲线经历了双峰—头肩形态的三峰—左肩弱化、右肩提升形成双峰—头部弱化、右肩继续加宽形成的右峰高于左峰的双峰分布形态。市尺度上的分布曲线经历了相对靠右的单峰—不断降低峰高而在其右边形成稍低的峰—双峰分布形态。省尺度上的分布曲线经历了单峰—双峰—圆钝单峰—双峰—圆钝单峰。值得一提的是，县尺度上的分布曲线不断强化其靠右部分的小峰，而市尺度上形态变化不大，但省尺度上却弱化其靠右部分的小峰。

（二）区域经济分布形态内迁移的主要结论

1. 基于固定 Shorrock 系数测度级变时，县、市尺度上的值及其变化更为接近且波动的幅度相对较小，省尺度上的值总体最大，县尺度次之，市尺度最小。当等级由 5 提高至 10 时，县、市尺度上的值升高得更多，而省尺度上基本保持不变，从而县尺度上的值总体最大，市、省尺度上的排序不很固定。

2. 基于滚动 Shorrock 系数测度级变时，县、市尺度上的值及其变化在总体上更为接近。但是，县尺度上相邻年份级变的变化较小，市尺度上较大，而省尺度上最大，即增加或减少时间距离所引起的变化县尺度最小，省尺度最大。县尺度上越远年份的级变越大且都是正增长，市尺度上的值稍小且大都是负增长，省尺度上最小而有部分出现负增长，即县尺度上的等级排序的可逆性最小，省尺度最大，市尺度居中。县、市尺度上1994年和2005年与其他年份间级变的程度很大，而省尺度上不是很明显。这与之前很多分析的结论一致。当等级由5提高至10时，县、市尺度上的值升高得更多，而省尺度上略有提高。

3. 基于Kendall秩相关系数测度秩变，县、市尺度上的值及其变化在总体上更为接近。但是，在相邻年际的秩变，省尺度最大，县尺度最小；在越远年际的秩变，省尺度最小，县尺度最大；县尺度上相邻年际秩变的变化较小，市尺度上较大，而省尺度上最大；县尺度上秩变的可逆性最小，省尺度最大，市尺度居中；县、市尺度上1994年和2005年与其他年际秩变的程度很大，省尺度上秩变的程度也较大。

4. 对1994年和2005年作进一步分析后发现，县、市、省尺度上排序上升和下降的地区并不一致。总体而言，县尺度较好地反映了现实，市尺度次之，省尺度所反映的情况较为模糊。

四　区域经济空间集聚的尺度效应的主要结论

（一）全国的区域经济空间集聚的主要结论

1. 基于人均GDP计算的莫兰系数及其Z值检验的结果是，县、市、省尺度上的莫兰系数值都为正值，且其Z值检验大多为显著。但是县尺度上的Z值最大，市尺度次之，而省尺度最小。

2. 基于人均GDP增长率计算的莫兰系数及其Z值检验的结果是，县尺度上莫兰系数大于期望值且Z值检验显著的数量最多，市尺度次之，而省尺度远少于县、市尺度。

（二）各省区域经济空间集聚的主要结论

1. 基于人均GDP计算的莫兰系数及其Z值检验的结果是，除黑龙江和吉林外，其他省份县尺度上的莫兰系数值大于其期望值的时段数比市尺度多。所有省份县尺度上的莫兰系数的Z值满足检验显著的时段数都比市尺度多，而且，除河南（14个）、湖南（8个）、广东（7个）、江苏（4个）和四川（2个）外，其他省份市尺度上的Z值满足检验显著的时段数为0。

2. 基于人均GDP增长率计算的莫兰系数及其Z值检验的结果是，除广东、黑龙江和湖南外，其他省份县尺度上的莫兰系数值大于其期望值的时段数比市尺度多。所有省份县尺度上的莫兰系数 Z 值满足检验显著的时段数都比市尺度多。而且，除江苏（38 个）、河南（34 个）、广东（24 个）、广西（23 个）、四川（17 个）、山西（15 个）、新疆（11 个）、湖南（8 个）、河北（6 个）、安徽（2 个）、辽宁（1 个）和山东（1 个）外，其他省份市尺度上的 Z 值满足检验显著的时段数为 0。

（三）各尺度间莫兰系数的 Z 值相似性的主要结论

县、市、省尺度上莫兰系数的 Z 值具有一定的相似性。就全国而言，无论基于人均 GDP 还是基于人均 GDP 增长率计算的莫兰系数 Z 值，县、市尺度上的相似性最大，而县、省尺度上和市、省尺度上的相似性较小。基于人均 GDP 各尺度上的相似性比基于人均 GDP 增长率的相似性高。

就各省而言，县、市尺度上的相似性各不相同。广西、贵州、河南、黑龙江、湖南、吉林、山东、西藏和浙江基于人均 GDP 计算的县、市尺度上莫兰系数的 Z 值的相似性为负值，而江西、浙江基于人均 GDP 增长率计算的县、市尺度上莫兰系数 Z 值的相似性为负值。除安徽、河北、江苏、四川、云南外，其他各省基于人均 GDP 计算的县、市尺度上莫兰系数 Z 值的相似性比基于人均 GDP 增长率计算的县、市尺度上莫兰系数 Z 值的相似性大。

五 基于区域经济差异系数尺度效应分解的主要结论

（一）基尼系数分解的主要结论

1. 以市为组进行基尼系数分解，组间效应份额居绝对主导地位，重叠效应份额较少，组内效应份额非常少。

2. 以省为组进行基尼系数分解，组间效应份额居主导地位，重叠效应份额次之，组内效应份额最小。但是，以县为组内的重叠效应份额比以市为组内的重叠效应份额大，以县为组内的组间效应份额比以市为组内的组间效应份额小。

3. 以大区域为组进行基尼系数分解，各区划方法依以县为组内、以市为组内和以省为组内排序，所对应的组间效应份额依次升高，而组内效应份额和重叠效应份额依次降低；随着区划方法依二分法、三分法、四分法和六分法排序，不管以何种尺度为组内，所对应的组间效应也依次升高，组内效应依次下降，重叠效应依次升高，但六分法下的组间效应不符合这个规律。

总体而言，存在这样的规律：随着以市、省和大区域（从六分法、四分法、三分法到二分法）进行分组，组间效应的份额依次下降，重叠效应和组内效应的份额依次升高；随着组内由县、市和省组成，重叠效应和组内效应份额依次下降，组间效应份额依次升高。即分组越少，组间效应份额越小；组内组成部分越多，组内效应就越大。

（二）锡尔系数一阶分解的主要结论

1. 以市为组进行锡尔系数一阶分解，组间效应份额居绝对主导地位，组内效应份额较少。

2. 以省为组进行锡尔系数一阶分解，组内效应份额居主导地位，组间效应份额较小。但是，以县为组内的组内效应份额比以市为组内的组内效应份额大，以县为组内的组间效应份额比以市为组内的组间效应份额小。

3. 以大区域为组进行锡尔系数一阶分解，各区划方法依以县为组内、以市为组内和以省为组内排序，对应的组间效应份额依次升高，而组内效应份额依次降低；随着区划方法依二分法、三分法和四分法排序，不管以何种尺度为组内，所对应的组间效应都依次升高，组内效应依次下降，但六分法的组间效应和组内效应并不适用于这个规律。

总体而言，存在这样的规律：随着以市、省和大区域（从四分法、三分法到二分法，但不包括六分法）进行分组，组间效应的份额依次下降，组内效应的份额依次升高；随着组内由县、市和省组成，组内效应份额依次下降，组间效应份额依次升高（包括六分法）。即分组越少，组间效应份额越小；组内组成部分越多，组内效应就越大。

（三）锡尔系数二阶分解的主要结论

1. 以省为最高分组尺度进行锡尔系数二阶分解，省内市际差异的份额居于主导地位，全国省际差异次之，市内县际差异最小。

2. 以大区域为最高分组尺度进行锡尔系数二阶分解，四个尺度中最后两个尺度所组成的尺度间效应份额最大，但在其他方面各有不同表现。以县为最低尺度的市内县际、省内县际和以市为最低尺度的省内市际效应的份额最大；各区划方法的最低尺度由县尺度升为市尺度时，全国区际差异和区内省际差异的份额都会升高，相应地，省内市际差异的份额比省内县际差异的份额低；各区划方法的最高和最低尺度不变，而中间尺度由市尺度升为省尺度时，全国区际差异份额不变，省内县际差异份额比市内县际差异份额高，区内省际差异份额比省内市际差异份额低；随着区划方法依四分法、三分法和二分法排序，这三种分解方法中的全国区际差异份额依次下降，三种分解方法所对应的区内市际差异、区内省际差异和区内县际差异的份额都依次升高，而对应的市内县际差异、省内县际差异和省内市际差异的份额则保持不变，但六分法并不适用于这个规律。

（四）锡尔系数三阶分解的主要结论

在各区划方法中，市内县际差异的份额最高；在各区划方法间，市内县际差异、省内市际差异的份额不变；随着区划方法依四分法、三分法和二分法排序，全国区际差异的份额依次降低，而区内省际差异的份额依次升高，但六分法并不适用于这个规律。

（五）基于尺度方差的区域经济差异尺度效应分解的主要结论

1. 以大区域为最大尺度的四种区划方法总体分解的主要结论

四种区划方法的尺度方差分解在数量加权和人口加权排序情况下各有不同，总的来说，有以下三个特点。

（1）在数量加权时，区域尺度上的方差份额随着区划方法依二分法、三分法、四分法和六分法排序而依次升高，且在三分法、四分法和六分法三种区划方法中居于主导地位，省尺度上的份额基本保持稳定，而县、市尺度上的方差份额总体上却依次降低。区域尺度上的方差份额由二分法下第三的位置直接上升至三分法下第一的位置，在四分法和六分法下继续保持第一的位置并在绝对值上进一步升高。县、市尺度上的方差份额从二分法到三分法都依次降低，从三分法到四分法则略有上升但小于二分法下各自的份额，从四分法到六分法都依次降低且小于三分法下各自的份额。

（2）在人口加权时，市尺度上的方差份额在这四种区划方法中一直居于主导地位。县、市尺度上的份额随着区划方法依二分法、三分法和四分法而保持不变，省尺度上的方差份额依次降低，区域尺度上的方差份额却依次升高，六分法不能与二分法、三分法和四分法三种区划方法共同形成较为统一的规律。

（3）数量加权和人口加权相比较而言，区域尺度上的方差份额在数量加权时的位置较高，而市尺度和县尺度上的方差份额在人口加权时的位置较高，未来发展趋势也是如此。在数量加权时，区域尺度上的方差份额在三分法、四分法和六分法下都是第一；在人口加权时，市尺度上的方差份额在四种区划方法下都位居第一，县尺度在二分法、三分法和四分法下居于第二的位置，在六分法下居于第三的位置。这两种不同加权方法所显示的未来发展趋势与各自1990—2012年的情况大致相同，只是在数量加权时二分法下发展趋势的排序和在人口加权时四分法下发展趋势的排序与1990—2012年的情况相较略有不同。

2. 以大区域为最大尺度的各区划法的各分区域的尺度效应分解的主要结论

1990—2012年，四种区划方法下各分区域的尺度方差分解各有不同，总的来说，有以下特点。

（1）在数量加权时，县尺度的方差份额居于主导地位的次数最多，市尺度次之，省尺度最少，未来的发展亦将如此。具体到各分区域而言，县尺度上的方差份额在二分法下的内陆区域、三分法下的中部区域和西部区域、四分法下的东北区域和西部区域、六分法下的东北区域和华北区域居于主导地位，市尺度上的方差份额在二分法下的沿海区域、三分法下的东部区域、四分法下的东部区域、六分法下的中南区域居于主导地位，省尺度上的方差份额在四分法下的中部区域、六分法下的华东区域、西南区域和西北区域居于主导地位。在未来一段时间内，县尺度上的方差份额将在二分法下的内陆区域、三分法下的西部区域、四分法下的东北区域和西部区域、六分法下的东北和西北区域居于主导地位，市尺度上的方差份额将在二分法下的沿海区域、三分法下的东部区域和中部区域、四分法下的东部区域、六分法下的华北区域居于主导地位，省尺度上的方差份额将在四分法下的中部区域、六分法下的华东区域和中南区域以及西南区域居于主导地位。

（2）在人口加权时，市尺度上的方差份额居于主导地位的次数最多，县尺度次之，省尺度最少，未来的发展亦将如此。具体到各分区域而言，市尺度上的方差份额在二分法下的沿海区域、三分法下的东部区域和西部区域、四分法下的东部区域和西部区域、六分法下的中南区域和西部区域居于主导地位，县尺度上的方差份额在二分法下的内陆区域、三分法下的中部区域、四分法下的东北区域和中部区域、六分法下的东北区域和西南区域居于主导地位，省尺度上的方差份额在六分法下的华北区域和华东区域居于主导地位。在未来一段时间内，市尺度上的方差份额将在二分法下的沿海区域和内陆区域、三分法下的东部区域和中部区域、四分法下的所有区域、六分法下的东北区域和华东区域以及中南区域居于主导地位，县尺度上的方差份额将在三分法下的西部区域、六分法下的东北区域和西南区域居于主导地位，省尺度上的方差份额将在六分法下的华北区域居于主导地位。

（3）数量加权和人口加权相比较而言，县尺度上的方差份额在数量加权时的位置较高，而市尺度上的方差份额在人口加权时的位置较高，在未来发展趋势上县尺度上方差份额的地位会弱化，而市尺度上方差份额的地位会得到很多加权。在数量加权时，县尺度上的方差份额在15个区域中的7个区域居于主导地位，而市尺度上的方差份额只在4个区域居于主导地位；在人口加权时，市尺度上的方差份额在15个区域中的7个区域居于主导地位，县尺度上的方差份额只在6个区域居于主导地位。在发展趋势上，在数量加权时，县、市尺度上的方差份额在15个区域中的5个区域居于主导地位；在人口加权时，市尺度上的方差份额在15个区域中的11个区域居于主导地位，而县尺度上的方差份额只在3个区域居于主导地位。

3. 以省为最大尺度的全国方差分解的主要结论

在数量加权时，以省为最大尺度、以县为最小尺度的情况下，省尺度的方差份额最小，市尺度在1997年后的方差份额一直比县尺度的方差份额大；中国区域经济差异在未来可能先主要表现在市尺度上，然后很快就会主要表现在县尺度上。

在人口加权时，市尺度的方差份额最大，省尺度在1995年后的方差份额一直比县尺度的方差份额大；中国区域经济差异在未来仍将可能主要表现在市尺度上。

4. 以省为最大尺度的各省方差分解的主要结论

在数量加权的情况下，县尺度上的方差份额居于主导地位的省份最多，市尺度次之，未来的发展亦将如此。县尺度上方差份额居于主导地位的省份有 20 个（包括主导尺度"先市后县"的青海和"先县后市"的前四个省级区域），市尺度上方差份额居于主导地位的省份有 6 个。在未来一段时间内，县尺度上方差份额居于主导地位的省份有 14 个（包括"先县后市"的安徽和青海），市尺度上方差份额居于主导地位的省份有 12 个。

在人口加权的情况下，县尺度上的方差份额居于主导地位的省份多，市尺度上少，但未来的发展却是市尺度上的方差份额居于主导地位的省份多而县尺度上少。县尺度上的方差份额居于主导地位的省份有 14 个（包括主导尺度"先市后县"的山西和"先县后市"的河北、河南、湖南和江西五省）、市尺度上的方差份额居于主导地位的省份有 11 个。在未来一段时间内，市尺度上的方差份额居于主导地位的省份有 18 个（包括"先县后市"的两个省），县尺度上的方差份额居于主导地位的省份有 8 个。

对比数量加权和人口加权的情况可以发现：（1）除了甘肃、广西、青海和西藏四省区外，其他省区市尺度的份额在人口加权的情况下都有所上升。（2）市尺度上的方差份额居于主导地位的总时段数在人口加权的情况下有较大增加。（3）在未来发展中，市尺度上的方差份额居于主导地位的可能性在人口加权的情况下有很大增加。

5. 各加权法在以不同最低尺度进行分解时的比较

通过分析以区域为最大尺度和以省为最大尺度时的全国区域经济差异的尺度方差分解发现，以不同最低尺度基于数量加权得到的结果之间的统一性存在问题，而基于人口加权时却没有这一问题。基于数量加权，以县为最低尺度时的市、省、区域尺度间的相对位置和以市为最低尺度时相应尺度的相对位置不尽相同，而基于人口加权时则基本相同。

其中主要的原因是，在基于数量加权，在以县为最低尺度计算除县尺度外的其他各尺度的方差份额时是基于总县数和各尺度所包含的县数进行加权的，而在以市为最低尺度计算除市尺度外的其他各尺度的方差份额时是基于总市数和各尺度所包含的市的数量进行加权的。而各尺度包含的县数和总县数及各尺度包含的市数和总市数一般不太可能相同。而在人口加权时，实际上是将各尺度所包含的县数和总县数及各尺度所包含的市数和总市数都统一为各尺度所包含的人口数和总人口数。因此，基于数量加权，以县为最低尺度和以市为最低尺度时除县尺度外的其他尺度的方差份额的排序不可能相同，而基于人口加权时却是一致的。

基于上述分析认为，基于人口加权进行尺度方差的分解来分析尺度效应更好。理由是：（1）便于得到较为统一的各尺度重要性的排序。基于数量加权法不能提供较为统一的结论，这不利于提供较为明晰的区域经济差异调控对象，基于人口加权却可以。（2）真正考虑了人数的影响。考虑人数而非行政单位数的影响，这对指导区域经济差异调控的意义重大。

第二节　政策建议

基于尺度方差的分析结果确定调控的尺度，然后在这个调控的尺度内确定相应的调控区域。调控区域的数量按照黄金分割的比例来确定，即为总体数量的0.382。若按方差贡献来确定总体数量38.2%的区域作为调控对象，则必定会涉及一些发展水平处于两端的区域。而要调控区域经济差异，降低这些区域的方差贡献，就意味着可能要降低发展很好的区域的人均GDP。在现阶段，中国仍需大力发展的情况下，不适于降低发展较快的区域的增长速度甚或降低其人均GDP，因此，这38.2%的调控对象应是整个区域内发展缓慢的单元。

按四种区划方法及以省为最大尺度的分析结果，在全国范围内确定尺度及其所对应的调控区域，在调控区域的基础上再确定尺度及其更具体的调控区域，依此进一步具体化。各大区域也依此给出具体的调控区域。

基于数量加权和基于人口加权时各有不同的调控尺度及相应的调控对象。基于前面的分析，基于人口加权进行分析能得到更好的结论，因此，给出基于人口加权时各分区域的调控对象

一　基于四种区划方法的全国总体的调控对象

在人口加权时，二分法、三分法和四分法中方差贡献最大的是市尺度，其次是县尺度；六分法中方差贡献最大的是市尺度，其次是省

尺度。针对各区划方法的计算结果，按照黄金比例确定相应的调控对象。

基于二分法、三分法和四分法的首要调控对象都是市尺度，相应的市尺度上的调控对象为131个市级单位（见表7－1的第一梯次调控单位）。第二梯次调控对象都是县尺度上的，相应的县尺度上的调控对象为868个县级单位（见表7－1的第二梯次调控单位）。越排在前面的调控对象就越需要受到调控。

基于六分法的首要调控对象是市尺度的，相应的调控对象为131个市级单位（见表7－1的第一梯次调控单位）。第二梯次调控对象都是省尺度上的，相应的调控对象为安徽、江西、河北、山西、河南、广西、黑龙江、甘肃、贵州、湖南、山东、海南12个省级单位。

表7－1　　　　　　　　　　　二分法下的调控对象

调控梯次	调控对象
第一梯次调控对象	宿迁市、盐城市、菏泽市、徐州市、连云港市、湛江市、揭阳市、淮安市、梅州市、汕头市、临沂市、赤峰市、温州市、茂名市、汕尾市、河源市、乌兰察布市、清远市、葫芦岛市、云浮市、丽水市、兴安盟、潮州市、朝阳市、黄冈市、台州市、韶关市、阜新市、衢州市、邵阳市、恩施州、阜阳市、肇庆市、荆州市、锦州市、喀什地区、泰州市、南通市、聊城市、保定市、齐齐哈尔市、周口市、江门市、邢台市、宁德市、绥化市、阳江市、和田地区、南平市、济宁市、德州市、孝感市、渭南市、巴彦淖尔市、商丘市、安康市、驻马店市、六安市、莆田市、亳州市、汉中市、永州市、巴中市、信阳市、呼伦贝尔市、潍坊市、金华市、湘西州、商洛市、怀化市、南充市、宿州市、漳州市、运城市、衡水市、通辽市、赣州市、伊犁州、昭通市、四平市、惠州市、达州市、河池市、黑河市、固原市、南阳市、白城市、贵港市、扬州市、张家口市、天门市、海东地区、随州市、上饶市、阿克苏地区、定西市、益阳市、广安市、抚顺市、伊春市、忻州市、玉林市、陇南市、衡阳市、临夏州、广元市、铁岭市、大同市、克孜勒苏柯尔克孜自治州、十堰市、佳木斯市、毕节市、天水市、咸宁市、文山州、枣庄市、本溪市、龙岩市、娄底市、遂宁市、延边州、咸阳市、资阳市、辽阳市、张家界市、邯郸市、通化市、玉树州、普洱市、泸州市、中卫市
第二梯次	肇源县、杭锦旗、从化市、肇州县、达拉特旗、广州市、林甸县、宜兴市、增城市、杜尔伯特县、淳安县、平度市、利津县、庐江县、苏州市、建德市、宁海县、奉化市、安溪县、栖霞市、象山县、榆树市、莱阳市、绥德县、常熟市、金堂县、商河县、鄂托克前旗、盖州市、子洲县、沂源县、周至县、普兰店市、溧阳市、巢湖市、无为县、海阳市、佳县、句容市、农安县、玉田县、宁乡县、彭州市、邛崃市、浏阳市、蓝田县、金坛市、桐庐县、

调控梯次	调控对象
第二梯次调控对象	南安市、崇州市、都兰县、太仆寺旗、兴化市、嵊州市、莒县、清涧县、临安市、云阳县、横山县、宝应县、高青县、庄河市、即墨市、肥东县、米脂县、铜陵县、广饶县、余姚市、融水县、长阳县、秭归县、和县、阳新县、开县、固阳县、大邑县、武川县、丰县、三江县、新民市、睢宁县、应县、昌图县、巴彦县、富阳市、滦南县、寻甸县、舒兰市、户县、永泰县、土默特左旗、苍南县、乳山市、合浦县、慈溪市、平江县、岫岩县、济阳县、康平县、宾阳县、永登县、含山县、如皋市、高邮市、清水河县、都江堰市、禄劝县、榆中县、长丰县、西阳县、惠民县、科尔沁左翼中旗、临县、奉节县、马山县、德令哈市、永春县、中江县、平潭县、卢氏县、文成县、福清市、莱西市、法库县、茶陵县、魏县、邳州市、临朐县、融安县、上林县、仙游县、五峰县、兰溪市、高淳县、丰都县、天台县、横县、泰顺县、五常市、进贤县、巫山县、忠县、连江县、湘潭县、彭水县、大名县、永嘉县、巫溪县、临海市、滑县、闽清县、郑州市、滨海县、南陵县、吴堡县、安丘市、柳城县、乐亭县、仙居县、西丰县、当涂县、丹东市、奈曼旗、瓦房店市、雷州市、永昌县、怀集县、永吉县、鄂伦春旗、大城县、古交市、梁平县、潼南县、溧水县、蒲江县、垫江县、德惠市、诏安县、宁化县、漳浦县、阿拉善右旗、嵩县、聊城市、焉耆县、涟水县、都昌县、平和县、鲁山县、柳江县、惠东县、陵川县、长汀县、鹿寨县、湘乡市、和静县、泗水县、开阳县、临漳县、德化县、宜阳县、隆安县、三台县、永清县、乐平市、壶关县、延寿县、正镶白旗、平阳县、如东县、子长县、嘉祥县、秀山县、汝阳县、行唐县、浚县、大通县、阳信县、阜宁县、新化县、固安县、分宜县、富县、郏县、莫力达瓦旗、汉寿县、滦县、宜川县、长岭县、余江县、封丘县、江川县、博罗县、郧西县、扶风县、文水县、乐东县、濉溪县、金乡县、延长县、平阴县、牡丹江市、清镇市、通河县、乌鲁木齐县、沁县、磐安县、嵩明县、恩平市、三门县、南漳县、木兰县、青龙县、会宁县、科尔沁左翼后旗、修文县、修水县、海兴县、莱州市、石柱县、新昌县、无极县、潍坊市、安仁县、原阳县、汝城县、梁山县、平定县、五莲县、灵寿县、怀远县、上思县、方正县、云霄县、献县、富顺县、鄱阳县、娄烦县、皋兰县、东平县、惠安县、石林县、通海县、全州县、安义县、房县、肥西县、宁阳县、建昌县、汶上县、岳阳县、南皮县、桂东县、陇县、东阳市、根河市、围场县、宜章县、桃源县、赵县、米易县、泰兴市、遵化市、许昌县、灵山县、洛宁县、炎陵县、元江县、兰西县、新建县、曲阳县、龙门县、武平县、竹山县、武陟县、湟源县、沛县、依兰县、新沂市、廉江市、尤溪县、扎兰屯市、绥化市、岚县、垦利县、兴山县、台山市、盐山县、广宁县、罗定市、扶余市、尉犁县、苍山县、和硕县、额敏县、清徐县、藤县、灌云县、闽侯县、宜良县、吴川市、武功县、平顺县、乾县、柳河县、琼中县、华宁县、青冈县、辉南县、奇台县、海原县、莲花县、六枝特区、东丰县、海伦市、九台市、卢龙县、正安县、湟中县、屯昌县、枣阳市、木垒县、澧县、河间市、唐县、株洲县、定远县、威县、且末县、泊头市、土默特右旗、浦江县、莘县、水城县、大田县、甘泉县、宾县、四平市、晋宁县、石楼县、林口县、随县、宣威市、靖远县、电白县、宁城县、新乐市、永定县、喀喇沁旗、博湖县、内黄县、乌兰县、吴桥县、会泽县、保康县、五华县、资中县、祁东县、竹溪县、昭觉县、轮台县、东辽县、封开县、井研县、敖汉旗、安化县、通山县、盐亭县、宽甸县、文安县、辽阳县、定安县、库伦旗、鱼台县、钟祥市、蛟河市、城口县、平遥县、东海县、监利县、陆丰市、宁县、舞阳县、吐鲁番市、黄龙县、犍为县、叶县、

续表

调控梯次	调控对象
第二梯次调控对象	徐闻县、叙永县、伊川县、富平县、林周县、元阳县、沂南县、开化县、海安县、安乡县、镇原县、尚志市、涟源市、阳曲县、眉县、双峰县、永年县、盐边县、华容县、衡阳县、美姑县、余干县、凤翔县、政和县、崇阳县、马边县、黎城县、方城县、天等县、吉木萨尔县、胶南市、临高县、勃利县、沧县、当雄县、浦城县、仁寿县、万宁市、肥乡县、上虞市、枣庄市、浑源县、英德市、安岳县、赞皇县、务川县、启东市、阳高县、同心县、孝昌县、越西县、乐陵市、贺兰县、翁源县、易门县、金平县、通城县、平乐县、红河县、古蔺县、攸县、深泽县、龙井市、陵水县、惠来县、商都县、屏山县、宜宾县、沾化县、连城县、长子县、宜春市、饶平县、鸡西市、新平县、安吉县、延安市、陕县、乐昌市、白沙县、阿荣旗、岐山县、曲水县、千阳县、平邑县、德庆县、开平市、望江县、铁岭市、富民县、翁牛特旗、寿宁县、大荔县、丰宁县、明水县、多伦县、天镇县、喜德县、响水县、凤冈县、拜泉县、焦作市、浮梁县、义县、上蔡县、永宁县、郏县、门源县、冠县、黑山县、诸暨市、息烽县、裕民县、依安县、右玉县、任县、兴文县、金塔县、阳西县、曲周县、彭泽县、保亭县、酒泉市、峨山县、汪清县、合江县、绥阳县、北镇市、永寿县、临泉县、博白县、夏县、周宁县、易县、克山县、武隆县、汾西县、宁远县、紫金县、礼泉县、定兴县、尼木县、化州市、桦南县、桐梓县、元氏县、唐河县、宿松县、兴和县、平罗县、南和县、康保县、习水县、涞水县、临澧县、湄潭县、泾阳县、道真县、铜梁县、盱眙县、获嘉县、克东县、隰县、蠡县、石门县、庆元县、万荣县、望奎县、太仓市、汉源县、沐川县、谷城县、方山县、广灵县、合阳县、溆浦县、绿春县、清苑县、朝阳县、新宾县、五河县、延津县、上杭县、临湘市、开鲁县、静宁县、北川县、大悟县、景宁县、巨鹿县、太湖县、太谷县、荣昌县、仪陇县、都安县、五原县、五指山市、五台县、忻城县、灌阳县、大宁县、乌什县、龙江县、渠县、明光市、杞县、正蓝旗、正宁县、凤阳县、寿县、乐安县、庄浪县、隆回县、延川县、隆化县、兴平市、古浪县、荣县、和林格尔县、澄江县、讷河市、广宗县、平乡县、隆林县、武义县、桐乡市、晋州市、大同县、固始县、顺平县、曹县、弥渡县、常山县、松溪县、普格县、沽源县、永新县、襄城县、那坡县、桑植县、祁县、宜城市、夏津县、镇雄县、甘南县、邵阳县、洪洞县、高州市、社旗县、衡南县、湘阴县、庆安县、伊宁县、龙川县、万载县、邓州市、高邑县、浦北县、阜平县、泾县、安新县、抚宁县、盘山县、阳春市、广南县、永和县、临武县、察哈尔右翼中旗、达孜县、林西县、甘洛县、塔城市、射阳县、修武县、蒲城县、平陆县、卫辉市、榆社县、固镇县、维西县、黑河市、霞浦县、泰来县、遂川县、莎车县、东至县、馆陶县、乌拉特前旗、温泉县、蓬溪县、兴县、西乡县、靖宇县、兴宁市、博野县、新丰县、桦川县、尚义县、安图县、苏尼特右旗、岑溪市、昌乐县、太康县、梓潼县、灵璧县、布拖县、蔚县、泸西县、岳池县、阳山县、武定县、阿勒泰市、昌黎县、巍山县、故城县、休宁县、歙县、濮阳县、南昌县、于都县、范县、金阳县、民乐县、揭西县、凌云县、郯城县、阜城县、清原县、宁蒗县、灵丘县、临西县、沙洋县、利辛县、江安县、澜沧县、特克斯县、高县、淳化县、建瓯市、清丰县、灌南县、枞阳县、望谟县、剑阁县、张北县、平武县、江陵县、龙山县、台前县、汾阳市、洞头县、禹州市、麻阳县、石屏县、东方市、普宁市、阿克塞县、威宁县、营山县、乐业县、高安市、

续表

调控梯次	调控对象
第二梯次调控对象	峨边县、新蔡县、芜湖县、田林县、古田县、苍溪县、黄梅县、永顺县、安县、南华县、阜南县、昔阳县、和龙市、威海市、武宁县、左权县、桃江县、利川市、饶阳县、姜堰市、吉县、罗源县、长垣县、菏泽市、醴陵市、甘谷县、三都县、长兴县、凤台县、宣城市、岳西县、扎赉特旗、东光县、资源县、墨竹工卡县、秦安县、陆川县、静乐县、阳谷县、屏边县、阳原县、剑川县、恭城县、夏邑县、台安县、建宁县、通道县、明溪县、会同县、永胜县、文昌市、西充县、洮南市、西林县、托里县、巴林左旗、鸡泽县、双柏县、丘北县、镇巴县、石城县、沙雅县、承德县、柏乡县、石渠县、星子县、定州市、始兴县、广平县、佳木斯市、阿坝县、上栗县、吕梁市、绥棱县、巴里坤县、新津县、精河县、鄢陵县、沂水县、永德县、邱县

二 基于四种区划方法的分大区域的调控对象

基于人口加权时的各分大区域各有不同的调控尺度（见表7－2），相应的调控对象也各不相同（见附表7－1、表7－2、表7－3、表7－4）。

表7－2　　　　　　　　　**各区划方法下分区域的调控尺度**

区划方法	分区域	调控尺度	区划方法	分区域	调控尺度
二分法	内陆	市	六分法	东北	市
	沿海	市		华北	省
三分法	东部	市		华东	市
	中部	市		中南	市
	西部	县		西南	县
四分法	东北	市		西北	县
	东部	市			
	中部	市			
	西部	市			

三 以省为最大尺度时全国的调控对象

在基于人口加权时，市尺度是首要调控尺度，相应的调控对象为131个市级单位（见表7－1第一梯次调控对象）；省尺度为第二调控尺度，相应的调控对象为贵州、云南、广西、甘肃、安徽、四川、河南、江西、西藏、海南、青海、山西。

四 以省为最大尺度时各省的调控对象

在以省为最大尺度时，各省的调控尺度各不相同（见表7-3），相应的具体调控对象也各不相同（见表7-4、表7-5）。

表7-3 　　　　　　　　　人口加权时各省的调控尺度

调控尺度	对应的各省
市	安徽、甘肃、广东、贵州、河北、河南、湖北、湖南、江苏、江西、辽宁、内蒙古、宁夏、青海、山东、四川、新疆、浙江
县	福建、广西、黑龙江、吉林、山西、陕西、西藏、云南

表7-4 　　　　　　　　以市为调控尺度时各省的调控对象

	调控对象
安徽	阜阳市、六安市、亳州市、宿州市、安庆市、滁州市
甘肃	定西市、陇南市、临夏州、天水市、平凉市
广东	湛江市、揭阳市、梅州市、汕头市、茂名市、汕尾市、河源市、清远市
贵州	毕节市、黔东南州、铜仁市
河北	保定市、邢台市、衡水市、张家口市
河南	周口市、商丘市、驻马店市、信阳市、南阳市、开封市、濮阳市
湖北	黄冈市、恩施州、荆州市、孝感市、天门市、随州市
湖南	邵阳市、永州市、湘西州、怀化市、益阳市
江苏	宿迁市、盐城市、徐州市、连云港市、淮安市
江西	赣州市、上饶市、吉安市、抚州市
辽宁	葫芦岛市、朝阳市、阜新市、锦州市、抚顺市
内蒙古	赤峰市、乌兰察布市、兴安盟、巴彦淖尔市、呼伦贝尔市
宁夏	固原市、中卫市
青海	海东地区、玉树州、果洛州
山东	菏泽市、临沂市、聊城市、济宁市、德州市、潍坊市
四川	巴中市、南充市、达州市、广安市、广元市、遂宁市、资阳市、泸州市
新疆	喀什地区、和田地区、伊犁州、阿克苏地区、克孜勒苏柯尔克孜自治州、阿勒泰地区、图木舒克市
浙江	温州市、丽水市、台州市、衢州市

表 7 - 5　　　　　　　　以县为调控尺度时各省的调控对象

	调控对象
福建	安溪县、南安市、永泰县、永春县、平潭县、福清市、仙游县、连江县、闽清县、诏安县、宁化县、漳浦县、平和县、长汀县、德化县、云霄县、惠安县、武平县、尤溪县、闽侯县、大田县、永定县、政和县、浦城县、连城县、寿宁县
广西	融水县、三江县、合浦县、宾阳县、马山县、融安县、上林县、横县、柳城县、柳江县、鹿寨县、隆安县、上思县、全州县、灵山县、藤县、天等县、平乐县、博白县、都安县、忻城县、灌阳县、隆林县、那坡县、浦北县、岑溪市、凌云县、乐业县、田林县、资源县、恭城县、西林县、东兰县、昭平县
黑龙江	肇源县、肇州县、林甸县、杜尔伯特县、巴彦县、五常市、延寿县、牡丹江市、通河县、木兰县、方正县、兰西县、依兰县、绥化市、青冈县、海伦市、宾县、林口县、尚志市、勃利县、鸡西市、明水县、拜泉县、依安县、克山县、桦南县、克东县、望奎县、龙江县
吉林	榆树市、农安县、舒兰市、永吉县、德惠市、长岭县、扶余市、柳河县、辉南县、东丰县、九台市、四平市、东辽县、蛟河市、龙井市、汪清县、靖宇县、安图县
山西	应县、临县、古交市、陵川县、壶关县、文水县、沁县、平定县、娄烦县、岚县、清徐县、平顺县、石楼县、平遥县、阳曲县、黎城县、浑源县、阳高县、长子县、天镇县、右玉县、夏县、汾西县、隰县、万荣县、方山县、广灵县、太谷县、五台县、大宁县、大同县、祁县、洪洞县、永和县、平陆县、榆社县、兴县、灵丘县、汾阳市、昔阳县、左权县
陕西	绥德县、子洲县、周至县、佳县、蓝田县、清涧县、横山县、米脂县、户县、吴堡县、子长县、富县、宜川县、扶风县、延长县、陇县、武功县、乾县、甘泉县、黄龙县、富平县、眉县、凤翔县、延安市、岐山县、千阳县、大荔县、永寿县、礼泉县、泾阳县、合阳县、延川县、兴平市、蒲城县、西乡县、淳化县
西藏	林周县、当雄县、曲水县、尼木县、达孜县、墨竹工卡县、堆龙德庆县、察隅县、南木林县、浪卡子县、朗县、拉孜县、贡嘎县、萨迦县、扎囊县、措美县、定日县、昂仁县、谢通门县、工布江达县、洛扎县、错那县、琼结县、仁布县、噶尔县、墨脱县、察雅县、萨嘎县
云南	寻甸县、禄劝县、江川县、嵩明县、石林县、通海县、元江县、宜良县、华宁县、晋宁县、宣威市、会泽县、元阳县、易门县、金平县、红河县、新平县、富民县、峨山县、绿春县、澄江县、弥渡县、镇雄县、广南县、维西县、泸西县、武定县、巍山县、宁蒗县、澜沧县、石屏县、南华县、屏边县、剑川县、永胜县、双柏县、丘北县、永德县、大姚县、元谋县、洱源县、西畴县、师宗县、富源县、马龙县、梁河县、姚安县

附　　录

一　各省县级单位数据的具体处理

（一）北京市的数据处理

无特别处理。

（二）天津市的数据处理

1990 年的人口使用"实有人口"数据（因只有这个数据）。
1994—2011 年使用"年末人口"数据（比对 2006 年的数据会发现，
"户籍人口"数据与"年末人口"数据一致。1994—2006 年的数据为
"户籍人口"数据，2006—2011 年的数据为"年末人口"数据）。

（三）上海市的数据处理

无特别处理。

（四）重庆市的数据处理

1997 年及以前的数据由四川省计入。1998 年及以后以重庆直辖
市计入。1997 年 3 月 14 日，第八届全国人民代表大会第五次会议通
过，复设重庆为直辖市。管辖原四川省的重庆市、万县市、涪陵市和
黔江地区所辖区域。撤销万县市及所辖的龙宝区、天城区、五桥区，
设立重庆市万县区。同时，设立重庆市万县移民开发区，为重庆市
委、市政府的派出机构，代管忠县、开县、云阳、奉节、巫山、巫溪
6 县；梁平、城口 2 县由重庆市直接管理。撤销涪陵市及所辖枳城
区、李渡区，设立重庆市涪陵区。原涪陵市管辖的南川、丰都、垫
江、武隆 4 县市由重庆市直接管理。撤销黔江地区，设立重庆市黔江
开发区，为重庆市委、市政府的派出机构，代管石柱土家族自治县、
秀山土家族苗族自治县、酉阳土家族苗族自治县、黔江土家族苗族自

治县、彭水苗族土家族自治县。而在 1997 年的相应数据中，有龙宝区、天城区和五桥区的数据，而无"万县区"这个行政单位及相应的数据；有枳城区和李渡区的数据，而无"涪陵区"这个行政单位及相应的数据；亦无"黔江开发区"这个行政单位及相应的数据。

（五）安徽省的数据处理

1990—1993 年无相应的 GDP 数据，以外推获得。

（六）广东省的数据处理

1992 年在《广东省统计年鉴·全省行政区划》中，深圳无县级单位数，但在《广东省统计年鉴》的人口统计中有宝安县的数据，故将人口合并计算。

2002 年撤销县级新会市，设江门市新会区。但在人口统计中有新会市，故并入市区。

2010、2011 年各县级行政单位人口数据来自《中国区域经济统计年鉴》（2011、2012），各市辖区人口数据来自《中国城市统计年鉴》（2011、2012）（重复的相应人口数据完全一致）。

（七）广西自治区的数据处理

2002 年行政区划中有崇左市，无崇左县，但在南宁地区，有崇左县数据，但无市辖区数据，故将崇左县数据作为崇左市辖区数据。

2012 年有"总人口"和"年末总人口"，取"年末总人口"数据。

（八）贵州省的数据处理

六枝特区为县级行政单位。万山特区在 1990—2010 年为县级行政单位。2011 年 11 月，国务院批复同意撤销铜仁地区而设立地级铜仁市，设立万山区，以原万山特区和原县级铜仁市的茶店镇、鱼塘乡、大坪乡的行政区域为万山区的行政区域。

1991 年的统计年鉴中无 1990 年的 GDP 数据，1992 年的统计年鉴中有 1990 年而非 1991 年各县、区的 GDP 数据，1993 年的统计年鉴中有 1992 年各县区的 GDP 数据。1993 年的统计年鉴关于各地区 GDP 数据给出了 1992 年和 1991 年的 GDP 数据，其中 1991 年的数据与 1992 年统计年鉴中给出的 1990 年的 GDP 数据不吻合。故 1992 年统计年鉴中给出的 1990 年各县区的 GDP 数据仍被视为 1990 年的数据。

1991 年的 GDP 数据为 1990 年和 1992 年数据乘积的平方根。

1993 年、1994 年、1995 年有"年平均人口"和"年末人口"，采用"年末人口"。

2006 年、2007 年的各县人口有"常住半年总人口"和"常住一年总人口"，采用"常住一年总人口"数据。2008 年的各县人口只有"常住半年总人口"，故采用"常住半年总人口"数据。2009—2011 年则使用"常住年末人口"（统计年鉴中注："常住半年及以上人口数"）数据。

1996 年的统计年鉴中无人口数据，采用《中华人民共和国分县市人口统计资料》中的数据。

（九）海南省的数据处理

1990 年、1991 年和 1992 年的数据有"西方口径"和"我国口径"之别，采用"我国口径"数据。

1994—2003 年的数据有两个口径，除一般数据外，还有"不含农垦"的数据。采用一般的数据而不采用"不含农垦"的数据。

1990—2005 年西南中沙群岛有人口数据但无 GDP 数据；1996—2005 年洋浦开发区有 GDP 数据，但无人口数据；2007—2009 年，西沙群岛有 GDP 数据但无人口数据，有洋浦人口数据但无 GDP 数据。这些单元皆未录入。2010 年，西沙群岛有人口数据但无 GDP 数据，2011 年，西南中沙群岛有人口数据但无 GDP 数据。在行政区划中，这些单元并非县级及以上行政单元。故皆略。

海南有海口和三亚两个地级市，其他各县级的市与县都属省直辖而非隶属于地级行政单位。

（十）河北省的数据处理

1991 年各地级市和各县级市的 GDP 数据来自《中国城市统计年鉴》（1992）。

1992 年缺各市 GDP 数据，取前后两年数据的平方根得到。

2009 年涞源县的人口和 GDP 数据在《河北经济年鉴》（2010）中没有，取自《中国区域经济统计年鉴》（2010）。

2010 年、2011 年各地级市的市辖区数据来自《中国城市统计年鉴》（2011、2012）。

2011 年环来县和涞源县的人口和 GDP 数据来自前后两年数据的平方根。

2012 年各市辖区人口数据由各市区 GDP/人均 GDP 得到。

（十一）河南省的数据处理

1992 年和 1993 年 12 个地级市的市辖区数据缺失，用地级市的总数减其他县级行政单位的数据得到。

（十二）黑龙江省的数据处理

2005 年、2011 年各市辖区数据来自《中国城市统计年鉴》。

大兴安岭地区四个区的数据没有包括在内。大兴安岭地区包括三个县和四个区，但在黑龙江省的各年统计年鉴中都没给出四个区的各区数据或是四区的总数据，也没有相关数据能间接计算出来，而大兴安岭地区的人口数据等于三县的人口数据之和，但其 GDP 数据大于三县 GDP 数据之和。因此，在无法确定四区人口数的情况下，在行政区划上虽有此四个区，但其相应信息没有被纳入研究的计算范围。

2012 年各市辖区人口和 GDP 来自总数减其他县市数。

（十三）湖北省的数据处理

1993 年，GDP 和人口数据依前后两年数据乘积的平方根得到。但孝感市区和孝昌县（1993 年 4 月，经国务院批准，撤销孝感地区，成立地级孝感市，原县级孝感市南部设立孝南区，北部设立孝昌县）GDP 依增长率获得，其人口数据由前后两年算出该年的总数后再按后一年的比例进行分配。

1994 年《黄冈市统计年鉴》中的 GDP 数据与省统计年鉴中的数据不吻合，以省统计年鉴中的数据为准。

十堰市 1995—1999 年的 GDP 数据通过比对 2000 年的数据后，采用 2001 年统计年鉴中的数据。市区 GDP 数据由总数减其内其他各县市数据而来。缺 1998 年的人口数据，该数据由前后两年人口数据乘积取平方根得到。

（十四）湖南省的数据处理

1995 年的人口数据为永州市，但 GDP 数据为零陵地区。1995 年11 月 21 日撤销零陵地区和县级永州市、冷水滩市，设立地级永州市。故 1995 年数据按永州市计入。

2010 年、2011 年的人口数据在相应的统计年鉴中为"常住人口"数据,故采用《中华人民共和国分县市人口统计年鉴》(2010、2011)中的数据。

(十五)吉林省的数据处理

1992 年,浑江市的行政区划中包含临江县,有人口数据而无 GDP 数据。而浑江市全市的 GDP 与浑江市内除临江县外的其他县级行政单位(市辖区和县)的 GDP 总和相同,故略去临江县。

1995 年松原市的扶余县在行政区划中有其名称,但有人口数据而无 GDP 数据,故用市总数减去其他行政单位的数据而获得。

2008 年的数据在 2009 年和 2010 年的省统计年鉴都有,但不相同,故采用 2009 年年鉴中的数据。

(十六)江苏省的数据处理

人口数据有"年末户籍人口""年平均户籍人口""年末常住人口",采用"年末户籍人口"数据。

1991 年、1992 年的县及县级市的数据来自其《五十年统计汇编》,市辖区数据来自市总数减其内其他各县级行政单位数据。

(十七)江西省的数据处理

2011 年各市辖区人口数据来自《中国城市统计年鉴》(2012),其他县的人口数据来自《中国区域经济统计年鉴》(2012),各区县 GDP 数据来自前后两年数据乘积的平方根。

(十八)辽宁省的数据处理

1990 年数据的"现价"数据与"1990 年不变价"数据相异,取"现价"数据。

1991 年人口数据来自《辽宁人口统计年鉴》(1992),GDP 数据来自前后两年的 GDP 数据乘积的平方根。

2000—2003 年的县级市数据来自《中国城市统计年鉴》(各年)。

2000 年县级市数据缺失,采用《中国城市统计年鉴》(2001)中的数据。

2001 年县级市在省统计年鉴中使用"增加值",其值与《中国城市统计年鉴》(2002)中的国内生产总值数据一致。

2002—2010 年省辖市的市区数据来自《中国城市统计年鉴》

（2003—2011）（原因：2003 年省统计年鉴中的市辖区各区的数据加总与前后两年数据对比不太合常理，即表"2008 年各市市辖区基本情况"中的各市辖区和表"各市农业县区基本情况"中各市辖区数据的加总值比对《中国城市统计年鉴》中的数据存在严重不合，且与刚开始年份的数据不合）。

（十九）内蒙古的数据处理

1990—2006 年的数据来自《辉煌 60 年》（人口与 GDP 数据未做修正，与当年统计年鉴中的值相同）。

行政区划有改变的，数据做相应改变。

乌海市 1990—1999 年数据不全，用乌海市历年数据（2009 年统计年鉴）补上，2000—2011 年数据由其内三个区的相应数据加总而来。

（二十）宁夏的数据处理

2001—2003 年的红寺堡管委会的人口数据包含在中宁县中，2004 年后，红寺堡管委会的人口数据单列出来，但其 GDP 数据却没有单列出来。对照中宁县 2001—2006 年的 GDP 数据（见附表 1－1），仍将红寺堡管委会的人口数据包含在中宁县中，即 2004—2010 年后中宁县的人口数据为统计年鉴中中宁县和红寺堡管委会的数据之和。2009 年、2010 年的红寺堡管委会有人口和 GDP 数据，则单列出来。

附表 1－1 　　中宁县 2001—2006 年的 GDP 数据比较

	2001	2002	2003	2004	2005	2006
中宁县 GDP（年鉴，万元）	107068	123029	153895	178970	243282	279127
红寺堡管委会人口（人）				141399	143881	146198
中宁县人口（年鉴，人）	344850	393843	408818	293819	297186	300733
中宁县人口（实际采用，人）	344850	393843	408818	435218	441067	446931

2009—2011 年，吴忠市市辖区的数据由其利通区和红寺堡区的数据相加而得到。

（二十一）青海省的数据处理

1990 年的数据主要以国民收入数据而来。各县区有国民收入数据的，按国民收入数据而来；无国民收入数据的，在整个地市国民收入总数（由各地市国民收入加总而来，与全省的总数相异）减去其他县区国民收入数据后，按工农业总产值的比例来分配国民收入数据。最后，用各县区国民收入数据乘以全省总 GDP，再除以全省总国民收入，得到计算后的 GDP 值。

1991 年的数据主要以国民生产总值数据而来。各县区有国民生产总值数据的，按国民生产总值数据而来；无国民生产总值数据的，在整个地市国民生产总值总数（由各地市国民生产总值加总而来，与全省的总数相异）减去其他县区国民生产总值数据后，按工农业总产值的比例来分配国民收入数据。

1992 年、1993 年的数据主要以国民生产总值数据而来。各县区有国民生产总值数据的，按国民生产总值数据而来；无国民生产总值数据的，由其工农业总产值乘以其所在地市的 GDP，再除以相应地市的工农业总产值得到。

1990 年 GDP 数据缺失严重，1991—1994 年的数据都有部分缺失。在此将参照农业总产值（1990 年不变价格）和工业总产值（1990 年不变价格）的数据进行计算（因为统计口径的原因，即不是统计增加值，两者之和大于 GDP 的数据）。

有数据的地区则依其给出的数据，其他地区的数据为总数值与已知数据之余，特别地，如西宁包括市辖区和大通县，给出其中一个数据和西宁市的总数据，则另一个数据不统计为缺失数据。亦即一个区域由两个次级区域组成，总值和任一次级区域数据已知，则另一个可以算出的次级区域的数据不统计为缺失数据。1991 年开始的《州—地—市社会居民经济主要指标》中的 GNP 现值数据和《城市基本情况》中的 GDP 现值数据一致，故将各县 GNP 数据视为其 GDP 数据。茫崖行政委员会人口数据包含在乌兰县中，故将其 GDP 也并入乌兰县中。

（二十二）山东省的数据处理

因 1993—2001 年的《山东统计年鉴》中没有相应各县区的数据，故依各市的统计年鉴。2002—2004 年各县区的数据来自《淄博统计年鉴》（各年）。

1993 年日照市辖区与莒县的 GDP 数据来自前后两年数据乘积的平方根。

1994 年、1995 年济宁市市辖区数据在《中国城市统计年鉴》（各年）中有，但综合前后数据，认为此数据不宜被采用。1994 年、1995 年济宁市各区县数据依 1993—1996 年的增长率计算获得（power（1996/1993，1/3），power（1996/1993，2/3））。

1993—1995 年滨州市和菏泽市各区县数据依 1993—1997 年的增长率计算获得。

1994 年德州市各区县人口数据来自《中华人民共和国全国分县市人口统计资料》（1994），1994 年各区县 GDP 来自前后两年数据乘积的平方根。

1995—2000 年德州市德城区的人口数据与德州市市区的人口数据相同，但其 GDP 数据却与德州市市区 GDP 数据相异。1993 年，德城区的 GDP 为 278512 万元。1995 年，德城区的 GDP 为 412674 万元。1996 年市区的数据为 506427 万元，而德城区的 GDP 数据为 178000 万元。1997—2000 年，市区和德城区的 GDP 数据在各自 1996 年的基础上有正的增长。故取德州市市区数据为其市辖区数据。

东营市 1993—2001 年各县区的数据总和与其总数相差很大，取各县区数据。

枣庄市（只有市辖区和滕州市）的数据参考《中国城市统计年鉴》（各年）而来。

2005—2010 年各市辖区数据来自《中国城市统计年鉴》（各年），各县级行政单位数据来自《中国区域经济统计年鉴》（各年）。

1. 2007 年在济南市中有"高新区"的 GDP（1010794 万元）和"其他"（629800 万元），淄博市中有"高新区"的 GDP（771570 万元），枣庄市中有"高新区"的 GDP（166805 万元），烟台市中有"开发区"的 GDP（4528337 万元），潍坊市中有"高新开发区"的

GDP（975506 万元）、"滨海开发区"的 GDP（547334 万元）和"经济开发区"的 GDP（182680 万元），日照市中有"经济开发区"的 GDP（759149 万元），德州市中有"经济开发区"的 GDP（757300 万元）和"运河开发区"的 GDP（467100 万元），菏泽市中有"开发区"的 GDP（220627 万元）。但在人口数据的所有年份和 GDP 数据的其他年份中均未见这 12 个地区的相关数据，且在行政区划中未单列出来，故略掉。

2. 2002 年、2003 年和 2004 年，长清县已于 2001 年被改为长清区，在 GDP 数据中为"长清区"，而在人口数据中为"长清县"，故将人口数据中的长清县数据并入济南市市辖区数据中。

3. 东营市的 GDP 总数与其两区三县数据的总和相差很大。使用县区的原始数据。

4. 潍坊 1994 年和 1995 年为 GNP，在 1996 年潍坊市《全市历年主要指标》中，1994 年、1995 年的 GDP 数据为相应的 GNP 数值，故 1994 年和 1995 年的 GDP 为相应的 GNP 数据。

（二十三）陕西省的数据处理

1990—1998 年各市辖区 GDP 数据是用市总数减去其内各县 GDP 数据而来。

1991 年无人口数据，采用《中华人民共和国全国分县市人口统计资料》（1991）。

1998 年、1999 年白河县的 GDP 是依 1997—2000 年的平均增长率计算而来的。

1999 年，除西安市、咸阳市、延安市和榆林市四市和其他各市辖区外，其他各地市县的 GDP 依前后两年的增长率计算而来。

2000 年的数据来自《中国县（市）社会经济》（2001）。

2001 年数据依前后两年的增长率计算而来。2001 年各区县的数据在《陕西区域统计年鉴》（2012）中有，但与 2000 年和 2002 年的数据相比有诸多矛盾之处，故做如此处理。

2002—2008 年各区县的数据在《陕西省统计年鉴》中没有，采用《中国区域经济统计年鉴》（2003—2009）中的数据。

2009—2010 年数据来自《中国区域经济统计年鉴》（2010—

2011)。2009 年的数据在两个年鉴中是一样的。2010 年数据在《中国区域经济统计年鉴》（2011）和《陕西省统计年鉴》（2011）中都有，两者稍有差异，只是《中国区域经济统计年鉴》（2011）中的数据更精确，故采用《中国区域经济统计年鉴》（2011）中的数据。

1990—1996 年使用国民生产总值数据，原因是无各县 GDP 数据，故不得已而使用之；两者很相近，故可以使用（见附表 1 - 2）。

附表 1 - 2　　　**陕西省 GNP 和 GDP 情况**（1990—1996；亿元）

	1990	1991	1992	1993	1994	1995	1996
GNP	405.11	467.72	539.39	662.77	816.58	1000.03	1175.38
GDP	405.1	466.84	538.43	661.42	816.58	1000.03	1175.38

资料来源：《陕西省统计年鉴》（1997、1998）。

陕西 1990—1998 年各市辖区的 GDP 数据在《陕西省统计年鉴》中没有，在《中国城市统计年鉴》中有。但《中国城市统计年鉴》和《陕西省统计年鉴》中的市 GDP 数据不尽相同，且用《中国城市统计年鉴》中的市辖区 GDP 数据和《陕西省统计年鉴》中各市内其他行政单位的 GDP 数据相加，不等于《陕西省统计年鉴》中给出的市的总和数据，也不等于《中国城市统计年鉴》中给出的市的总和数据。为取得数据的统一性，相应市辖区的 GDP 数据为《陕西省统计年鉴》中给出的市的总和数据减去市内其他县级行政单位 GDP 数据的余值。

2000 年、2002—2010 年的市辖区数据来自《中国城市统计年鉴》。2000 年各县级行政单位数据来自《中国县（市）社会经济统计年鉴》，2002—2010 年各县级行政单位数据来自《中国区域经济统计年鉴》。各市数据来自市辖区和市内各县级行政单位数据的加总。

（二十四）四川省的数据处理

1990 年的 GDP 数据依 1991—1992 年的增长率计算得来。《成都五十年 1949—1999》中有 1990 年成都市各区县的数据，但对照 1991—1998 年的数据，发现此资料中的数据与《四川省统计年鉴》（各年）中的数据有诸多不吻合之处，故采用 1991—1992 年的增长率来计算 1990 年的数据。

　　1991 年、1992 年的 GDP 数据采用 GNP 数据。

　　1992 年、1993 年成都市市辖区的 GDP 数据由市各区数加总而来。

　　1998 年、1999 年各市辖区的 GDP 数据来自《中国城市统计年鉴》（1999、2000）。

　　2002 年攀枝花市辖区的 GDP 在《四川省统计年鉴》（2003）中没有，在《中国城市统计年鉴》中有（1057069 万元），但与 2001 年（156223 万元）和 2003 年（378289 万元）相比，相差太大，故舍弃，因而采用 2001—2003 年的平均增长率计算得出。

　　（二十五）西藏的数据处理

　　西藏在 1990—2000 年没有各县级单位的 GDP 数据，在此将参照第一产业的数据进行计算。其原因有六：第一，西藏的数据应该纳入全国区域经济差异的计算范围，而不应将其排除在外。第二，西藏主要为农业、牧业和半农半牧县（见附表 1-3）。第三，从西藏整个区的 GDP 和农业数据的对比（见附表 1-4）来看，可以参照农业产值的数据来换算出 GDP 数据。第四，农业人口占总人口的比重很高（见附表 1-5）。第五，从拉萨市部分县国民经济情况（附表 1-6）来看，除城关区外，在其他县工农业总产值中，农业总产值的比重很大。第六，可以用来确定各县 GDP 的参考数据的除各县农业总产值之外，暂时没有其他更有效的可供使用的数据。

附表 1-3　　　　　　　　西藏 1990—2000 年农牧业县份额

	1990	1991	1992	1993	1994	1995	1996	1997	1998	1999	2000
县级单位总数	73	73	74	73	73	73	73	73	73	73	73
农业县	35	35	35	35	35	35	35	35	35	35	35
牧业县	14	14	15	14	14	14	14	14	14	14	14
半农半牧县	24	24	24	24	24	24	24	24	24	24	24
农牧业县份额（%）	100	100	100	100	100	100	100	100	100	100	100

资料来源：《西藏统计年鉴》（1991—2001）。

附表 1 - 4　　　西藏 1990—2000 年农业总产值与 GDP　　　　（亿元）

	1990	1991	1992	1993	1994	1995	1996	1997	1998	1999	2000
GDP	27.7	30.5	33.3	37.3	45.8	56.0	64.8	77.0	91.2	105.6	117.5
农业总产值	14.1	15.5	16.6	18.3	21.1	23.4	27.2	29.2	31.3	34.2	36.3
农业总产值份额	50.9	50.8	49.8	49.0	46.0	41.9	41.9	37.9	34.3	32.4	30.9

注：这里的农业包含了农、林、牧、渔业。

资料来源：《西藏统计年鉴》（1991—2001）。

附表 1 - 5　　　西藏 1990—2000 年农业人口份额　　　　（%）

	1990	1991	1992	1993	1994	1995	1996	1997	1998	1999	2000
农业人口份额	86.3	86.4	86.3	86.3	86.2	86.2	86.2	86.2	86.2	86.2	86.2

资料来源：《西藏统计年鉴》（2001）。

附表 1 - 6　　拉萨市部分县国民经济情况（1990—1999）　　　（万元）

		1990	1991	1992	1993	1994	1995	1996	1997	1998	1999
城关区	农业产值	1946	2230	2140	1681	2109	2350	2762	3284	3637	3967
	工业产值	1150	1206	1218	1773	2067	2492	2582	2690	2831	3151
	建筑业产值	1540	1340	1528	2240	3204	4905	4668	5765	6295	6634
	服务业收入	569	508	497	717	1162	1881	2594	3056	4048	4806
林周县	工农业总产值	1938	2305	5158	5364	5288	5326	6649	7061	7227	8307
	农业总产值	1938	2293	5153	5351	5280	5208	6458	6831	7175	8237
曲水县	总收入	2529	2867	2618	1783	3231	3886	5518	6281	6581	7354
	第一产业收入	2112	2453	2253	1203	2644	3160	4690	5049	5167	5594
	第二产业收入	134	177	121	242	220	277	297	481	556	803
	第三产业收入	283	238	243	338	368	450	530	751	858	958
堆龙德庆县	工农业总产值	2952	3464	3713	4671	7991	9329	10201	13885	14069	15880
	农业总产值	2922	3433	3678	4258	6164	7206	7879	9336	9690	11119

续表

		1990	1991	1992	1993	1994	1995	1996	1997	1998	1999
墨竹工卡县	工农业总产值						3358	3765	4254	4507	5222
	农业总产值	686	1432	3261	3088	3192	3173	3215	3484	3681	4202
	工业总产值	11					185	550	770	826	1021

资料来源:《辉煌四十年——拉萨市 1959 年至 1999 年国民经济统计资料汇编》。

西藏 2001—2004 年各年有些县的农、林、牧、副、渔业产值和工业总产值比相应的第一产业和第二产业的 GDP 值要大。

1. 拉萨市数据来源说明

1995—2000 年的 GDP 数据在《拉萨市国民经济统计年鉴》(2000) 和 2007 年、2011 年的《拉萨市统计年鉴》中有不同之处(见附表 1 - 7)。但在 1990—1994 年,三者的 GDP 数据是一致的。按照取最近年份数据的原则,我们采用《拉萨市统计年鉴》(2000) 中的数据。

附表 1 - 7　　　1995—2000 年《拉萨市国民经济统计年鉴》(2000)、

《拉萨市统计年鉴》(2007、2011) 中拉萨市

GDP 数据的比较 (1995—2006)　　　　(亿元)

年　份	1995	1996	1997	1998	1999	2000
《拉萨市国民经济统计年鉴》(2000)	18.80	21.35	24.88	29.11	33.47	40.36
《拉萨市统计年鉴》(2007)	19.02	21.61	25.18	29.46	33.87	40.12
《拉萨市统计年鉴》(2011)	21.32	21.82	27.09	32.82	29.24	44.90

2001—2006 年的 GDP 数据在 2007 年和 2011 年的《拉萨市统计年鉴》中有不同之处(见附表 1 - 8)。但在 2007 年,后两者的 GDP 数据是一致的。按照取最近年份的原则,我们采用《拉萨市统计年

鉴》（2007）中的数据。

附表1-8 拉萨市2001—2006年GDP数据的
比较（2001—2006） （亿元）

	2001	2002	2003	2004	2005	2006
《拉萨市统计年鉴》（2007）	47.41	55.41	64.85	76.14	86.78	103.37
《拉萨市统计年鉴》（2011）	54.92	61.91	69.89	76.14	86.78	1102.39

　　达孜县：2003—2006年的GDP数据缺失，2003年、2004年的GDP数据由2002—2007年的评价增长率计算而来。2005年、2006年的数据按全西藏各区县2005年、2006年的GDP数据获得方法来处理。

　　2. 拉萨市城关区GDP来源说明

　　拉萨市城关区GDP来源说明（基于GDP份额与市基数）：从拉萨市城关区GDP和农业总产值在1989—2010年（除1992—1999年外）的部分年份占拉萨市总值（各区县的加总，而非《西藏统计年鉴》中给出的各市的值）情况（见附图1-1）来看：第一，城关区的农业总产值份额在0.05和0.10之间，而GDP的份额在0.37和0.67之间，且两个份额的变化也不一样；第二，1989—1991年、2000—2010年共14

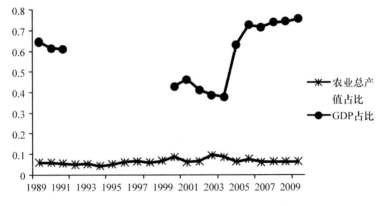

附图1-1　拉萨市城关区GDP和农业总产值的份额情况（1989—2010）

年数据的相关系数为 - 0.59626；第三，GDP 份额呈下降趋势的年份（1989—1991 年、2000—2004 年共 8 年）数据的相关系数为 - 0.79238。从这三点情况来看，依农业总产值来计算城关区的 GDP，确有不妥之处。

以这 8 年的数据，以年份（Year）为因变量，GDP 份额（GDP_ Ratio）为自变量，采用以下公式进行拟合。

$$GDP\_ Ratio = a\ Year + C \qquad （附 1 - 1）$$

结果为：

$$GDP\_ Ratio = -0.017537\ Year + 35.52140 \qquad （附 1 - 2）$$
$$-18.34552 \qquad 18.60236$$

$$（\hat{R}^2 = 0.979566，Prob. = 0.0000）$$

依此公式算出 1992—1999 年拉萨市城关区的 GDP 份额应该更为合理。

3. 拉萨市各区县数据来源说明

2000—2010 年拉萨市各区县相应数值加总（加总值）不等于相应的《西藏统计年鉴》中给出的各市的数值。从拉萨市各区县 GDP 加总值与拉萨市 GDP 数值的比率情况（1989—2010）（见附图1 - 2）来看，1989—2004 年拉萨市各区县 GDP 加总值与拉萨市 GDP 数值的比率呈明显下降趋势，且未反超 0.6。

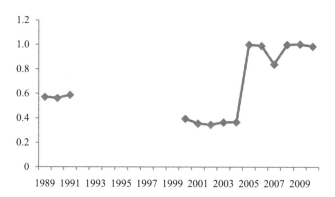

附图 1 - 2　拉萨市各区县 GDP 加总值与拉萨市 GDP 数值的比率情况（1989—2010）

而 2000—2010 年的数据都采用各区县的数据作为各区县的值，各区县的数据加总作为相应地市的值。故计算 1992—1999 年拉萨市城关区的 GDP 值应由给出的拉萨市 GDP 数值按拉萨市各区县 GDP 加总值（GDP_C）与拉萨市 GDP 数值（GDP_R）的比率（Ratio_C_R）进行校正。而这个比率可以参照以下公式进行计算。

$$Ratio\_C\_R = a\,Year + C \qquad （附1-3）$$

结果为：

$$Ratio\_C\_R = -0.016725\,Year + 33.85278 \quad （附1-4）$$
$$-10.66726 \qquad 10.80893$$

$$(\hat{R}^2 = 0.9416, \ Prob. = 0.0000)$$

依此公式算出 1992—1999 年拉萨市的 GDP 应该更为合理。

故，依得到的拉萨市城关区 1992—1999 年的 GDP 份额及拉萨市的 GDP 数据计算拉萨市城关区 1992—1999 年的 GDP 数值及其他县的 GDP。

按得到的拉萨市城关区 1992—1999 年的 GDP 份额及拉萨市的 GDP 数据计算拉萨市城关区 1992—1999 年的 GDP 数值及其他县的 GDP 数值，其结果较为合理。为验证这些结果的科学性，按此方法计算了西藏各区县（除林芝地区外）2000 年、2001 年的数据。

与 2000 年西藏各区县（除林芝地区外）的实际 GDP 值（来自《西藏统计年鉴》（2001）进行比对（见附图 1-3）后发现：第一，整个西藏的数据相关性为 0.831，整体效果较为理想；第二，山南地区和

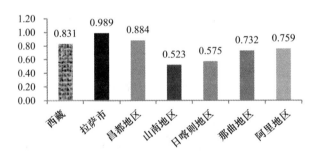

附图 1-3　西藏及各地市（除林芝地区外）计算得出的 GDP 值与实际值的相关系数（2000）

日喀则地区的值较低，其他地区的值都在 0.7 以上，特别是拉萨的数值达到 0.989。综合来看，这样处理得到的西藏各区县的 GDP 数值的效果比较理想。

与 2001 年西藏各区县（除林芝地区外）的实际 GDP 值（来自《西藏统计年鉴》（2002））进行比对（见附图 1－4）后发现：第一，整个西藏的数据相关性为 0.825，整体效果较为理想；第二，山南地区的值很低（其农业总产值出现很大负增长），日喀则地区也有 0.648，其他地区的值都较高，特别是拉萨的数值达到 0.982。

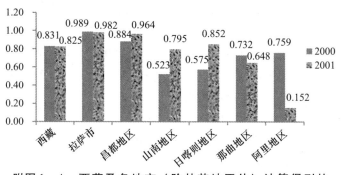

附图 1－4　西藏及各地市（除林芝地区外）计算得到的
GDP 值与实际值的相关系数（2000、2001）

综合 2000 年、2001 年的数据比对情况来看，这样处理得到的西藏各区县的 GDP 数值的效果比较理想。

■ 2005 年、2006 年的数据处理

方法一：依 GDP 与农林牧副渔业总产值的比值数据来处理。西藏 2005 年和 2006 年的 GDP 数据没有，比对 2003 年、2004 年、2007 年、2008 年各县区的 GDP 与农、林、牧、副、渔业总产值的比值数据发现，各年间的比值数据具有很大的相似性（见附表 1－9）。由此，用相应的农、林、牧、副、渔业总产值乘以相应的倍数得到 GDP。具体来说，计算公式为：

$$GDP_{2005} = A_{2005} \times \left[a_{2004} + \frac{1}{3}(a_{2007} - a_{2004}) \right] \qquad （附 1－5）$$

$$GDP_{2006} = A_{2005} \times \left[a_{2004} + \frac{2}{3}(a_{2007} - a_{2004}) \right] \qquad （附 1－6）$$

其中，GDP_{2005} 为 2005 年的 GDP，A_{2005} 为 2005 年的农林牧副渔业总产值，a_{2004} 为 2004 年 GDP 与农林牧副渔业总产值的比值，其他类此。

附表 1-9　　西藏 2003 年、2004 年、2007 年、2008 年的 "GDP 与农林牧副渔业总产值比值" 数据的相关系数

	2008	2004
2007	0.9083	0.9517
2003		0.9640

这样的计算有很大的可行性。比对拉萨市各区县 2006 年计算的 GDP（GDP_{C1}）和可以直接获得（通过网络）的 GDP 发现，两种的相似度为 0.999914（具体数据见附表 1-10）。

方法二：依 2004—2007 年的平均增长率计算。用 2004—2007 年的平均增长率来计算 2005 年和 2006 年的 GDP 值。比对得到的值（GDP_{C2}）与可以直接获得的拉萨市各区县的 GDP 后，发现两者也很相似（相似度为 0.942166）（见附表 1-10）。

附表 1-10　　拉萨市按照方法一、二计算的各区县 GDP（GDP_{C1}、GDP_{C2}）与实际 GDP（GDPr）情况　　　　　　（万元）

	城关区	林周县	当雄县	尼木县	曲水县	堆龙德庆县	达孜县	墨竹工卡县
GDP_{C1}	608851	46490	28604	17488	22246	53734	23612	38180
GDP_r	775900	48000	33100	16700	22800	56500	26600	44300
GDP_{C2}	383496	47479	32444	15308	22399	55733	26567	45627

说明：各区县实际 GDP 数据来自网络（http://zhidao.baidu.com/question/68711772.html）。

比对通过这两种方法计算出来的数值和 2004 年、2007 年的数据，发现：（1）就与拉萨市各区县 GDP 的比对而言，方法一得到的值更合适；（2）就得到的拉萨市城关区的 GDP 值而言，方法一也更

合理。故采用方法一进行处理。

然后还需对数据依实际的各地区 GDP 总值进行处理以使其与实际值更接近，具体公式为：

$$GDP = GDP_c \times \frac{\sum GDP_c}{GDP_r} \qquad (附1-7)$$

其中，GDP_c 为计算出来的 GDP，$\sum GDP_c$ 为地市内各县区计算出来的 GDP 总和，GDP 为地市的实际 GDP。

2011 年各区县 GDP 数据由 2009 年、2010 年数据外推得到（后改为依工农业总值推算得出）。

■ 那曲地区尼玛县数据来源说明

那曲地区尼玛县：在行政区划上，尼玛县在 1983 年已经成立，但在《西藏统计年鉴》（1991、1992、1993）和《中华人民共和国全国分县市人口统计资料》（1990、1991、1992）中无尼玛县的相关数据，亦无尼玛这个县级行政单位。1993 年开始才有尼玛县这个县级行政单位及相应的数据。故从 1993 年开始计入尼玛县的相关数据。

■ 林芝地区各县数据来源说明

2000 年林芝地区各县 GDP 在《林芝地区统计年鉴》（1996—2000）和《中国县（市）社会经济统计年鉴》（2001）中都有。但比照前后两年的 GDP 数据（见附表 1－11），认为《林芝地区统计年鉴》（1996—2000）中的数据更为合理。林芝地区各县 1998—2000 年数据来自《林芝地区统计年鉴》（1996—2000）。

附表 1－11　　**林芝地区各县 GDP 数据情况（1999—2001）**

	林芝县	工布江达县	米林县	墨脱县	波密县	察隅县	朗县
1999	47104	9309	10234	3201	13000	7638	4535
2000a	53242	9294	11140	3465	13772	8724	5496
2000b	3932	9294	3597	3371	13772	8572	5737
2001	53242	10798	11140	3900	17583	11230	6453

资料来源："1999" 和 "2000a" 数据来自《林芝地区统计年鉴》（1996—2000），"2000b" 和 "2001" 数据分别来自《中国县（市）社会经济统计年鉴》（2001、2002）。

■ 阿里地区各县数据来源说明

2003 年阿里地区各县 GDP 数据缺失，取前后两年 GDP 的平方根计算而来。

■ 其他说明

1. 1991 年的数据来自《西藏社会经济统计年鉴（1992）》。

2. 有数据的地区则依其给出的数据，其他地区的数据为总数值与已知数据之余。如 1990—1997 年，拉萨市及其城关区的 GDP 数据（《西藏社会经济统计年鉴》（1991、1992））已给出，其他县 GDP 数据在西藏 GDP 总值与拉萨市及其城关区 GDP 数据之差的基础上计算得出。

3. 1998—2001 年有各地区的 GDP（《西藏统计年鉴》《区域经济统计年鉴》），则其内各县的 GDP 数据在地区 GDP 的基础上按农业总产值（当年价）计算得出。

4. 2011 年、2012 年各区县 GDP 有工农业总产值参照 2007—2008 年各区县 GDP 与工农业总值的平均比率来计算。

5. 1990—1999 年，拉萨市有相应的 GDP 数据，故其他地区 GDP 依西藏 GDP 总值减去拉萨市 GDP 的剩值为基数进行计算。

6. 1992—1997 年，林芝地区有相应的 GDP 数据，故其他地区 GDP 依西藏 GDP 总值减去拉萨市和林芝地区 GDP 的剩值为基数进行计算。

7. 1998 年、1999 年林芝地区有相应的 GDP 数据，故其他地区 GDP 依西藏 GDP 总值减去拉萨市和林芝地区 GDP（各县加总）的剩值为基数进行计算。

（二十六）新疆的数据处理

《新疆五十年》（1955—2005）中的数据比较全，包括 1990—2004 年的数据，但与相应统计年鉴中的数据略有出入，故采用相应各年份的《新疆统计年鉴》中的数据。新疆生产建设兵团的数据未分配至县区，且在空间上无法标识的，则不列入计算。

2003 年的 GDP 数据在《新疆统计年鉴》（2004）中没有，采用《新疆五十年》（1955—2005）中的数据。2003 年乌鲁木齐市辖区的 GDP 来自《中国城市统计年鉴》（2004）（其中，乌鲁木齐市总人口数据与《新疆统计年鉴》（2004）中的数据一致），乌鲁木齐县 GDP 数据来自乌鲁木齐市总人口减去其市辖区人口。

2004 年乌鲁木齐市辖区人口来自《中国城市统计年鉴》（2005）（其乌鲁木齐市总人口数据与《新疆统计年鉴》（2005）中的数据一致），乌鲁木齐县人口来自乌鲁木齐市总人口减去其市辖区人口。

2005—2007 年喀什地区各县级行政单位的人口和 GDP 数据依 2004—2008 年的平均增长率计算而来。

2007—2009 年乌鲁木齐市辖区的人口数据由其各市辖区的数据加总而来。

2008 年、2009 年喀什地区各县级行政单位的人口和 GDP 数据来自《喀什统计年鉴》（2009、2010）。

2010 年的人口数据在《新疆统计年鉴》（2011）中没有，采用《中华人民共和国全国分县市人口统计资料》（2010）中的数据。

新疆生产建设兵团直辖市包括石河子市（农八师）、阿拉尔市（农一师）、图木舒克（农三师）和五家渠市（农六师）。石河子市的人口和 GDP 数据来自《新疆统计年鉴》，而 2004—2011 年阿拉尔市、图木舒克和五家渠市的人口和 GDP 数据来自《新疆建设兵团统计年鉴》中相应师的数据。

新疆生产建设兵团直辖市：新疆生产建设兵团直辖市包括石河子市（农八师）、阿拉尔市（农一师）、图木舒克（农三师）和五家渠市（农六师）。1981 年 12 月，恢复新疆生产建设兵团，农八师管辖垦区全部农牧团场和石河子的大部分工矿企业，师部驻石河子市。1985 年 6 月，正式成立市人民政府，农八师和石河子市实行一个党委领导的体制。师市合一体制也称石河子模式，后效仿石河子模式建立五家渠市、图木舒克市、阿拉尔市等。这四个市均为县级市。2002 年 9 月 17 日，国务院正式同意设立阿拉尔市、图木舒克市和五家渠市。2004 年 1 月 19 日，阿拉尔市、图木舒克市和五家渠市正式挂牌成立。

伊犁州直属县的级别：在中国，自治州通常为地级行政区，而伊犁哈萨克自治州是唯一的副省级自治州。伊犁哈萨克自治州是全国唯一的既辖地区又辖县市的自治州。伊犁哈萨克自治州直辖塔城地区、阿勒泰地区两个地级行政区和伊宁市、奎屯市、伊宁县、霍城县、巩留县、新源县、昭苏县、特克斯县、尼勒克县、察布查尔锡伯自治县共 10 个县级行政区。伊犁州三个地区为地级，伊犁州下辖的直属县为县级。

（二十七）云南省的数据处理

1990 年、1991 年各县区的 GDP 数据没有。1992 年有各县区的 GDP 和 GNP，且两者高度相关（R = 0.997081）。故而，1990 年和 1991 年各县区的 GDP 数据由相应年份的 GNP 乘以其与 GDP 的倍数而获得（1990 年、1991 年各县 GNP 数据取自 1992 年的《云南统计年鉴》），即：

$$GDP_县 = GNP_县 \times GDP_省 / GNP_省 \qquad （附 1-8）$$

（二十八）浙江省的数据处理

1994—1996 年台州市辖区的 GDP 来自《中国城市统计年鉴》（1995—1997）。《中国城市统计年鉴》和《浙江省统计年鉴》相应年份台州市辖区的人口数据完全一致，故直接采用。

2006 年义乌市的人口和 GDP 数据在《浙江省统计年鉴》（2007）中没有，故采用《中国城市统计年鉴》（2007）中的数据。

二 基于尺度方差分析的各分区域的调控对象

（一）二分法下各分区域的调控对象

附表 2-1   二分法下各分区域的调控对象

	调控对象
沿海地区	宿迁市、盐城市、菏泽市、徐州市、连云港市、湛江市、揭阳市、淮安市、梅州市 汕头市、临沂市、温州市、茂名市、汕尾市、河源市、清远市、葫芦岛市、云浮市 丽水市、潮州市、朝阳市、台州市、韶关市、阜新市、衢州市、肇庆市、锦州市、泰州市、南通市、聊城市、保定市、江门市、邢台市、宁德市、阳江市、南平市、济宁市 德州市、莆田市、潍坊市、金华市、漳州市、衡水市、惠州市

续表

	调控对象
内陆 地区	赤峰市、乌兰察布市、兴安盟、黄冈市、邵阳市、恩施州、阜阳市、荆州市、喀什地区齐齐哈尔市、周口市、绥化市、和田地区、孝感市、渭南市、巴彦淖尔市、商丘市、安康市、驻马店市、六安市、亳州市、汉中市、永州市、巴中市、信阳市、呼伦贝尔市 湘西州、商洛市、怀化市、南充市、宿州市、运城市、通辽市、赣州市 伊犁州、昭通市、四平市、达州市、黑河市、固原市、南阳市、白城市、天门市 海东地区、随州市、上饶市、阿克苏地区、定西市、益阳市、广安市、伊春市、忻州市、陇南市、衡阳市、临夏州、广元市、大同市、克孜勒苏柯尔克孜自治州、十堰市、佳木斯市、毕节市、天水市、咸宁市、文山州、娄底市、遂宁市、延边州、咸阳市、资阳市、张家界市、通化市、玉树州、普洱市、泸州市、中卫市、吉安市、吴忠市、黔东南州、铜仁市、鸡西市、临沧市、保山市、仙桃市、甘孜州、临汾市、抚州市、平凉市、安庆市

（二）三分法下各分区域的调控对象

附表 2-2　　　　　**三分法下各分区域的调控对象**

	调控对象
东部 地区	宿迁市、盐城市、菏泽市、徐州市、连云港市、湛江市、揭阳市、淮安市、梅州市、汕头市、临沂市、温州市、茂名市、汕尾市、河源市、清远市、葫芦岛市、云浮市、丽水市、潮州市、朝阳市、台州市、韶关市、阜新市、衢州市、肇庆市、锦州市、泰州市、南通市、聊城市、保定市、江门市、邢台市、宁德市、阳江市、南平市、济宁市、德州市、莆田市、潍坊市、金华市、漳州市、衡水市、惠州市
中部 地区	赤峰市、乌兰察布市、兴安盟、黄冈市、邵阳市、恩施州、阜阳市、荆州市、齐齐哈尔市、周口市、绥化市、孝感市、巴彦淖尔市、商丘市、驻马店市、六安市、亳州市、永州市、信阳市、呼伦贝尔市、湘西州、怀化市、宿州市、运城巾、通辽市、赣州市、四平市、黑河市、南阳市、白城市、天门市、随州市、上饶市、益阳市、伊春市、忻州市、衡阳市、大同市、十堰市、佳木斯市、咸宁市、娄底市、延边州、张家界市、通化市、吉安市
西部 地区	绥德县、金堂县、子洲县、周至县、佳县、彭州市、邛崃市、蓝田县、崇州市、都兰县、清涧县、云阳县、横山县、米脂县、开县、大邑县、寻甸县、户县、永登县、都江堰市、禄劝县、榆中县、西阳县、奉节县、德令哈市、中江县、丰都县、巫山县、忠县、彭水县、巫溪县、吴堡县、永昌县、梁平县、潼南县、蒲江县、垫江县、焉耆县、和静县、开阳县、三台县、子长县、秀山县、大通县、富县、宜川县、江川县、扶风县、延长县、清镇市、乌鲁木齐县、嵩明县、会宁县、修文县、石柱县、富顺县、皋兰县、石林县、通海县、陇县、米易县、元江县、湟源县、尉犁县、和硕县、额敏县、

· 235 ·

续表

	调控对象
西部地区	宜良县、武功县、乾县、华宁县、奇台县、海原县、六枝特区、正安县、湟中县、木垒县、且末县、水城县、甘泉县、晋宁县、宣威市、靖远县、博湖县、乌兰县、会泽县、资中县、昭觉县、轮台县、井研县、盐亭县、城口县、宁县、吐鲁番市、黄龙县、犍为县、叙永县、富平县、林周县、元阳县、镇原县、眉县、盐边县、美姑县、凤翔县、马边县、吉木萨尔县、当雄县、仁寿县、安岳县、务川县、同心县、越西县、贺兰县、易门县、金平县、红河县、古蔺县、屏山县、宜宾县、新平县、延安市、岐山县、曲水县、千阳县、富民县、大荔县、喜德县、凤冈县、永宁县、门源县、息烽县、裕民县、兴文县、金塔县、酒泉市、峨山县、合江县、绥阳县、永寿县、武隆县、礼泉县、尼木县、桐梓县、平罗县、习水县、湄潭县、泾阳县、道真县、铜梁县、汉源县、沐川县、合阳县、绿春县、静宁县、北川县、荣昌县、仪陇县、乌什县、渠县、正宁县、庄浪县、延川县、兴平市、古浪县、荣县、澄江县、弥渡县、普格县、镇雄县、伊宁县、广南县、达孜县、甘洛县、塔城市、蒲城县、维西县、莎车县、温泉县、蓬溪县、西乡县、梓潼县、布拖县、泸西县、岳池县、武定县、阿勒泰市、巍山县、金阳县、民乐县、宁蒗县、江安县、澜沧县、特克斯县、高县、淳化县、望谟县、剑阁县、平武县、石屏县、阿克塞县、威宁县、营山县、峨边县、苍溪县、安县、南华县、甘谷县、三都县、墨竹工卡县、秦安县、屏边县、剑川县、永胜县、西充县、托里县、双柏县、丘北县、镇巴县、沙雅县、石渠县、阿坝县、巴里坤县、新津县、精河县、永德县、大姚县、宁强县、张家川县、紫云县、宜君县、元谋县、洱源县、平塘县、乐至县、堆龙德庆县、青河县、赫章县、西畴县、吉木乃县、师宗县、富源县、礼县、金川县、雷波县、马龙县、小金县、梁河县、余庆县、姚安县、牟定县、惠水县、新和县、册亨县、瓜州县、吴忠市、银川市、长武县、呼图壁县、察隅县、德格县、英吉沙县、晴隆县、墨江县、沿河县、民和县、环县、青川县、巩留县、黄平县、黎平县、洋县、山阳县、罗江县、泸县、太白县、建水县、织金县、施甸县、永平县、罗甸县、木里县、泽库县、南木林县、西和县、临潭县、贵南县、布尔津县、山丹县、西盟县、浪卡子县、罗平县、阿瓦提县、盐源县、陆良县、舟曲县

（三）四分法下各分区域的调控对象

附表2-3　　　　　　　　　　**四分法下各分区域的调控对象**

	调控对象
东部地区	葫芦岛市、朝阳市、阜新市、锦州市、齐齐哈尔市、绥化市、四平市、黑河市、白城市、抚顺市、伊春市、铁岭市、佳木斯市、本溪市
东部地区	宿迁市、盐城市、菏泽市、徐州市、连云港市、湛江市、揭阳市、淮安市、梅州市、汕头市、临沂市、温州市、茂名市、汕尾市、河源市、清远市、云浮市、丽水市、潮州市、台州市、韶关市、衢州市、肇庆市、泰州市、南通市、聊城市、保定市、江门市、邢台市、宁德市、阳江市、南平市、济宁市

	调控对象
中部地区	黄冈市、邵阳市、恩施州、阜阳市、荆州市、周口市、孝感市、商丘市、驻马店市、六安市、亳州市、永州市、信阳市、湘西州、怀化市、宿州市、运城市、赣州市、南阳市、天门市、随州市、上饶市、益阳市、忻州市、衡阳市、大同市、十堰市、咸宁市、娄底市、张家界市、吉安市、仙桃市、临汾市
西部地区	赤峰市、乌兰察布市、兴安盟、喀什地区、和田地区、渭南市、巴彦淖尔市、安康市、汉中市、巴中市、呼伦贝尔市、商洛市、南充市、通辽市、伊犁州、昭通市、达州市、河池市、固原市、贵港市、海东地区、阿克苏地区、定西市、广安市、玉林市、陇南市、临夏州、广元市、克孜勒苏柯尔克孜自治州、毕节市、天水市、文山州、遂宁市、咸阳市、资阳市、玉树州、普洱市、泸州市、中卫市、吴忠市、黔东南州、铜仁市、钦州市、临沧市、贺州市、保山市、百色市、甘孜州、平凉市、宜宾市、凉山州、昌都地区

（四）六分法下各分区域的调控对象

附表2-4　　　　　　**六分法下各分区域的调控对象**

	调控对象
东北地区	葫芦岛市、朝阳市、阜新市、锦州市、齐齐哈尔市、绥化市、四平市、黑河市、白城市、抚顺市、伊春市、铁岭市、佳木斯市、本溪市
华北地区	河北、山西
华东地区	宿迁市、盐城市、菏泽市、徐州市、连云港市、淮安市、临沂市、温州市、丽水市、台州市、衢州市、阜阳市、泰州市、南通市、聊城市、宁德市、南平市、济宁市、德州市、六安市、莆田市、亳州市、潍坊市、金华市、宿州市、漳州市、赣州市、扬州市、上饶市、枣庄市
中南地区	湛江市、揭阳市、梅州市、汕头市、茂名市、汕尾市、河源市、清远市、云浮市、潮州市、黄冈市、韶关市、邵阳市、恩施州、肇庆市、荆州市、周口市、江门市、阳江市、孝感市、商丘市、驻马店市、永州市、信阳市、湘西州、怀化市、惠州市、河池市、南阳市、贵港市、天门市、随州市
西南地区	金堂县、彭州市、邛崃市、崇州市、云阳县、开县、大邑县、寻甸县、都江堰市、禄劝县、酉阳县、奉节县、中江县、丰都县、巫山县、忠县、彭水县、巫溪县、梁平县、潼南县、蒲江县、垫江县、开阳县、三台县、秀山县、江川县、清镇市、嵩明县、修文县、石柱县、富顺县、石林县、通海县、米易县、元江县、宜良县、华宁县、六枝特区、正安县、水城县、晋宁县、宣威市、会泽县、资中县、昭觉县、井研县、盐亭县、城口县、犍为县、叙永县、林周县、元阳县、盐边县、美姑县、马边县、当雄县、

	调控对象
	仁寿县、安岳县、务川县、越西县、易门县、金平县、红河县、古蔺县、屏山县、宜宾县、新平县、曲水县、富民县、喜德县、凤冈县、息烽县、兴文县、峨山县、合江县、绥阳县、武隆县、尼木县、桐梓县、习水县、湄潭县、道真县、铜梁县、汉源县、沐川县、绿春县、北川县、荣昌县、仪陇县、渠县、荣县、澄江县、弥渡县、普格县、镇雄县、广南县、达孜县、甘洛县、维西县、蓬溪县、梓潼县、布拖县、泸西县、岳池县、武定县、巍山县、金阳县、宁蒗县、江安县、澜沧县、高县、望谟县、剑阁县、平武县、石屏县、威宁县、营山县、峨边县、苍溪县、安县、南华县、三都县、墨竹工卡县、屏边县、剑川县、永胜县、西充县、双柏县、丘北县、石渠县、阿坝县、新津县、永德县、大姚县、紫云县、元谋县、洱源县、平塘县、乐至县、堆龙德庆县、赫章县、西畴县、师宗县、富源县、金川县、雷波县、马龙县、小金县、梁河县、余庆县、姚安县、牟定县、惠水县、册亨县、察隅县、德格县、晴隆县、墨江县、沿河县、青川县、黄平县、黎平县、罗江县、泸县、建水县、织金县、施甸县、永平县、罗甸县、木里县、南木林县、西盟县、浪卡子县
西北地区	绥德县、子洲县、周至县、佳县、蓝田县、都兰县、清涧县、横山县、米脂县、户县、永登县、榆中县、德令哈市、吴堡县、永昌县、焉耆县、和静县、子长县、大通县、富县、宜川县、扶风县、延长县、乌鲁木齐县、会宁县、皋兰县、陇县、湟源县、尉犁县、和硕县、额敏县、武功县、乾县、奇台县、海原县、湟中县、木垒县、且末县、甘泉县、靖远县、博湖县、乌兰县、轮台县、宁县、吐鲁番市、黄龙县、富平县、镇原县、眉县、凤翔县、吉木萨尔县、同心县、贺兰县、延安市、岐山县、千阳县、大荔县、永宁县、门源县、裕民县、金塔县、酒泉市、永寿县、礼泉县、平罗县、泾阳县、合阳县、静宁县、乌什县、正宁县、庄浪县、延川县、兴平市、古浪县、伊宁县、塔城市、蒲城县、莎车县、温泉县、西乡县、阿勒泰市、民乐县、特克斯县、淳化县、阿克塞县、甘谷县、秦安县、托里县、镇巴县、沙雅县、巴里坤县、精河县、宁强县、张家川县、宜君县、青河县、吉木乃县、礼县、新和县、瓜州县、吴忠市、银川市、长武县、呼图壁县、英吉沙县、民和县、环县、巩留县、洋县、山阳县、太白县、泽库县、西和县、临潭县、贵南县、布尔津县、山丹县、阿瓦提县、舟曲县、达日县、甘德县、囊谦县、循化县

参考文献

F. P. Ramsey. "A Mathematical Theory of Saving." *The Economic Journal*, 1928, 38 (152): 543-559.

A. F. Shorrocks. "The Measurement of Mobility." *Econometrica*, 1978, 46 (5): 1013-1024.

Abramovitz, M. "Catching Up, Forging Ahead, and Falling Behind." *Journal of Economic History*, 1986, (46): 385-406.

Aghion, P. , H. Peter. "A Model of Growth through Creative Destruction." *Econometrica*, 1992, 60 (2): 323-351.

Alan M. Taylor. Convergence and International Factor Flows in Theory and History, NBER Working Paper (1996): 57-98.

Armstrong, H. Convergence among Regions of the European Union, 1950-1990, *Papers in Regional Science*, 1995, 74 (2): 143-152.

Aziz, J. , C. Duenwald, K. Christorph. China's Provincial Growth Dynamics. IMF Working Paper, No. 01/3, 2001.

Bandyyopadhyay, S. Convergence Club Empirics: Some Dynamics and Explanations of Unequal Growth across Indian States. DARP Discussion Paper, 2003 No. 69.

Barro, R. , X. Sala-i-Martin. "Convergence." *Journal of Political Economy*, 1992a, 100 (2): 223-251.

Barro, R. , X. Sala-i-Martin. Economic Growth and Convergence across the United States. NBER Working Paper, 1990.

Barro, R. , X. Sala-i-Martin. *Economic Growth*. McGraw-Hill, Inc. , 1994.

Barro, R. , X. Sala-i-Martin. Regional Growth and Migration: A Japan-U. S. Comparison. NBER Working Papers 4038, National Bureau of Economic Research, Inc, 1992b.

Barro, R. , X. Sala-i-Martin. "Technological Diffusion, Convergence, and Growth." *Journal of Economic Growth*, 1997, 2 (1): 1-26.

Barro, R. "Economic Growth in a Cross Section of Countries." *Quarterly Journal of Economics*, 1991, 106: 407-443.

Baumol, W. "Productivity Growth Covergence and Welfare: What the Long-run Date Show." *Journal of Economic in Growth*, 1986, 3: 143-170.

Benand, A. , C. Jones. "Technology and Convergence." *The Economic Journal*, 1996, 106: 1037-1044.

Bernard, A. B and Durlauf, S. N. , 1996. Interpreting Test of the Convergence Hypothesis, *Jounarl of Eonometrics*, 71: 161-173.

Bickenbach, F. and Bode, E. "Evaluating the Markov Property in Studies of Economic Convergence." *International Regional Science Review*, 2003, 26: 363-392.

Borro, R. J. and Sala-i-Martin, X. , 1991. Convergence across Dtates and Region. Brooking Papers on Economic Activity.

Bunnell, T. G. and Coe, N. M. "Spaces and Scales of Innovation." *Progress in Human Geography*, 2001, 25: 569-589.

C. Cindy Fan and Mingjie Sun. "Regional Inequality in China, 1978-2006." *Eurasian Geography and Economics*, 2008, 49 (1): 1-20.

Carl-Johan Dalgaard. Club Convergence: Some Empirical Issues. Institute of Economics University of Copen-hagen, Working Papers, 2003: 3-156.

Cass, D. "Optimum Growth in an Aggregative Model of Capital Accumulation." *Review of Economic Studies*, 1965, 32: 233-240.

Chan, K. W. , Wang. M. "Remapping China's Regional Inequalities, 1990-2006: A New Assessment of de Facto and de Jure Population Data." *Eurasian Geography and Economics*, 2008, 49 (1): 21-56.

Chen, J. , Fleisher, B. "Regional Income Inequality and Economic

Growth in China." *Journal of Comparative Economics*, 1996, 22: 141-164.

Dagum Camilo. "A New Approach to the Decomposition of the Gini Income Inequality Ratio." *Empirical Economic*, 1997, 22 (4): 515-531.

Daisaku Yamamoto. "Scales of Regional Income Disparities in the USA, 1955-2003." *Journal of Economic Geography*, 2008, 8: 79-103.

Delong, B. "Productivity, Growth Convergence, and Welfare: Comment." *American Economic Review*, 1988, 78 (5): 1138-1154.

Diamond, A. "National Debt in a Neoclassical Growth Model." *The American Economic Review*, 1965, 55 (5): 1126-1150.

Dixon, C. "The Developmental Implications of the Pacific Asian Crises: The Thai Experience." *Third World Quarterly*, 1999, 20 (2): 439-452.

Drennan, M. P., Lobo, J., Strumsky, D. "Unit Root Tests of Sigma Income Convergence across US Metropolitan Areas." *Journal of Economic Geography*, 2004, 4: 583-595.

Dupont, V. "Do Geographical Agglomeration, Growth and Equity Conflict." *Papers in Regional Science*, 2007, 86 (2): 193-213.

Durlauf, S., P. Johnson. "Multiple Regimes and Cross Country Growth Behavior." *Journal of Applied Econometrics*, 1995, 10 (4): 365-384.

Fagerberg, J., B. Verspagen. "Heading for Divergence? Regional Growth in Europe Reconsidered." *Journal of Common Market Studies*, Wiley Blackwell, 1996, 34 (3): 431-448.

Gardiner, B., Martin, R., Tyler, P. "Does Spatial Agglomeration Increase National Growth? Some Evidence from Europe." *Journal of Economic Geography*, 2011, 11 (6): 979-1006.

Giuseppe Arbia, Roberto Basile, Gianfranco Piras. Using Spatial Panel Data in Modelling Regional Growth and Convergence, Istituto di Studi e Analisi Economica. Working Paper 2005, 55.

Grossman, G., E. Helpman. *Innovation and Growth in the Global Economy*.

Cambridge: MIT Press, 1991.

Haggett, P. *Locational Analysis in Human Geography* . London: Edward Arnold, 1965. 263.

Hammond, G. W. and Thompson, E. "Mobility and Modality Trends in US State Personal Income." *Regional Studies*, 2002, 36: 275-287.

Hosono, K. , H. Toya. Regional Income Convergence in the Philippines. Discussion Paper, Institute of Economic Research, Hitotsubashi University, 2000, No. D99-22.

Jones, Charles I. "On the Evolution of the World Income Distribution." *The Journal of Economic Perspective*, 1997, 11 (3): 19-36.

Jones, C. Population and Ideas: A Theory of Endogenous Growth. NBER Working Paper Series, 1997, 6285.

Jones, C. "Time Series Test of Economic Growth." *Journal of Political Economy*, 1995, 103: 759-784.

Kang, S. J. "The Evolution of Regional Income Distribution in Japan." *Applied Economics*, 2004, 36: 253-259.

Ken Togo. A Brief Survey on Regional Convergence in East Asian Economies. Musashi University Working Paper, No. 5, 2001.

Koopmans, C. On the Concept of Optimal Economic Growth, The Econometric Approach to Development Planning, Pontificiae Academiae Scientiarum Scripta Varia, 1965, 28: 225-300.

Krugman, P. *Development, Geography and Economic Theory*. Cambridge: MA. MIT Press, 1995.

Krugman, P. "Intra-industry Specialization and the Gains from Trade." *Journal of Political Economy*, 1981, 89: 959-973.

L. G. Ying. "Measuring the Spillover Effects: Some Chinese Evidence." Papers in *Regional Science*, 2000, 79 (1): 75-89.

L. G. Ying. "Understanding Chinaps Recent Growth Experience: A Spatial Econometric Perspective." *The Annals of Regional Science*, 2003, 37 (4): 613-628.

Laurini, M. , E. Andrade & P. L. Valls Pereira. Income Convergence Club for Brazilian Municipalities, *Applied Economics*, 2005, 37: 2099-2118.

Lefebvre, H. *The Production of Space*. Cambridge, MA: Blackwell, 1991.

Long Gen Ying. "China's Changing Regional Disparities During the Reform Period." *Economic Geography*, 1999, 75 (1): 59-70.

Lucas, E. "On the Mechanics of Economic Development." *Journal of Monetary Economics*, 1988, 22: 3-42.

Magrini, S. "Regional (di) Convergence." In Henderson, J., Thisse, J. F. (eds.). *Handbook of Regional and Urban Economics*. Elsevier, Amsterdam (2004) 2741-2796.

Mankiw, G., D. Romer and D. Weil. "A Contribution to the Empirics of Economic Growth." *Quarterly Journal of Economics*, 1992, 107: 407-437.

Martin, R. "The 'New Economic Geography': Challenge or Irrelevance?" Transactions of the Institute of British Geographers, New Series, 1999, 24: 869-884.

Martin, R. "EMU versus the Regions? Regional Convergence and Divergence in Euroland." *Journal of Economic Geography*, 2001, 1: 51-80.

Martin, R., Sunley, P. "Slow Convergence? The New Endogenous Growth Theory and Regional Development." *Economic Geography*, 1998, 74: 201-227.

Martin, C., F. Velázquez. An Assessment of Real Convergence of Less Developed EU Members: Lessons for the CEEC Candidates, Working Paper, No. 5, European Economy Group (EEG), Universidad Complutense de Madrid, 2001.

Martin, C. The Spanish Economy in the New Europe, USA: Macmillan, UK and St. Martin's Press, 2000.

Mauro, L., Godrecca, E. "The Case of Italian Regions: Convegence or Dualism." *Economic Notes*, 1994, 23 (3), 447-472.

Mello, M. and A. Novo, 2002. The New Empirics of Economic Growth:

Estimation and Inference of Growth Equations with Quantile Regression. Manuscript, University of Illinois at Urbana Champaign.

Moellering, H. and Tobler, W. "Geographical Variances." *Geographical Analysis*, 1972, 4: 34-50.

Mossi, M. B., Aroca, P., Fernandez, I. J., Azzoni, C. R. "Growth Dynamics and Space in Brazil." *International Regional Science Review*, 2003, 26: 393-418.

Neven, D., C. Gouymte. "Regional Convergence in the European Community." *Journal of Common Market Studies*, 1995, 33 (1): 47-65.

Oded, G. "Convergence? Inference from Theoretical Models." *The Economic Journal*, 1996, 106: 1056-1069.

Ordover, J., W. Baumol. "Antitrust Policy and High Technology Industries." *Oxford Review of Economic Policy*, Oxford University Press, 1988, 4 (4): 13-34.

Overman, H. G. "Can We Learn Anything from Economic Geography Proper?" *Journal of Economic Geography*, 2004, 4: 501-506.

P. Moran. "Location Autocorrelation Statistics: Distribution Issues and Application." *Geographical Analysis*, 1950, 27 (4): 286-306.

Peter Pedroni, James Yudong Yao. "Regional Income Divergence in China." *Journal of Asian Economics*, 2006 17 (2): 294-315.

Petrakos G, Saratsis Y. "Regional Inequalities in Greece." *Papers in Regional Science*, 2000, 79 (1): 57-74.

Pu, Y. X., Ma, R. H., Ge Y, et al. "Spatial-temporal Dynamics of Regional Convergence at County Level in Jiangsu." *Chinese Geographical Science*, 2005, 15 (2): 113-119.

Quah, Danny T. "Twin Peaks: Growth and Convergence in Models of Distribution Dynamics." *The Economic Journal*, 1996, 106: 1045-1055.

Ramsey, P. "A Mathematical Theory of Saving." *Economic Journal*, 1928, 38 (152): 543-559.

Rey, S. J., Janikas, M. V. "Regional Convergence, Inequality, and Space." *Journal of Economic Geography*, 2005, 5 (2): 155-176.

Rey, S. J. "Spatial Empirics for Economic Growth and Convergence." *Geographical Analysis*, 2001, 33 (3), 195-214.

Rey, S. J. "Spatial Dependence in the Evolution of Regional Income Distributions." In A. Getis, J. L. Mur, H. G. Zoller (eds.). *Spatial Econometrics and Spatial Statistics*, 2004b: 194-214. New York: Palgrave Macmillan.

Rey, S. J. "Spatial Analysis of Regional Income Inequality." In M. Goodchild and D. Janelle (eds.). *Spatially Integrated Social Science*, 2004a: 280-299. Oxford: Oxford University Press.

Robert J. Barro and Xavier Sala-I-Martin. "Convergence Across States and Regions." Brookings Papers on Economic Activity, 1991: 107-182.

Romer, P. "Endogenous Technological Change." *Journal of Political Economy*, 1990, 98 (5): S71-S102.

Romer, P. "Increasing Returns and Long-Run Growth." *The Journal of Political Economy*, 1986, 94 (5): 1002-1037.

Sachs, J., Warner, Andrew M. Economic Convergence and Economic Policies. NBER Working Paper, No. 5039, 1995.

Sala-i-Martin, X. "The Classic Approach to Convergence Analysis." *The Economic Journal*, 1996, 106: 1019-1036.

Sergio J. Rey, Boris Dev. Sigma Convergence in the Presence of Spatial Effects, Papers in Regional Science, 2006, 85 (2): 217-234.

Sheppard, E. "The Spaces and Times of Globalization: Place, Scale, Networks, and Positionality." *Economic Geography*, 2002, 78: 307-330.

Sheppard, E. and McMaster, R. B. *Scale and Geographic Inquiry: Nature, Society, and Method*, London Blackwell, 2004 (Eds).

Shorrocks, A, Wan, G. "Spatial Decomposition of Inequality." *Journal of Economic Geography*, 2005, 5: 59-81.

Shujie Yao. "On the Decomposition of Gini Coefficient by Population on Class and Income Source: A Spread Sheet Approach and Application." *Applied Economics*, 1999, 31: 1249-1264.

Solow, M. R. "A Contribution to the Theory of Economic Growth." *The Quarterly Journal of Economics*, 1956, 70 (1): 65-94.

Swan, W. "Economic Growth and Capital Accumulation." *Economic Record*, 1956, 32: 334-661.

Tian, L., Wang, H. H., Chen, Y. J. "Spatial Externalities in China Regional Economic Growth." *China Economic Review*, 2010, 21: 20-31.

Tondl, G. *Convergence after Divergence? Regional Growth in Europe*. New York: Springer, 2001.

Tondl, G. "The Changing Pattern of Regional Convergence in Europe." *Jahrbuch für Regional wissenschaft*, 1999, 19 (1): 1-33.

Tianlun Jian, Jeffey D. Sachs and Andrew M. Warner. "Trends in Regional Inequality in China." *China Economic Review*, 1996, 7 (1): 1-21.

Tsui, Kai Yuen. "Decomposition of China's Regional Inequalities." *Journal of Comparative Economics*, 1993, (17): 600-627.

Vanhoudt, P. What Diagnosis for Europe's Ailing Regions? EIB Papers, 2000, 1 (5): 9-30.

Weeks, M. and Yudong, Y. "Provincial Conditional Income Convergence in China, 1953-1997: A Panel Data Approach." *Econometric Reviews*, 2003, 22 (1): 59-77.

Wei, Y. H. D, "Kim S. Widening Inter-county Inequality in Jiangsu Province, China, 1950-95." *Journal of Development Studies*, 2002, 38 (6): 142-164.

Westerlund, J., D. Edgerton, O. Sonja. "Why is Chinese Provincial Output Diverging?" *Journal of Asian Economics*, Elsevier, 2010, 21 (4): 333-344.

Wu, J., Jelinski, D. E., Luck, M., Tueller, P. T. "Multiscale Analysis of Landscape Heterogeneity: Scale Variance and Pattern Metrics." *Geographic Information Sciences*, 2000, 6: 6-19.

Yamamoto, D. "Scales of Regional Income Disparities in the USA, 1955-

2003." *Journal of Economic Geography*, 2008, 8（1）：79-103.

Young, Andrew T., Higgins, Matthew J., Daniel Levy. Sigma Convergence versus Beta Convergence：Evidence from U. S. County-Level Data, Dep. of Economics, Bar-Ilan University, Working Paper 2003, 6-03.

Young, A., M. Higgins, D. Levy. "Sigma Convergence Versus Beta Convergence." *Journal of Money, Credit, and Banking*, 2009, 40（5）：1083-1094.

Zhang, P., Xu, M. "The View from the County：China's Regional Inequalities of Socio-economic Development, *Annals of Economics and Finance*, 2011, 12（1）：183-198.

Zhao, X. "Spatial Disparities and Economic Development in China, 1953 – 1992：A Comparative Study." *Development and Change*, 1996, 27（1）：131-160.

蔡昉、都阳：《中国地区经济增长的趋同与差异——对西部开发战略的启示》，《经济研究》2000 年第 10 期。

曹海波：《中国区域经济增长差异及其影响因素分析》，学位论文，吉林大学，2012 年。

曹建军、刘永娟、李金莲：《江苏省区域经济差异的多尺度研究》，《地域研究与开发》2010 年第 5 期。

曾光：《长三角城市经济增长的收敛性研究》，学位论文，复旦大学，2006 年。

曾鹏、陈芬：《中国十大城市群经济增长差异的收敛性比较研究》，《统计与决策》2012 年第 14 期。

钞小静：《任保平中国经济增长质量的时序变化与地区差异分析》，《经济研究》2011 年第 4 期。

陈安平、李国平：《中国地区经济增长的收敛性——时间序列的经验研究》，《数量经济技术经济研究》2004 年第 11 期。

陈得文、陶良虎：《中国区域经济增长趋同及其空间效应分解——基于 SUR—空间计量经济学分析》，《经济经纬》2012 年第 3 期。

陈芳：《中国区域经济增长收敛的空间经济计量研究》，学位论文，华南理工大学，2011 年。

陈浩、邓祥征：《中国区域经济发展的地区差异》，《地理信息科学学报》2011 年第 5 期。

陈洪安、李国平：《中国省际经济差异的变迁（1978—2007 年）》，《上海财经大学学报》2009 年第 6 期。

陈培阳、朱喜钢：《基于不同尺度的中国区域经济差异》，《地理学报》2012 年第 8 期。

陈晓玲、李国平：《地区经济收敛实证研究方法评述》，《数量经济技术经济研究》2007 年第 8 期。

陈秀山、徐瑛：《中国区域差距影响因素的实证研究》，《中国社会科学》2004 年第 5 期。

陈钊：《我国东西部地区的南北发展差异》，《地理研究》1999 年第 1 期。

程建、连玉君：《中国区域经济增长收敛的协整分析》，《经济科学》2005 年第 5 期。

邓冬林、张伟丽：《区域经济差异研究综述及扩展方向展望》，《统计与决策》2010 年第 18 期。

董先安：《浅释中国地区收入差距：1952—2002》，《经济研究》2004 年第 9 期。

杜丽永、蔡志坚：《中国区域经济收敛了吗？——基于时间序列的再检验》，《当代财经》2012 年第 2 期。

樊杰：《近期我国省域经济增长的基本态势分析》，《地理科学进展》1997 年第 3 期。

樊新生、李小建：《基于县域尺度的经济增长空间自相关性研究——以河南省为例》，《经济经纬》2005 年第 3 期。

范剑勇：《产业结构失衡！空间聚集与中国地区差距变化》，《上海经济研究》2008 年第 2 期。

冯星光、张晓静：《基于广义熵指数的地区差距测度与分解：1978—2003》，《统计与信息论坛》2005 年第 4 期。

冯长春、曾赞荣、崔娜娜：《2000 年以来中国区域经济差异的时空演变》，《地理研究》2015 年第 2 期。

傅晓霞、吴利学：《技术效率，资本深化与地区差异》，《经济研究》

2006 年第 10 期。

高帆：《中国地区经济差距的"空间"和"动力"双重因素分解》，《经济科学》2012 年第 5 期。

高志刚：《中国区域经济发展及区域经济差异研究述评》，《当代财经》2002 年第 5 期。

顾六宝：《消费跨期替代弹性与中国经济增长收敛速度的模拟》，《开发研究》2005 年第 1 期。

管卫华、林振山、顾朝林：《中国区域经济发展差异及其原因的多尺度分析》，《经济研究》2006 年第 7 期。

郭爱君、贾善铭：《经济增长收敛研究：基于西部地区 1952—2007 年的省级面板数据》，《兰州大学学报》（社会科学版）2010 年第 4 期。

郭朝先：《我国三大地带俱乐部收敛了吗？——基于 1993—2004 年人均 GRP 的数据分析》，《经济管理》2006 年第 21 期。

郭腾云、徐勇：《我国区域经济空间收敛研究》，《地理与地理信息科学》2005 年第 4 期。

何一峰：《转型经济下的中国经济趋同研究——基于非线性时变因子模型的实证分析》，《经济研究》2008 年第 7 期。

洪国志、胡华颖、李郇：《中国区域经济发展收敛的空间计量分析》，《地理学报》2010 年第 12 期。

胡鞍钢、王绍光、康晓光：《中国地区差距报告》，辽宁出版社 1995 年版。

胡鞍钢、魏星：《地区经济发展的局部不均衡剖解：1993—2005》，《改革》2008 年第 11 期。

胡鞍钢、邹平：《社会与发展——中国社会发展地区差距研究》，浙江人民出版社 2000 年版。

胡艳君、莫桂青：《区域经济差异理论综述》，《生产力研究》2008 年第 5 期。

贾俊雪、郭庆旺：《中国区域经济趋同与差异分析》，《中国人民大学学报》2007 年第 5 期。

金相郁、郝寿义：《中国区域发展差距的趋势分析》，《财经科学》

2006 年第 7 期。

金相郁、武鹏：《中国区域经济发展差距的趋势及其特征——基于 GDP 修正后的数据》，《南开经济研究》2010 年第 1 期。

金相郁：《空间收敛第二规律以及中国区域经济结构不平衡的研究》，博士论文，南开大学，2002 年。

金相郁：《区域经济增长收敛的分析方法》，《数量经济技术经济研究》2006 年第 3 期。

金相郁：《中国区域发展差距格式实证研究》，《地域研究与开发》2005 年第 1 期。

琚晓星、刘岳平、钟世川：《中国区域经济增长差异收敛性研究综述与展望》，《安徽农业科学》2011 年第 33 期。

李斌、陈开军：《对外贸易与地区经济差距变动》，《世界经济》2007 年第 5 期。

李二玲、覃成林：《中国南北区域经济差异研究》，《地理学与国土研究》2002 年第 4 期。

李广东、方创琳：《中国区域经济增长差异研究进展与展望》，《地理科学进展》2013 年第 7 期。

李会宁、叶民强：《我国东中西部三地区经济发展差距分析》，《经济问题探索》2006 年第 2 期。

李冀、严汉平：《中国区域经济差异演进趋势分析——基于政策导向和收敛速度的双重视角》，《经济问题》2010 年第 12 期。

李培：《中国城市经济增长的效率与差异》，《数量经济技术经济研究》2007 年第 7 期。

李双成、蔡运龙：《地理尺度转换若干问题的初步探讨》，《地理研究》2005 年第 1 期。

李小建、乔家君：《20 世纪 90 年代中国县际经济差异的空间分析》，《地理学报》2001 年第 2 期。

李小建：《经济地理学研究中的尺度问题》，《经济地理》2005 年第 4 期。

厉以宁：《区域发展新思路》，经济日报出版社 2000 年版。

林光平、龙志和、吴梅：《我国地区经济收敛的空间计量实证分析：

1978—2002 年》，《经济学季刊（增刊)》2005 年第 4 期。

林光平、龙志和、吴梅：《中国地区经济 σ 收敛的空间计量实证分析》，《数量经济技术经济研究》2006 年第 4 期。

林毅夫、蔡昉、都阳：《中国经济转轨时期的地区差距分析》，《经济研究》1998 年第 6 期。

林毅夫、董先安、殷韦：《技术选择，技术扩散与经济收敛》，《财经问题研究》2004 年第 6 期。

林毅夫、刘明兴：《中国的经济增长收敛与收入分配》，《世界经济》2003 年第 8 期。

林毅夫、刘培林：《中国的经济发展战略与地区收入差距》，《经济研究》2003 年第 2 期。

林毅夫：《发展战略，自生能力和经济收敛》，《经济学季刊》2002 年第 1 期。

刘慧：《区域差异测度方法与评价》，《地理研究》2006 年第 4 期。

刘木平、舒元：《我国地区经济的收敛与增长决定力量：1978—1997》，《中山大学学报》（社会科学版）2000 年第 5 期。

刘强：《中国经济增长的"俱乐部趋同"特征及其成因研究》，《经济研究》2001 年第 6 期。

刘强：《中国经济增长的收敛性分析》，《经济研究》2001 年第 6 期。

刘清春、王铮：《中国区域经济差异形成的三次地理要素》，《地理研究》2009 年第 2 期。

刘生龙、王亚华、胡鞍钢：《西部大开发成效与中国区域经济收敛》，《经济研究》2009 年第 9 期。

刘生龙、张捷：《空间经济视角下中国区域经济收敛性再检验——基于 1985—2007 年省级数据的实证研究》，《财经研究》2009 年第 12 期。

刘胜强、周兵：《中国区域经济发展差距研究综述》，《经济问题》2008 年第 1 期。

刘涛：《中国区域经济差异的空间分解和结构分解》，《理论学刊》2012 年第 8 期。

刘夏明、魏英琪、李国平：《收敛还是发散？——中国区域经济发展争论的文献综述》，《经济研究》2004 年第 7 期。

刘旭华、王劲峰、孟斌：《中国区域经济时空动态不平衡发展分析》，《地理研究》2003 年第 4 期。

刘长平、李前兵：《基于省际面板数据的区域经济差异多指标测度》，《统计与决策》2012 年第 18 期。

刘志伟：《收入分配不公平程度测度方法综述》，《统计与信息论坛》2003 年第 5 期。

龙美林、向南平：《30 年来中国区域经济发展差异分析》，《中国西部科技》2011 年第 1 期。

龙文：《对中国区域经济条件收敛性的实证检验》，《统计与决策》2007 年第 2 期。

龙志和、陈芳、林光平：《中国区域经济收敛的空间面板分析——基于 2000—2008 年 1271 个县的实证研究》，《中国科技论坛》2012 年第 1 期。

卢丽春、李延国：《中国区域经济发展差距研究综述》，《上海财经大学学报》2006 年第 4 期。

卢晓旭、陆玉麒、尚正永：《基于锡尔系数的 1998—2007 年中国区域经济差异分析》，《国土与自然资源研究》2009 年第 4 期。

卢艳、徐建华：《中国区域经济发展差异的实证研究与 R/S 分析》，《地域研究与开发》2002 年第 3 期。

芦惠等：《中国区域经济差异与极化的时空分析》，《经济地理》2013 年第 6 期。

鲁凤、徐建华：《基于不同区划系统的中国区域经济差异分解研究》，《人文地理》2006 年第 2 期。

鲁凤、徐建华：《基于二阶段嵌套锡尔系数分解方法的中国区域经济差异研究》，《地理科学》2005 年第 4 期。

鲁凤、徐建华：《中国区域经济差异：来自 Gini 系数和 Theil 系数的实证》，《中国东西部合作研究》2004 年第 1 期。

鲁凤、徐建华：《中国区域经济差异的空间统计分析》，《华东师范大学学报》（自然科学版）2007 年第 2 期。

陆大道、刘毅、樊杰：《我国区域政策实施效果与区域发展的基本态势》，《地理学报》1999 年第 6 期。

陆大道：《中国区域发展的新因素与新格局》，《地理研究》2004 年第 3 期。

罗浩：《中国区域经济增长收敛性研究的回顾与前瞻》，《社会科学研究》2008 年第 5 期。

罗仁福、李小建、覃成林：《中国省际经济趋同的定量分析》，《地理科学进展》2002 年第 1 期。

吕韬、曹有挥：《"时空接近"空间自相关模型构建及其应用——以长三角区域经济差异分析为例》，《地理研究》2010 年第 2 期。

马国霞、徐勇、田玉军：《京津冀都市圈经济增长收敛机制的空间分析》，《地理研究》2007 年第 3 期。

马瑞永：《经济增长收敛机制：理论分析与实证研究》，学位论文，浙江大学，2006 年。

马栓友、于红霞：《转移支付与地区经济收敛》，《经济研究》2003 年第 3 期。

苗长虹：《变革中的西方经济地理学：制度，文化，关系与尺度转向》，《人文地理》2004 年第 8 期。

欧向军、沈正平、王荣成：《中国区域经济增长与差异格局演变探析》，《地理科学》2006 年第 6 期。

欧向军、赵清：《基于区域分离系数的江苏省区域经济差异成因定量分析》，《地理研究》2007 年第 4 期。

欧阳南江：《改革开放以来广东省区域差异的发展变化》，《地理学报》1993 年第 3 期。

潘竞虎、贾文晶：《中国国家级贫困县经济差异的空间计量分析》，《中国人口·资源与环境》2014 年第 5 期。

潘文卿：《中国区域经济差异与收敛》，《中国社会科学》2010 年第 1 期。

彭国华：《我国地区经济的长期收敛性》，《管理世界》2006 年第 9 期。

彭国华：《中国地区收入差距，全要素生产率及其收敛分析》，《经济研究》2005 年第 9 期。

彭文斌、刘友金：《我国东中西三大区域经济差距的时空演变特征》，《经济地理》2010年第4期。

蒲英霞、葛莹、马荣华等：《基于ESDA的区域经济空间差异分析——以江苏省为例》，《地理研究》2005年第6期。

任建军、阳国梁：《中国区域经济发展差异及其成因分析》，《经济地理》2010年第5期。

沈坤荣、马俊：《中国经济增长的"俱乐部收敛"特征及其成因研究》，《经济研究》2001年第1期。

沈坤荣、唐文健：《大规模劳动力转移条件下的经济收敛性分析》，《中国社会科学》2006年第5期。

石磊、高帆：《地区经济差距：一个基于经济结构转变的实证研究》，《管理世界》2006年第5期。

史修松、赵曙东：《中国经济增长的地区差异及其收敛机制（1978—2009年）》，《数量经济技术经济研究》2011年第1期。

宋德勇：《改革以来中国经济发展的地区差距状况》，《数量经济技术经济研究》1998年第3期。

宋学明：《中国区域经济发展及其收敛性》，《经济研究》1996年第9期。

宋长青、李子伦、马方：《中国经济增长效率的地区差异及收敛分析》，《城市问题》2013年第6期。

苏良军、王芸：《中国经济增长空间相关性研究》，《数量经济技术经济研究》2007年第12期。

孙久文、姚鹏：《基于空间异质性视角下的中国区域经济差异研究》，《上海经济研究》2014年第5期。

覃成林、王荣斌：《中国区域经济增长σ趋同分析》，《华中师范大学学报》（人文社会科学版）2007年第3期。

覃成林、张伟丽：《区域经济增长俱乐部趋同研究评述》，《经济学动态》2008年第3期。

覃成林、张伟丽：《中国区域经济增长俱乐部趋同检验及因素分析》，《管理世界》2009年第3期。

覃成林：《中国区域经济差异变化的空间特征及其政策含义研究》，

《地域研究与开发》1998 年第 2 期。

覃成林:《中国区域经济差异研究》,中国经济出版社 1997 年版。

覃成林:《中国区域经济增长趋同与分异研究》,《人文地理》2004 年第 3 期。

汤学兵、陈秀山:《我国八大区域的经济收敛性及其影响因素分析》,《中国人民大学学报》2007 年第 1 期。

滕建州、梁琪:《中国区域经济增长收敛吗?——基于时间序列的随机收敛和收敛研究》,《管理世界》2006 年第 12 期。

汪彩玲:《区域经济差异及其适度区间的确定——基于统计学视角的研究》,《经济经纬》2008 年第 4 期。

汪锋、张宗益、康继军:《企业市场化,对外开放与中国经济增长条件收敛》,《世界经济》2006 年第 6 期。

王军:《经济区域差异研究方法探讨——以保定市为例》,《保定师专学报》1999 年第 4 期。

王坤:《区域经济发展差异的文献综述》,《江苏社会科学》2011 年第 5 期。

王亮:《经济增长收敛假说的存在性检验与形成机制研究》,学位论文,吉林大学,2010 年。

王启仿:《中国区域经济增长收敛问题的论争》,《财经理论与实践》2004 年第 29 期。

王荣斌:《中国区域经济增长条件趋同研究》,《经济地理》2011 年第 7 期。

王小鲁、樊纲:《中国地区差距的变动趋势和影响因素》,《经济研究》2004 年第 1 期。

王欣亮、严汉平、刘飞:《中国区域经济增长差异的时间演进及空间机制分解:1952—2012》,《当代经济科学》2014 年第 3 期。

王远林、杨竹莘:《基于固定影响的中国区域经济增长收敛性分析》,《财经理论与实践》2005 年第 136 期。

王铮、葛昭攀:《中国区域经济发展的多重均衡态与转变前兆》,《中国社会科学》2002 年第 4 期。

王志刚:《质疑中国经济增长的条件收敛性》,《管理世界》2004 年第

3 期。

魏后凯、刘楷、胡武贤、杨大利：《中国地区发展：经济增长，制度变迁与地区差异》，经济管理出版社 1997 年版。

魏后凯、刘楷、周良民等：《中国地区发展——经济增长，制度变迁与地区差异》，经济管理出版社 1997 年版。

魏后凯：《改革开放 30 年中国区域经济的变迁——从不平衡发展到相对均衡发展》，《经济学动态》2008 年第 5 期。

魏后凯：《外商直接投资对中国区域经济增长的影响》，《经济研究》2002 年第 4 期。

魏后凯：《中国地区间居民收入差异及其分解》，《经济研究》1996 年第 11 期。

魏后凯：《中国地区经济增长及其收敛》，《中国工业经济》1997 年第 3 期。

吴爱芝、杨开忠、李国平：《中国区域经济差异变动的研究综述》，《经济地理》2011 年第 5 期。

吴殿廷：《试论中国经济增长的南北差异》，《地理学与国土研究》2002 年第 4 期。

吴强：《动态门槛面板模型及我国经济增长》，《统计研究》2007 年第 6 期。

吴彤、罗浩：《中国区域经济趋同性研究综述》，《当代财经》2004 年第 4 期。

吴玉鸣、徐建华：《中国区域经济增长集聚的空间统计分析》，《地理科学》2004 年第 6 期。

吴玉鸣：《中国省域经济增长趋同的空间计量经济分析》，《数量经济技术经济研究》2006 年第 12 期。

伍世代、王强：《2008：中国东南沿海区域经济差异及经济增长因素分析》，《地理学报》1963 年第 2 期。

武鹏、金相郁、马丽：《数值分布，空间分布视角下的中国区域经济发展差距（1952—2008）》，《经济科学》2010 年第 5 期。

项云帆、王少平：《基于空间 Panel Data 的中国区域人均 GDP 收敛分析》，《中国地质大学学报》（社会科学版）2007 年第 5 期。

谢磊等：《长江中游经济区县域经济差异时空演变》，《经济地理》2014年第4期。

徐大丰：《我国城市的经济增长趋同吗?》，《数量经济技术经济研究》2009年第5期。

徐建华、鲁凤、苏方林、卢艳：《中国区域经济差异的时空尺度分析》，《地理研究》2005年第1期。

徐鹏程、李冀、严汉平：《中国区域经济增长收敛问题研究现状与展望：一个文献综述》，《福建论坛》（人文社会科学版）2010年第12期。

徐鹏程、李冀、严汉平（b）：《中国区域经济增长收敛问题研究现状与展望：一个文献综述》，《生产力研究》2010年第10期。

徐现祥、李郇：《中国城市经济增长的趋同分析》，《经济研究》2004年第5期。

徐现祥、舒元：《中国省区增长分布的演进》，《经济学》（季刊）2004年第3期。

徐现祥：《中国省区经济增长分布的演进（1978—1998）》，中山大学出版社2006年版。

徐晓虹：《中国区域经济差距分析和政策建议》，《浙江大学学报》（人文社会科学版）2006年第3期。

许洪范：《中国县域经济宏观管理：《经济增长差异及其收敛性研究》，学位论文，武汉理工大学，2007年。

许月卿、贾秀丽：《近20年来中国区域经济发展差异的测定与评价》，《经济地理》2005年第5期。

许召元、李善同：《近年来中国地区差距的变化趋势》，《经济研究》2006年第7期。

严汉平、李冀、王欣亮：《建国以来我国区域经济差异变动的空间分解——基于不同区划方式的比较》，《财经科学》2010年第11期。

杨开忠：《中国区域经济差异变动研究》，《经济研究》1994年第12期。

杨伟民：《地区间收入差距变动的实证分析》，《经济研究》1992年第1期。

杨智斌、曾先峰:《中国区域经济差异问题研究综述》,《经济地理》2010 年第 6 期。

姚波、吴诣民、刘鹏飞:《我国区域经济差异的实证分析》,《统计研究》2005 年第 8 期。

尹伟华、张焕明:《我国区域经济增长收敛的计量分析》,《技术经济》2008 年第 10 期。

于成学:《中国区域经济差异的泰尔指数多指标测度研究》,《华东经济管理》2009 年第 7 期。

余军华:《中国区域经济差异及协调发展研究》,学位论文,华中科技大学,2007 年。

俞路、蒋元涛:《我国区域经济差异的时空分析——基于全国与三大都市圈的对比研究》,《财经研究》2007 年第 3 期。

俞培果、蒋葵:《经济收敛理论与检验方法研究综述》,《管理科学》2006 年第 4 期。

袁晓玲、仲云云、郭轶群:《中国区域经济发展差异的测度与演变分析——基于 TOPSIS 方法的实证研究》,《经济问题探索》2010 年第 2 期。

张碧星等:《区域差异研究方法评价与探讨》,《云南地理环境研究》2006 年第 6 期。

张敦富、覃成林:《中国区域经济差异与协调发展》,中国轻工业出版社 2001 年版。

张国强、沈茹:《中国经济增长收敛性研究的新进展》,《江苏科技大学学报》(社会科学版) 2006 年第 2 期。

张鸿武:《趋同与中国地区经济差距实证研究》,学位论文,华中科技大学,2006 年。

张吉鹏、吴桂英:《中国地区差距:度量与成因》,《世界经济文汇》2004 年第 4 期。

张可云:《中国区域经济发展水平差距现状与趋势分析》,《开发研究》1998 年第 5 期。

张落成、吴楚材:《中国地区经济差异变化的趋势分析》,《经济科学》1995 年第 3 期。

张茹：《中国经济增长地区差异的动态演进：1978—2005》，《世界经济文汇》2008 年第 2 期。

张芮、赵丽、杨洪焦：《区域经济差异测量方法述评》，《统计与决策》2008 年第 4 期。

张胜、郭军、陈金贤：《中国省际长期经济增长绝对收敛的经验分析》，《世界经济》2001 年第 6 期。

张伟丽、覃成林、李小建：《中国地市经济增长空间俱乐部趋同研究——兼与省份数据的比较》，《地理研究》2011 年第 8 期。

张伟丽、覃成林：《区域经济增长俱乐部趋同的界定及识别——一个文献评述及中国案例的分析》，《人文地理》2011 年第 1 期。

张文爱：《中国西部地区经济增长的差距与收敛性研究：动态与机制》，学位论文，西南财经大学，2011 年。

张晓蓓：《人力资本与省际经济收敛性研究》，学位论文，湖南大学，2013 年。

张晓旭、冯宗贤：《中国人均 GDP 的空间相关与地区收敛：1978—2003》，《经济学季刊》2008 年第 1 期。

张馨之、何江：《中国区域经济增长的空间相关性分析：1990—2004》，《软科学》2006 年第 4 期。

张学良：《长三角地区经济收敛及其作用机制：1993—2006》，《世界经济》2010 年第 3 期。

张学良：《中国区域经济收敛的空间计量分析——基于长三角 1993—2006 年 132 个县市区的实证研究》，《财经研究》2009 年第 7 期。

张毅：《中国县域经济差异变化分析》，《中国农村经济》2010 年第 11 期。

章奇：《中国地区经济发展差距分析》，《管理世界》2001 年第 1 期。

赵桂婷：《基于人力资本传导机制的区域经济差异研究》，学位论文，兰州大学，2014 年。

赵建安：《中国南北区域经济发展的互补性研究》，《地理研究》1998 年第 4 期。

赵建新：《论区域经济差距的衡量指标和测度方法》，《经济地理》1998 年第 3 期。

赵伟、马瑞永：《中国经济增长收敛性的再认识——基于增长收敛微观机制的分析》，《管理世界》2005 年第 11 期。

赵永、王劲峰：《中国市域经济发展差异的空间分析》，《经济地理》2007 年第 3 期。

周杰文、张璐：《中部地区经济差异的空间尺度效应分析》，《地理与地理信息科学》2011 年第 1 期。

周民良：《论我国的区域差异与区域政策》，《管理世界》1997 年第 1 期。

周卫峰：《中国区域经济增长收敛性研究》，中国社会科学出版社 2005 年版。

周业安、章泉：《参数异质性，经济趋同与中国区域经济发展》，《经济研究》2008 年第 1 期。

周玉翠、齐清文、冯灿飞：《近 10 年中国省际经济差异动态变化特征》，《地理研究》2002 年第 6 期。

周玉翠：《湖南省区域经济不平衡发展研究》，学位论文，湖南师范大学，2002 年。

朱国忠、乔坤元、虞吉海：《中国各省经济增长是否收敛?》，《经济学季刊》2014 年第 3 期。

左停、穆哈拜提·帕热提：《我国典型的区域发展模式及其经济收敛分析——基于 2000—2012 年我国七个典型区域面板数据的实证分析》，《经济问题探索》2015 年第 3 期。

后　记

　　本书是在我主持的国家社科基金青年项目"中国区域经济差异的尺度效应分析"（11CJL064）最终成果的基础上形成的。

　　区域经济差异一直以来受到广泛的关注，但各种文献所用的数据、方法不一，结论也迥异。这有多方面的原因，而研究尺度对其结果的影响非常大，故因之申报了国家社科基金青年项目。期间，得多位贵人相助而成稿、获批、结项并出版。

　　以区域经济差异系数用诸县、市和省尺度以明不同尺度上中国区域经济差异之表现。继而，以基尼系数和锡尔系数分解之法分解得到组间与组内及更次一级组内之贡献。然其皆受制于分组之情势，使用尺度方差方法则可获得各尺度的单独之份额贡献。尺度方差分解可基于数量加权和基于人口加权。相较而言，基于人口加权分解尺度方差更合理。在基于人口加权的尺度方差分解中，无论以大区域为最大尺度还是以省为最大尺度，市尺度上的方差份额都居于主导地位。此论明示中国区域经济差异的关键为市尺度上之差异，亦即中国区域经济差异研究以市级数据分析为好。在此基础上提出了全国、各大分区域和各省之调控尺度和相应之具体调控单位。

　　本书冀望为中国区域经济差异之尺度效应之研究做出些许探索。其中参考很多学者的成果，在此一并表示感谢。因个人水平所限，书中难免有不当之处，还请各位大雅教正。

　　该书写作和出版得到了南昌大学经济管理学院、社会科学处的支持，得到了"一流平台——区域经济与绿色发展创新研究平台"和南昌大学江西发展升级推进长江经济带建设协同创新中心的支持和资助。还得到了研究同仁的大力帮助和家人的支持与鼓励，没有你们的支持，我难以想象该如何完成这项工作。在此一并表示感谢。

周杰文

2017 年 12 月 8 日